潮州文化丛书·第二辑

《潮州文化丛书》编纂委员会 编

潮州市社会科学界联合会 编

潮州文化论丛

南方传媒 广东人民出版社

·广州·

图书在版编目（CIP）数据

潮州文化论丛 / 潮州市社会科学界联合会编. —广州：广东
人民出版社，2022.10
（潮州文化丛书·第二辑）
ISBN 978-7-218-15753-5

Ⅰ.①潮…　Ⅱ.①潮…　Ⅲ.①地方文化—潮州—文集
Ⅳ.①G127.653-53

中国版本图书馆CIP数据核字（2022）第065112号

封面题字：汪德龙

CHAOZHOU WENHUA LUNCONG

潮州文化论丛

潮州市社会科学界联合会　编

出 版 人：肖风华

出版统筹：卢雪华
责任编辑：曾玉寒　伍茗欣
责任校对：帅梦娣
封面设计：书窗设计工作室
版式设计：友间文化
责任技编：吴彦斌　周星奎

出版发行：广东人民出版社
地　　址：广州市越秀区大沙头四马路10号（邮政编码：510199）
电　　话：（020）85716809（总编室）
传　　真：（020）83289585
网　　址：http://www.gdpph.com
印　　刷：广州百思得彩印有限公司
开　　本：787mm×1092mm　1/16
印　　张：19.75　字　数：220千
版　　次：2022年10月第1版
印　　次：2022年10月第1次印刷
定　　价：108.00元

如发现印装质量问题，影响阅读，请与出版社（020-85716849）联系调换。
售书热线：020-85716833

总序

坚定文化自信
打造文化强市建设标杆

　　文化是民族的血脉，是人民的精神家园。潮州是国家历史文化名城，是潮文化的发祥地。千百年来，这座古城一直是历代郡、州、路、府治所，是古代海上丝绸之路的重要节点，是世界潮人根祖地和精神家园。它文化底蕴深厚，历史遗存众多，民间艺术灿烂多姿，古城风貌保留完整，虽历经岁月变迁、沧海桑田，至今仍浓缩凝聚历朝文脉而未绝，特别是以潮州府城为中心的众多文化印记，诉说着潮州悠久的历史文化，刻录下潮州的发展变迁，彰显了潮州的文明进步。

　　灿烂的岁月，伴随着古城潮州进入一个新的历史发展时期。改革大潮使历史的航船驶向一个更加辉煌的时代。习近平总书记强调，中华优秀传统文化是中华文明的智慧结晶和精华所在，是中华民族的根和魂，是我们在世界文化激荡中站稳脚跟的根基。潮州市认真贯彻落实习近平总书记视察广东视察潮州重要讲话重要指示精神，深入领会习近平总书记关于潮州文化是"中华文化的重要支脉"重要讲话精神的丰富内涵，紧紧围绕举旗帜、聚民心、育新人、兴文化、展形象使命任务，传承精华，守正创新，推进"潮州文化源头探究"等关键性命题的考据，努力在彰显文化自信上走在前列，为在更高起点打造沿海经济带上的特色精品城市、把潮州建设得更加美丽、谱写现代化潮州新篇章提供强有力的文化支撑。

万物有所生，而独知守其根。2020年开始，在中共潮州市委、市政府的高度重视下，中共潮州市委宣传部启动编撰《潮州文化丛书》，对潮州文化进行一次全方位的梳理和归集，旨在以推出系列丛书的方式来记录潮州重要的历史、人物、事件、建筑和优秀民间文化，让潮州沉甸甸的历史文化得到更好的传承和弘扬。继2021年成功出版《潮州文化丛书·第一辑》之后，潮州市紧锣密鼓推动《潮州文化丛书·第二辑》编撰出版。学术大家、非遗传承人、工艺美术大师等各界人士纷纷响应，积极参与这一大型文化工程。《潮州文化丛书·第二辑》是贯彻落实习近平新时代中国特色社会主义思想、以丰硕文化成果迎接党的二十大胜利召开的一个有力践行，也是持续推进岭南文化"双创"工程，潮州市实施潮州文化大传播工程和大发展工程、全面提升文化兴盛水平、打造文化强市建设标杆的一个重要举措。

文化定义着城市的未来。编撰出版《潮州文化丛书》是一项长期的文化工程，对促进潮州经济、政治、社会、文化、生态文明建设具有积极的现实意义和深远的历史意义。作为一部集思想性、科学性、资料性、可读性为一体的"百科全书"，丛书内容涵括潮州工艺美术、潮商文化、宗教信仰、饮食文化、经济金融、民俗文化、文学风采和名胜风光等，可谓荟萃众美，雅俗共赏。而在《潮州文化丛书·第二辑》中，既有饶宗颐这样的学术大家论说潮州文化，又有潮州城市名片——牌坊街的介绍，还有潮州文化的瑰宝——潮剧的展示。可以说，《潮州文化丛书》的出版，既是潮州作为历史文化名城的生动缩影，又是潮州对外展现城市形象最直观的窗口。

千古文化留遗韵，延续才情展新风。潮州历史文化底蕴深厚，文化资源禀赋是潮州经济社会发展最突出的优势。《潮州文化丛书》的编撰出版，是对潮州文化的系统总结和大展示大检阅，是对潮州文化研究和传统文化教育的重要探索和贡献，更彰显了以潮州文化为代表的岭南风韵和中国精神。希望丛书能引发全社会对文化潮州的了解和认同，以此充分发掘潮州优秀传统文化的历史意义和现实价值，以高度的文化自信和文化自觉，推动潮州优秀传统文化创造性转化、创新性发展，把潮州文化这一中华文化的重要支脉保护好、传承好、发展好，把潮州这座历史文化名城研究好、呵护好、建设好，打造中华优秀传统文化展示窗口和世界潮人精神家园，让人民群众在体验潮州文化的过程中深刻感悟中华文化和中国精神、增强中华民族共同体意识，为坚定文化自信作出潮州贡献。

编　者

2022年5月31日

3

目录

作为一种生活方式的古城

陈平原

北京大学中文系原主任、北京大学博雅讲席教授、

教育部长江学者特聘教授

摘　要： 潮州着重传播的，不应是具体的非遗产品或美食，而是古城作为一种生活方式。若此说成立，潮州不仅对潮人有意义，对游客有魅力，对人类文化也有贡献。

关键词： 潮州；古城；生活方式

"古城"概念很不确定，可大可小，伸缩性很强。比如国务院1982年、1986年和1994年先后公布了三批共99座国家历史文化名城，日后陆续增补，截至2020年12月，记录在案的有135座。潮州属第二批历史文化名城，同批次的有天津、上海、重庆以及阆中、丽江、平遥等。我心目中的"古城"，不应该包括今天人口千万的特大城市，仅限历史文化遗存众多的原地级市或县级市。

曾经不怎么被看好，甚至因略显破旧而遭蔑视的"古都""古城""古镇"与"古村落"，如今世风流转，成了各级政府及民众眼中的香饽饽。为什么？除了旅游业的倒逼，还因国人日渐提升的文化自信——欣赏历史与现实对话，故希望传统活在今天。

朋友看到不少文章引述我谈古城潮州，问是不是真的。"北大中文系教授陈平原感叹：'在这个地方生活的人，你出门一抬头就是一座唐代古寺，一上街碰到的是一口宋代古井，一转身便能看到一座古代建筑，你会感到你和历史融为一体'。"这话确实是我说的，但出处不详，大概是多年前某次对话或答记者问。①

001

---

① 网上能查到的最早文献是2005年11月14日《南方日报》所刊《依托丰富的历史资源，构建古城文化旅游圈　潮州重现"十八梭船廿四洲"》。

记得第一次在大庭广众中谈论潮州古城，是2008年3月10日在潮州市党政机关会堂演讲，题为《读书的"风景"》。我说旅游业发展，初期看热闹，中期看仿造，后期看门道。"热闹"大都靠天然，比如张家界或九寨沟，那是老天爷赏饭吃；"仿造"靠投资，比如深圳东部华侨城的瑞士小镇茵特拉根，惟妙惟肖，可以尝鲜，但吸引力难持久。至于"门道"主要指历史文化，那是需要本钱的，不是想有就有。潮州市当时拥有8个全国重点文物保护单位（广济桥、许驸马府、开元镇国禅寺、己略黄公祠、笔架山宋窑遗址、韩文公祠、从熙公祠、道韵楼），以及众多省市级文物（海阳县儒学宫、凤凰塔、广济门城楼、葫芦山摩崖石刻、潮州府城墙遗址、忠节坊等），这是其发展旅游业的最大本钱。

接下来我抄录了历年中国旅游业总收入以及占当年国内生产总值（GDP）的比例，还有当时国家旅游局制定的"十五"规划、世界旅

玉壶垂虹（黄灿荣/摄）

游理事会的预测等等，后来意识到多此一举，因地方主管官员比我更熟悉那些数字。但我提及如何协调政府和专家、专家和民间、"游客需求"与"市民趣味"之间的矛盾，还是颇有意义的。第一，不是为了招商引资而整治环境，更不是什么"文化搭台经济唱戏"，提升当地民众的生活品质方是最终目的；第二，城市的主要功能不是给人看的，而是给人住的，不能喧宾夺主，切忌让游客趣味左右城市风貌；第三，旅游城市有靠自然生态，也有靠历史文化，轻重缓急之间，需准确自我定位；第四，切忌拆掉破旧的真古董，建设华丽的假古董——那样的话，一时好看，贻害千秋。

当然，城市不能只谈保护，还有如何发展的问题。潮州人多地少，工业基础薄弱，自然资源匮乏，旅游业应成为其重要支柱。查看有关录音整理稿，其中引用当年潮州旅游收入："以我对潮州旅游资

潮州牌坊街（庄园/摄）

源的理解，我们还有很大的发展空间，还有好多文章可做。包括许驸马府、己略黄公祠等等，现在整治得差不多了，逐渐可以开放了。还有一些留下来没来得及做的像笔架山宋窑遗址，总有一天会成为一个很好的博物馆和遗址保护地，这样古今对照会很有意思。实际上，比如说儒学宫、韩文公祠等任何一个潮州景点在其他地方都让人惊羡不已。我相信潮州市只要协调好文物保护、旧城改造和旅游开发这三者的关系，20年后、50年后的潮州

牌坊街节日文艺表演

令人向往！"①

　　为了验证当初的预言，我登上了广东省文化和旅游厅网站，可惜查不到最新数据，只好采用"2019年广东各市旅游总收入表"的相关数据了。广州、深圳、佛山位居前三名，分别为4454.58亿元、1715.17亿元、891.86亿元，遥遥领先；第四至第十名是江门、湛江、惠州、东莞、汕头、梅州、珠海。潮州排名第十三，收入旅游总收入398.23亿元，比排名十五的揭阳（362.7亿元）略好。②潮州地域小、人口不多，这数字还说得过去，但离我心目中以旅游立市的目标还很远——或许，谈及家乡，人总是容易盲目乐观。我没做深入研究，单凭印象，总觉得要说旅游资源及潜力，潮州在广东应该排第三、第四才对。目前做不到，日后呢？就当是很值得期待的潜力股吧。

①　陈平原：《读书的"风景"》，《潮州社科》2008年第2期。

②　《2019年广东各市旅游总收入出炉：广州第一！》，《广州日报》2020年10月13日。

潮州演讲三年后，也就是2011年，我应邀撰文讨论如何建设历史文化名城，其中有这么两段："在一个经济迅速崛起、社会急剧转型的时代，你想守，凭什么守，守得住吗？那些关于保护古城与发展经济没有任何矛盾的高调，都是站着说话不腰疼。我的家乡广东省潮州市，属于第二批历史文化名城，有8处全国重点文物保护单位。20世纪80年代经济大潮兴起时，潮州主要在城外另谋发展，包括建各种行政大楼、商业机构等。因此，古城内部格局没动，保留下来了。这些年，随着维修工程的逐步推进，这小城变得越来越可爱。""三年前，号称中国四大古桥之一的广济桥（湘子桥）修复完工，我在'十八梭船廿四洲'前，偶遇某退休领导，出于礼貌也出于真心，我说了一句：潮州古城能保护成这个样子，不容易。没想到那老领导竟热泪盈眶，开始诉说起当初如何如何受委屈来。他的话我信。今日中国，'旧城改造'之所以能顺利推进，有政府官员的政绩考量，有资本的逐利需求，还有百姓迅速提升生活水准的强烈愿望。当领导的，建设新城容易，守护古城很难。"《人民日报》刊出此文时，把后面这一段删去，说不该在党报上轻率地表扬或批评某个地方官员。这说

潮州西湖（陈高原/画）

潮州开元寺（陈高原/画）

法我同意，当初以为是随笔，可以文责自负，没考虑发表园地问题；但报社编辑大加删改，把批评的话全弄成了积极倡议，让我不能接受。于是保留原文，加上按语，刊登于广东的《同舟共进》。①此举过于轻率，被有心人曲解，效果很不好，对此我深切反省。

最近几年，我常回家乡，为韩山师范学院等做专题演讲，其中有两讲涉及古城潮州，值得在这里引述。一是《六看家乡潮汕》（2016），其中提及"小城故事多"（借用邓丽君的歌以及自家欧洲旅游经验），随着经济转型以及世人生活方式的改变，潮菜的清淡、精致以及潮人的"慢生活"值得欣赏。协调好经济发展、文教昌明、旧城改造与旅游开发，寄希望于二三十年后的大潮汕。②二是《远去的乡土与纸上的声音》（2020），谈论搜集、整理、学习、传播歌谣的宗旨及方法，以及能否还原纸上的声音。从陈玛原谱曲、唐洁洁或黄堃演唱的《月光月疏朵》，说到来自广东汕尾市海丰的五条人乐队如何风靡全国，以及收入专辑《县城记》中的《十年水流东，十年水流西》，怎样用潮语演唱。③

回过头来，再说关于古城的定义，有人注重历史溯源，有人强调建筑形式，有人赞赏人文精神，而我则希望作为一种生活方式。1997年，联合国教科文组织将云南丽江、四川阆中、安徽歙县、山西平遥列为世界文化遗产。单就古城保护以及建筑完整而言，潮州确实不及这四大古城。可我一直称潮州为"活着的古城"，其中一个重要指标是：没有蜕变成纯粹的旅游景观，古城仍以本地居民的日常生活为

---

① 陈平原：《古城保护是基础工程——关于世界文化名城建设的思考》，《人民日报》2011年2月10日；《"保护"才是"硬道理"——关于建设"历史文化名城"的思路》，《同舟共进》2011年第3期。

② 陈平原：《六看家乡潮汕——一个文学者的观察与思考》，《同舟共进》2016年第7期；《潮州日报》2016年7月12日。

③ 陈平原：《纸上的声音——从书展到月历》，《南方都市报》2021年1月10日。

主体。随着国人经济实力以及文化素养的提升，其外出观赏的重点，会逐渐从旅游景点转移到建筑遗存，再到百姓日常以及自家体验。

想想改革开放40多年来我们的游览兴趣：从深圳缩微景观、中央电视台"正大综艺"起步，经由新马泰七日游、欧洲十日游，如今扩展到非洲、南美等旅游线路，更重要的是，出现了目标明确、兼及学习与体验的希腊文化研习营、法国葡萄酒之旅等。反观国内，专题游览也越来越时兴，除了政府提倡的红色之旅，还有民间自发组织的唐诗之旅、美食之旅、沙漠探险等。单就景观奇妙而言，潮州不及张家界，也不如丽江；但作为一种生活方式，潮州更值得欣赏。

我注意到一个有趣的现象，三四十岁的年轻人（尤其是文青）特别推崇乌镇与阿那亚。嘉兴市的乌镇本就是著名的江南水乡，乃首批中国历史文化名镇、国家AAAAA级旅游景区，古今多少文化名人，再加上乌镇戏剧节、世界互联网大会等，不火那才怪呢！让人看不懂的是秦皇岛市的阿那亚，那原本是个失败的房地产项目，经由一系列转型升级，如今因剧场、影院、书店、酒吧、网红景观以及社区管理等，竟成了无数"小资"及文青口口相传的神奇的"诗与远方"。

这就必须说到Z世代（"95后"）的生活趣味。相对于婴儿潮一代（1945—1965年出生）、X世代（1966—1980年出生）以及千禧一代（或称Y世代，1981—1995年出生），在技术革命的推动下，Z世代的生活方式发生了质的变化，他们的性格更独立，消费倾向更新潮，更关注人生体验，同时也更懂得去挖掘最好的价值和服务。而据国家统计局数据，我国Z世代规模已近2亿人。

2019年6月19日，我为北京的"青睐团"导览潮州，除了在仰山楼做专题讲座，还默默观察团员的反应，用以跟自己的生活感受相对照。"青睐团"成员年龄偏大，多属于X或Y世代；但因喜欢文艺且财务自由，可作为观察Z世代游览趣味的参考。更因那次十日游，兼及潮州与泉州，让我得以对比这两座古城的文化性格与旅游前景。

这30位自费来潮考察的资深文青、旅游及美食达人，口味相当挑剔。事后询问，还好，对潮州评价不错。可私下聊天，得到这样

下水门夜色（丘东/摄）

的回答：潮州四天嫌长，泉州五天苦短。泉州经济体量本来就比潮州大很多（2020年常住人口878万人，GDP过万亿元），加上近年为冲刺世界遗产，政府与民间同心协力，文化及旅游水平大有提升。记得2021年7月25日"泉州：宋元的世界海洋商贸中心"顺利通过联合国教科文组织第44届世界遗产委员会会议审议，成功列入《世界遗产名录》，我第一时间给潮州市某领导推送《中国第56项世界遗产，为什么是泉州？》，并附上一短信："前一阵子，我给朋友写了两幅字，涉及家乡潮州：'古称海滨邹鲁，泉州漳州潮州'，另一幅是：'人道古城西湖，杭州扬州潮州'，都是有感而发。几年前在潮汕演讲，提及潮人喜欢标榜'海滨邹鲁'，其实这个说法，先泉州、漳州，而后才是潮州。改革开放后，无论经济还是文化，闽南的厦泉漳，都比潮汕三市好，而且好得不只是一点点，眼看距离越拉越大，看得人心焦。"

读"青睐团"的文章，发现他们欣赏潮州美食的角度很特别，比如专门表扬我带他们去吃牛肉粿条的"百年老店"，不仅因价廉物美，更赞叹其人间烟火味："这样一家店，没有行家带领估计很容易走过路过，因为它看上去实在过于简朴，30个人坐不下，大家排队轮流吃。我想起陈老师讲座中说的，在大城市生活，到潮州会一下子不太适应，街道窄，铺子小，但这是一座活着的小城，是宋代遗存，

城里有10万原住民。这和旅游景点不一样，它没有变成博物馆城，居民是原来的居民，大妈是原来的大妈，他们还在这里生活，他们有他们的需求。"看来他们接受我的观点：古城发展需顾及当地民众的利益，不应成为纯粹的观光景点。对于因我指点而看到了一般游客不注意的地方，团员们很是得意："潮州最值得赏玩的是潮人的日常生活。'青睐团'走在街巷中，深刻地感受到陈平原用来形容潮人的四个词：清淡、平实、精致、文雅。街上四处有长椅，花衣花裤的大妈三三两两坐着摇蒲扇唠嗑，街头巷尾随处有人品着工夫茶，那份悠闲让久居京城的团员们羡慕不已。"①

我认真比较了"青睐团"成员撰写的潮州与泉州两个城市的游记，兼及自己平日的观察与思考，替作为旅游城市的潮州打分：美食A+，城市景观A，交通住宿A-，文娱生活B+。也就是说，差距最大在夜生活——潮州给"青睐团"成员印象较深的只有"凤城之光"灯光秀，而泉州则是头天晚上古厝茶坊茶叙，讲泉州历史；第二天晚上观提线木偶剧；第三天晚上听南音、欣赏梨园戏；第四天听高甲戏、打城戏。

这就说到如何补上潮州旅游的短板。美食依旧是潮州的最大长项，至于城市景观，除了湘子桥、牌坊街等，2021年5月潮州镇海楼（旧府衙）复建工程启动；交通住宿方面，好酒店不足原本是个大问题，好在民宿的数量及质量正迅速提升，五星级酒店也即将开业；问题最大的还是文娱生活：对于游客来说，住上三五天，若没有好的夜生活，会很失望的。因为，对于他们来说，陶瓷、刺绣、木雕等只是购物或观赏，缺乏参与感。我的建议是，以潮州音乐为贯穿线索，兼及潮剧、大锣鼓与工艺美术，加上各种阅读、潮玩、服饰、灯谜、小吃、微电影、博物馆、灯光秀等，设计若干到潮州非看不可的"潮"文化集萃。

009

---

① 王勉：《潮州：不需浮饰惊艳，只需平常打造》，《北京青年报》2019年8月13日。

义兴甲三巷历史街区——甲第巷（王邦平/摄）

　　著名音乐学家、非遗保护专家田青多次跟我说：你们潮州音乐非常了不起，可惜没宣传好。我在北京、台北、深圳等地办书法展，最受关注的是那幅《乐声》："弦诗雅韵又重温，落雁寒鸦久不闻，犹记巷头集长幼，乐声如水漫山村。——近日重听潮州音乐《平沙落雁》《寒鸦戏水》等，忆及当年山村插队，每晚均有村民自娱自乐的演奏。"询问家乡父老，这种生活方式今天依然存在。

　　我曾说过，一座城市的真正魅力，在于"小巷深处，平常人家"。这一点，潮州表现尤其突出。打个比方，古城潮州犹如山水长卷，你必须静下心来，慢慢打开，仔细品赏，才能体会那些可居、可卧、可游、可赏的妙处。潮州不以风景旖旎或建筑雄奇著称，不是一眼看过去就让你震撼或陶醉。小城的魅力，在于其平静、清幽、精致的生活方式。若你有空在潮州住上几天，见识过工夫茶，投宿过小客栈，品味过牛肉丸，鉴赏过古牌匾，领略过普通人的日常生活，你就能明白这座小城的特殊韵味。①

　　无论国内国外、南方北方，大凡古城居民，生活上都较为悠闲，收入不会太高，但活得有滋有味。这与经济开发区的拼命与国际大都

---

① 陈平原：《古城潮州及潮州人的文化品格》，《南方都市报》2019年8月18日。

市的忙碌，形成了鲜明对照。以GDP为衡量标准，这属于缺点；但若讲求生活质量，则可能是另一番评价。熬过了盲目开发的商业化潮流，古城潮州能存留到今天，很不容易。保住了家底，也留住了精气神，如今再发力旅游业及文化创意产业，可以做得更理智，也更有后劲。在我看来，潮州着重传播的，不应是具体的非遗产品或美食，而是古城作为一种生活方式。若此说成立，潮州不仅对潮人有意义，对游客有魅力，对人类文化也有贡献。

有感于此，建议设立"古城文化论坛"，或独立主办，或轮流坐庄，广邀世界各地对此话题感兴趣的官员、学者、文化人、企业家，持续且深入地探究"作为一种生活方式的古城"。我相信，随着交通便捷、网络普及、文化积累，加上自身服务水平提升，古城潮州有可能迎来一个高光时刻。

2021年10月2日于京西圆明园花园

（此乃作者2021年10月22日在首届"潮州文化论坛"开幕式上的主旨发言，摘要初刊2021年10月23日《羊城晚报》，这里收录的是全文）

文化自觉、文化自信与方言
和乡土文化传承发展

林伦伦

中国语言资源保护工程核心专家组专家、

国际潮学研究会学术委员会主任

各位领导，各位嘉宾，还有我们韩山师范学院（以下简称韩师）的亲爱的校友们，我现在领着广东技术师范大学的工资，所以就介绍我是广东技术师范大学的教授。其实我还是韩师的原院长，很高兴也很感谢主办单位邀请我来作一个发言，因为我又可以站在这个讲台给大家汇报我的学习心得了。

一 文化自觉与文化自信

我是2017年告别韩师的，2016年我们在陈平原教授的带领下开始编写乡土文化的课本，我这几年做的事主要是语言资源保护工程，在广东省我们一共做了72个方言点的调查和保护，现在正在做资料汇总工作。在潮汕这边，我们主要做的是课本的编写和对中小学乃至幼儿园老师的培训。我就在这个前提下，跟大家汇报一些体会。我觉得做这个事情，文化自觉和文化自信很重要，著名学者费孝通从比较早的时候就讲到文化自觉关键是要在传统和现代化之间找到接榫之处。刚才平原兄讲古城的时候，其实也讲到这一点：怎么样在老的、传统的古城里面找到新的东西？潮州市委、市政府也很重视文化的创新和发展的问题，这次论坛的主题就是围绕这个问题展开的，这个问题其实也是一个文化自觉和文化自信的问题。

韩文公祠

　　现在强调文化自信，但是我觉得应该是先有文化自觉然后才有文化自信，能知道自己的文化里面有什么好的东西可以转型、发展。区域文化里面有优秀的，也有很多不是优秀的东西。如果大家想看的话，费孝通的书可以找来学习。潮州文化有很好的地方，但是我们在做很具体的研究的时候发现有很多也不适宜跟小孩讲的，比如一首很流行的歌谣说道："饲只鸡母叫唅家（养个母鸡来下蛋），饲只狗团来吠夜（养条小狗来守夜），饲个兜团落书斋（养个男孩进学校），饲个走团乞人骂（养个女孩挨人骂）。"

　　为什么养个女孩就挨人骂呢？因为在潮州或者说整个潮汕地区，这个地方还有重男轻女，做人媳妇不能当家等传统观念。为什么老是说某个县某个区生了一大堆小孩，没有生男孩就一定要不停地生呢？因为没有男孩，族谱里面就没有记载，就断根了。断根对于封建传统文化意识很强的人来说，那是很要命的。宗族祠堂里面的排位，女人是不能进去的，所以才有了潮安龙湖古寨里面的阿婆祠，阿婆祠祭祀的是一个进士的妾氏出身的母亲，这在当时是离经叛道的人做的惊天动地的事情。中央台《记住乡愁》来拍的时候，对阿婆祠非常感兴趣，说这个是很少有的女祠里面的一个非常值得宣传的点。由此可知，区域文化里面有优秀的，也有不优秀的，文化自觉在我们要传承给小孩的时候就显得很重要了。

习近平总书记提出了文化自信（文化自信是对自身文化价值的充分肯定，是对自身文化生命力的坚定信念）。党的十八大以来，习近平总书记在多次谈话中表达了自己对传统文化、传统思想价值体系的认同与尊崇。习近平总书记在系列重要讲话中多处引经据典，生动传神，寓意深邃，极具启迪意义，展现了中国政府与人民的精神志气，提振了中华民族的文化自信。从我们语言学的语言应用角度看，我觉得习近平总书记的文化自信的表现有两个方面可以作为我们的榜样：一个是对古代经典的

陈平原、林伦伦、黄挺
《潮汕文化三人谈》

费孝通《费孝通论文化与文化自觉》

人民日报评论部《习近平用典》

熟练而准确的运用，另一个是对体现了民间智慧的俗语、谚语的运用。我前天晚上看中央台新闻，《平"语"近人——习近平喜欢的典故》第二季出版了，"平易近人"是习近平总书记的语言风格特点，同时也是文化自信的突出表现。他的讲话里面既有很古典的，如古代的哲学家或者名人的语录、经典和典故，还有很多则是西北那边的群众性语言。有

庄世平《潮汕侨批萃编·序》中吴南生的题字

的人可能认为作为国家领袖用老百姓讲的口头语言会不会不合适，但是他讲出来我们觉得很合适，形象生动，像毛泽东主席以前也喜欢用湖南那边的一些俗语，我觉得这是一种文化自信的表现。

二 潮州市的城市定位与"追求精致"的潮州文化特质相契合

我今天要讲的题目其实应该叫"文化自觉、文化自信是文化传承的前提"。

我讲第一个案例。潮州提出要在更高的起点上打造沿海经济带上的特色精品城市，打造中小城市美的典范。这个城市定位与"追求精致"的潮州文化特质是很契合的。刚才平原兄说潮州是一个小的古城，也是个小的城市，其实是不宜跟别的地方一样随便喊做大做强的。昨天晚上我们还听到某某部的部长来了潮州以后讲，我们这里其实也不宜做很现代化的大工业的，只能做一些高新的或者智能的产地。以前的大工业是不适合潮州的，我觉得这个定位跟潮州人

"追求精致"的特点是很相符的。

我一直认为，潮州人（不仅仅是现在的潮汕三市之一的潮州市区域的人）优秀文化特质之一就是追求精致，我很早就在《潮汕文化的再认识》里谈到这一点，潮州人的特点就是精致或者精细。无论从哪一个方面讲，潮人的精致可以说在广东省里是第一的。潮州文化为什么跟广府文化、客家文化不一样？其有别于其他地区的显著特征，就是精致。

比如农业上的"精耕细作"，全国第一个双季水稻年亩产千斤县在潮汕，全国第一个水稻亩产2000斤，也在潮汕地区。我们说"作田如绣花"，不是"种田"而是"作田"。

民间工艺美术（非物质文化遗产）上的"精雕细刻"。何晓军书记刚才如数家珍：一幅潮绣动不动就是几十个人做几年，一个木雕动不动也是做几年，然后还不卖。潮汕人就是这样干的，比如从熙公祠

016

从熙公祠全景（成跃龙/摄）

的牛索，历经三代的师傅，最后一个年轻的师傅才做成了，这也是有历史事实的。

饮食习俗（潮州菜、工夫茶）上的"精打细磨"，为什么能够"化腐朽为神奇"呢？其实很简单，比如红薯叶磨成泥加一点高汤，就变成"护国菜羹"了，还编了个故事，就是刚才何书记讲的故事：南宋的末代皇帝赵昺来到潮州，没什么东西吃，只能给他弄一点正在熬给猪吃的红薯叶吃。因为皇帝肚子饿了，所以觉得很好吃。吃了还问这菜叫什么名字，这其实哪有名字啊，农户只知道这个是熬给猪吃的，但是总不能告诉皇帝说这个就是猪食吧，就说还没名字。没名字？皇帝说那我赐名叫"护国菜羹"吧。当然这是编出来的，但是做文化传播就要会编故事，讲好我们潮州的故事。其实潮州菜如果燕窝、鱼翅、鲍鱼不上的话，都是普通的农家菜，只不过是潮汕靠海吃海，有很多海鲜食材而已。

读书学习、学术研究上也"精益求精"，潮州有国学泰斗饶宗颐、核潜艇之父黄旭华等等。我们不仅出文人，也出了很多科学家，最近刚刚获奖的5个中国女科学家，其中一个就是潮州人，是我们韩师外语系一个退休老师的女儿，现在在香港大学病毒研究所工作，也是我们潮州人的骄傲。

商业贸易上的"精打细算"，潮汕人精于经商就不用多说了，潮商大名鼎鼎，天下闻名。

以上所述，都与精细、精致有关。刚才何晓军书记讲到，潮州文化的精致可能跟南宋末年的溃逃有关，中山大学中国非物质文化遗产研究中心、国家重点基地的领导也说过：你们这里的精致不是一般的市民或者农民能磨炼出来的。我以前老是说是因农业耕作方式磨炼出来的，他说：不一定是这样的，全中国都有农民，怎么你们这里就精细，是不是南下的移民里以衣冠贵族为主，把讲究精致的习惯一直传承到你们这里来。我没有掌握这种文献资料，我不敢说。刚才何书记也提供了一个说是不是有皇室贵族到我们这里来的假设，与中山大学教授的提问想到一处了。

总而言之，"中小城市美的典范"的城市定位也是一种文化自觉和文化自信的表现。

大家谈潮州文化的特质通常都会谈到"开拓创业、追求精致、厚实诚信、感恩图报"等等。追求精致，只是我们多个优秀特质里的一个。

我们现在讲第二个案例。

从2016年开始，在陈平原教授的带领下，黄挺教授和我一起编著《潮汕文化读本》这套乡土文化教材。这套书一开始只是基于对家乡的热爱、对方言和乡土文化的热爱，基于对乡土文化的优秀内涵的自觉和自信。我们从

《潮汕文化读本》系列

来也没有想到后来跟党中央的政策保持了高度的一致性。2016年开始编著，2017年通过广东省教育厅属下的一个教材审查委员会很严格的评审，因为这是广东省第一套乡土教材，他们从来也没见过，所以提了很多意见，后来批准把这套书纳入可以采购的目录。2017年1月，中共中央办公厅、国务院办公厅印发《关于实施中华优秀传统文化传承发展工程的意见》，制定了总体目标：到2025年，中华优秀传统文化传承发展体系基本形成，研究阐发、教育普及、保护传承、创新发展、传播交流等方面协同推进并取得重要成果。在"大力推广和规范使用国家通用语言文字"后面，加进了"保护传承方言文化"等重要

内容。我们非常高兴，里面讲到的这些条文内容，与我们编的这套书高度吻合。教育部也有了把中华优秀传统文化教育系统融入课程和教材的体系，2014年出台《完善中华优秀传统文化教育指导纲要》，指出要"把中华优秀传统文化教育系统融入课程和教材体系"。

这也就是说，乡土文化教育的课本，可以进学校，可以进教室，可以进学生的脑袋。马兴瑞省长也很给力，在2018年广东省政府工作报告中提到："加强广府、潮汕、客家等岭南优秀传统文化和非物质文化遗产传承发展，推动优秀传统文化进校园、进课堂。"

《潮汕文化读本》系列中最受欢迎的是第一册的歌谣，后来我们编辑出版了《潮汕童谣绘本》系列，把小学一年级的童谣扩展为春秋两季6本的童谣绘本给幼儿园使用，把乡土文化的教材从小学、初中扩展到幼儿园了。现在这套《潮汕童谣绘本》也非常受欢迎。第二套书是《潮人好家风》，潮人的家风教育是非常优秀的，刚才何书记也讲到了，平原兄其实也有很多文章谈到，他自己爱读书的习惯，是他的父亲带动起来的。他的中山大学中文系的同班同学吴承学教授，也在一篇文章谈到，也是他爸爸带着他读书。很多人都是因为好家风把自己的孩子给培养好了。2020年底，《潮人好家风》就编得差不多

《潮汕童谣绘本》系列

《潮人好家风·童谣》绘本封面

了。2021年7月，中宣部等六部委颁布了《关于进一步加强家庭家教家风建设的实施意见》。《潮人好家风》可以说是把潮州文化里面的最优秀的东西也体现出来了，现在准备出版了。所以，就是要自己有文化自觉，然后有文化自信，才能够把传承做好。只要有文化自觉和文化自信，看准了就干，相信机会是留给有准备的人的。

全国重点文物保护单位——从熙公祠（蔡海松／摄）

三 乡土文化传承要五位一体

最后我强调一下，做好乡土文化传承，其实并不是说陈平原教授和我就能够做好，我们跟黄挺教授三个人来带头，然后其实真正落地的必须有一批在中小学、幼儿园教学的一线老师。我们就背靠着韩师和韩山师范学院潮州师范分院，他们主要培养中小学老师、幼儿园老师，我们就在潮州师范分院办培训班。这是因为，一开始我们把教材编出来，以为交给老师们去教就好了。后来校长们就跟我们诉苦了，说现在30岁左右的老师，别以为他们懂歌谣、懂那些潮州的民间故事，其实他们也不大懂，要他们教给学生很困难。所以，这几年我就坚持每个月都回来给他们作一个讲座，等于说在大学里面开一个研究生班那样的。偶尔平原兄也回来讲学，黄挺兄也回来讲。我们还请了暨南大学、广东外语外贸大学的老师也来讲。就这样认认真真地讲了两年，才把这一批中小学老师给带出来。

文化传承一定要有学校作为主要阵地，但是只有学校还不行，必须有政府在前面，刚才讲的党中央、教育部，上级的文件都高屋建瓴，都大力提倡传承中华优秀传统文化。潮州市教育局非常好，潮州市委宣传部非常好，他们支持我们的教材编写和进学校的工作，潮州市教育局出台文件把《潮汕文化读本》进学校推广开来，然后枫溪区和湘桥区的教育部门也请我们去培训老师来推广乡土文化，我觉得他们做得非常棒。今天（10月22日）下午还有潮州市委宣传部组织的一个"关于乡土文化教材进学校"的沙龙，我跟平原兄要去那边讲一下。所以说，政府的政策和指导是非常重要的。

接下来是家庭。很多家庭到目前为止还都认为学普通话就行了，方言不一定要教。当然，不教也可以，但是我觉得教会孩子，多一个交流的工具，多一个思考的工具，因为语言本身是思维的工具，不仅仅是教育工具，以后还是跟人打交道的一个很好的桥梁。

很多家长不让自己的小孩学方言，就怕以后把普通话说歪了，以后学英语也学歪了。其实这是不懂得应用语言学的想法，其实，小时候学什么方言都对以后学习普通话和学外语不会产生任何不良影响。

再则是媒体。现在媒体也都全面启动了，5年前还没这个事。现在中央电视台也开始做乡音博物馆了，整个社会都达成了一个共识。

最后是社会。我们希望社会舆情要形成共识，要全体总动员，来建设双语或者多语和多元文化的社会，如广东省岭南方言博物馆和由中央广播电视总台推出的大型融媒体互动产品乡音博物馆等。

中央电视台都办了乡音博物馆了，岭南方言博物馆是广东省委宣传部和广东电视台主办的，在佛山图书馆5楼，大家有兴趣可以去看，那里有很多好玩的东西。我们都是他们建馆的学术顾问。《南方都市报》有个"方言传承与推广论坛——南方都市报N视频"，你别以为现在的报纸还只是一张纸，还只是纸质的报纸。他们现在也都是全媒体的，他们也做视频了，这短视频的收视率比他们纸质的报纸还好，影响力大得很。

凤凰山生态茶园（陈楚霖/摄）

凤凰腾飞（陈楚霖/摄）

　　综上所述，政府的正确指导、学校的教学教育、媒体的多元化宣传推广、社会形成的文化共识、家庭的家教家风建设，五位一体才能形成传承和发展潮州文化的良好社会环境。

　　我这就是向大家作一个简单的汇报。大家如果想了解更多的信息，下面有参考文献可供查阅学习，但是我重点推荐在看这些文献之前，先学习费孝通和钱理群等有高度学术价值的书。谢谢大家！

参考文献：

　　［1］费孝通：《费孝通论文化与文化自觉》，群言出版社2007年版。

　　［2］钱理群、刘铁芳编：《乡土中国与乡村教育》，福建教育出

版社2008年版。

[3]陈平原、林伦伦、黄挺：《潮汕文化三人谈》，广东教育出版社2016年版。

[4]陈平原：《乡土教材的编写与教学——关于〈潮汕文化读本〉》，《韩山师范学院学报》2017年第4期。

[5]林伦伦：《潮汕方言五问——基于语言资源保护工程的启动和开展》，《韩山师范学院学报》2017年第4期。

[6]林伦伦：《〈潮汕文化读本〉的编写理念与实践》，《韩山师范学院学报》2018年第5期。

[7]林朝虹：《〈潮汕文化读本〉课程定位与实施原则》，《韩山师范学院学报》2018年第5期。

（根据录音整理，已经作者修改、审阅）

论潮州文化之"特"与超越性的关系

蒋述卓

广东省作协主席，暨南大学原党委书记、文学院教授

感谢广东省社科联和潮州市委、市政府共同组织了这样一个论坛。我写了一个发言提纲，到开会前，我还一直在补充材料，这说明对潮州文化的认识也有一个过程。作为一个外省人来到广东，尽管对潮州文化非常地崇敬，也多次来过潮州，看了很多的地方，但是要对潮州文化有真正的了解，并且深入到潮州文化的内核中去，还是会有很大难度的，同时也会引发我作为一个旁观者的诸多思考。潮州文化为什么那么独特？它究竟是什么原因造成的？它有没有一种普遍性或者说有没有超越性？这是我重点思考的问题，所以我发言的题目就是《论潮州文化之"特"与超越性的关系》。

习近平总书记视察潮州时指出："潮州文化具有鲜明的地域特色，是岭南文化的重要组成部分，是中华文化的重要支脉。"潮州文化之"特"是因为它有特殊的构成、有特殊的表现形态，而这个恰恰不是它的局限性，反而是它的优势，是它具有核心竞争力的表现。

以前我们很多人认为潮州方言很难懂，有语言的限制，推行潮州文化不一定能推广得开；再加上潮州处于广东省的省尾国角，交通不方便，以前从广州来潮州，坐汽车摇摇晃晃8个小时才到这里，不像现在有高铁、有飞机，便捷了。

如何认识潮州文化的特色和独有的表现形态？

正是因为潮州文化之"特"以及独有的表现形态，就包孕了多重的内涵，包孕性强就使它的内涵具备了超越性。就像中国的艺术是意

潮州工夫茶

象美，崇尚一种心的艺术，它往往具有多重的含义，包孕性强，张力就强。潮州文化的包孕性也可以这样去理解。

从潮州文化的来源来看，我们可以看出它既是本土的创造，又充分继承和吸收了中华优秀传统文化，其中包括中原文化、江南文化的一些内容。

过去我们把潮州文化简单地定义为一种民系文化，从来源看它确实来自本土民间，但是也要看到它与中原文化，以及宋代的江南文化的继承有极大的关系。广州的一个学者写了一本书，叫《风雅宋》，专门探讨宋代人的精致生活，包括他们怎么喝茶、钓鱼等等，那时的钓鱼竿跟现在的钓鱼竿一模一样，不过鱼竿是木头或者是竹竿制作的而已，但是它也有转轮。大热天还有冰镇的水果。宋人的生活是非常精致的。确切来说，中国人的精致生活在宋代达到极致，日本人对宋代的生活就极其推崇，宋人的生活方式对日本的影响非常大。

在研究潮州文化的时候，首先要研究它跟传统文化的关系，尤其是跟中原文化、江南文化的关系，再反过来逆推潮州文化，看潮州文化是怎么形成的。也许我们就可以进一步了解潮州文化具备的超越地域、超越语言的功能，认识它的普遍性了。举个例子，比如说潮州文化里所保留的民间仪式"出花园"，这个成人礼有非常强的仪式感，为什么在潮州保留了，在其他地方则没有？"出花园"就是一种保留了中原文化和江南文化的仪式，具备很强的超越性，而不仅仅是潮州文化了。又如，潮州工夫茶的仪式，保留着唐宋时期的饮茶习惯，唐宋时期的人喝茶非常讲究，茶饼磨出来茶粉以后，还有冲茶的技巧，讲究的还要斗茶。烧的是松木，茶壶里面还要放白色的石头，让它们在壶里滚动可以听声。这些在唐宋诗词里记载得非常多。到明代以后，由于朱元璋提倡简单的生活，喝茶就没那么多讲究了，喝的是散茶。我去潮府工夫茶文化博物馆参观的时候，茶艺师介绍说潮州工夫茶是要听声的，煮水的时候要听这个水的声音，以前还要放一些石头在里头滚动，要听石头撞击壶的声音。烧的是橄榄核，要闻橄榄烧

出花园（泥塑）

出来的香味，后来因为橄榄核很贵重，就用做成橄榄形状的炭来烧。在唐宋时期，闻香、听声、观形等等，都是喝茶仪式中很重要的内容，也可以说是一种精致生活。其实工夫茶里头保留下来的仪式，包括"敬"的这种仪式都在里面。宋徽宗赵佶写过《大观茶论》，将喝茶与修德联系起来，仪式感非常讲究。潮州文化要坚守传统、恢复传统，弄清潮州

出花园专卖店

文化跟传统文化之间的关系就是很好的坚守。古代的传统并不在于创新，创新得越多，这个传统就没有了。传统要恢复它的特色，反而才更有超越性。在恢复传统的过程当中，大家得到一种惊喜之感，反而是创新。

潮州广济桥为什么要恢复原貌，因为一恢复它反而就有传统了。把广济桥拆掉搞成一个大铁桥，这个传统就没有了。这正像茅台酒一样，恢复土法的传统，才是它的正宗，在工艺上不能创新，创新了就不好了，反而要保留在端午节的时候取水酿酒曲，重阳节的时候灌水开始发酵，传统的工艺它才在。潮绣、潮瓷都具有这种传统工艺的因素，这就是工匠精神、儒雅精致的表现，它的创新是建立在深厚的传统工艺上的。

在恢复传统的基础上才能够使潮州文化在新的时代中焕发出新的活力，研究潮州跟宋代文化的继承，跟中原文化、江南文化传承的关系，可能就更有超越的意义。

其次要研究潮州文化与岭南文化的关系。潮州文化是岭南文化的重要组成部分，但是它跟闽南文化也有传承关系，甚至我们再往前推，可能还与宋代时期的江南文化、中原文化都有关系。它还跟岭南文化中的广府文化、客家文化，还有港澳的现代文化，相互交融、相互生长、取长补短。我们在推广潮州文化的时候，就要讲清它跟岭南文化同处一个文化体系但又具有自己的个性，同时还具备中外文化融通的特点。

潮州文化的地缘问题，以前可能是一种局限，现在可能是一种优势，它既可以融入粤港澳大湾区，还可以融入海峡西岸（厦门、漳州、泉州等）。由于现在交通便利，潮州有了后发的优势。

如果潮州古城能像泉州一样申请到世界历史文化遗产，潮州文化的将来就有了高光时刻。

潮州文化里头还有一个近代以来产生的红色革命文化，以及领现代文明之先的商贸文化。这跟潮州文化的特性有关系，跟潮州人敢闯、敢拼、敢创新有关系。

有一本书叫作《广东人在上海（1843—1949年）》，就讲了广东的中山人、潮州人在上海的创业，那是非常有成就的。汕头开埠以后，现代文化输入进来，潮州人的现代文化意识受到很大刺激，所以才涌现了那么多的左翼作家。像洪灵菲、冯铿、戴平万等，还有中国电影先驱蔡楚生也是潮汕人。可以看出潮汕人是非常有领先和创新意识的。

潮州市提出要在文旅融合的背景下打造世界级的旅游目的地，这个目标是很鼓舞人心的，但是怎样把它的超越性融入日常旅游之中去，把潮州文化的特色宣扬出去，需要落地的措施。我非常赞赏陈平原教授刚才讲的，就是从古城的居民生活入手，潮州文化很多是体现在日常生活中的，饮食也好，饮茶也好，刺绣也好，这些最能表现日常生活的朴实性，也最具有文化的超越性，我们就是要在弘扬日常生活的生命力上去弘扬潮州文化。如果把世界级旅游目的地定位在这个方面，也是具有吸引力的。古城生活就是烟火气，就是要从日常生活方面去吸引大家。我去了丽江古城三次，最喜欢的当然是古城的面貌，但是更重要的是看它的生活方式。我在古城里绕来绕去，看看它的民间文化，每一家门上贴的对联都是不同的，有红对联，有白对联，还有黄对联。我问当地人为什么会出现这种现象，他们说这是他们的文化遗存，因为如果家里有人去世的，第一年贴白对联，第二年贴黄对联，第三年以后，也就是三年居丧期过了，就可以贴红对联了。传统成为活化石就保留在丽江古城里，其实我们潮州古城里头也保留了很多这种活化石。这对很多旅游者来说是有巨大吸引力的。很多人说去丽江古城发呆是小资的方式，其实不然，丽江古城是具有很大包容性的，不是小资才去的，更多的游客是去看它的古城文化。要把潮州打造成世界级旅游目的地，古城就必须保护好。现在规划"一江两城一海湾"，这个格局具备超越和起飞的前景，就城市格局而言，不能随意扩大，盲目扩大未必有好处。海湾肯定要做好，代表着

宋城潮州（温亿中/摄）

现代化城区的崛起，但古城必须在保护中激活。

古城的优势要进一步发挥，还要依靠媒介传播的作用，要创造文化品牌。比如说人家来潮州要听戏，可以组织一系列的文化精品让游客来体验。我最近看汕尾有一台民间的戏叫《汕尾渔歌》，进京演出引起很大的轰动。戏中把汕尾的渔歌组织起来，语言听不懂没关系，现代技术可以解决，字幕一打上去大家都懂了。语言隔阂的问题完全不是问题，用现在的融媒体完全能解决，我们不要为语言所限制。潮州戏都可以这样去推广的。安徽做了一个《徽州女人》节目，可以进京演出，打出了徽州的品牌，我们潮州为什么不可以有一台戏叫《潮州绣娘》进京去演出呢？甚至可以把它跟海外的关系，跟侨批的关系联系起来，以宣扬潮州的侨文化。比如绣娘的丈夫去了海外，绣娘怎么想他，侨批来了以后怎么兴高采烈，都可以用戏表现出来。最近我们广东作家陈继明来这里体验生活，一年多两年还不到，就写了一部长篇小说叫《平安批》，由北京十月文艺出版社、花城出版社出版，在北京还给他开了研讨会。他是西北人，他写的角度可能与我们潮州人的体验不一样，我们身在其中如果对潮州文化没有超越，身在其中跳不出来，可能会写不好。

要用融媒体来实现潮州文化的超越性，使它真正走向世界。

最后要从潮州文化跟海外的关系去研究，因为潮州文化有世界潮人的文化认同基础，潮州文化的"特"就更具有明显的超越性。在华人"潮文化圈"里，有语言相同、文化相通的基础，可以构建一个潮文化的同心圆，这是超越地域和国别限制的，因而使潮州文化可以成为具有世界影响力的"特"文化。我认为，乡情是纽带，而文化是飘带。乡情可以把潮州与海外连接起来，而文化是产生诗意的，文化一旦飘舞起来，就具有超越性，能使潮州文化在世界范围内得到进一步弘扬。

总之，我认为对潮州文化特色的强调和弘扬，是树立潮州文化

韩江上无人机表演（郑坚/摄）

品牌、塑造潮州文化形象、进一步打造核心竞争力的主要途径。越
"特"反而越具备超越性，这也是全球化时代本土文化与世界文化相
互交流、相互促进，构成多元化色彩最重要的规律，但愿我们潮州文
化也会按照这个规律去走。所以我相信潮州文化，它的世界性一定会
得到认可的。

暨南大学最近也成立了一个潮州文化研究院，聘请了潮籍的陈平
原教授做这个研究院的第一任院长，这也是中华优秀传统文化港澳台
及海外传承与传播研究工程的一部分。昨天我们暨南大学的党委副书
记带着研究院的四五十人还在潮州调研。我们的研究还刚刚起步，我
们看到华南师范大学已经做得非常好了，有各种各样的研究成果已经
出来了，各种工作措施也都有了。我相信我们与华南师范大学、韩山
师范学院相互合作，将会共同打造好潮州文化研究的平台。

谢谢大家！

（根据录音整理，已经作者修改、审阅）

做潮州文化的耕耘者
——在首届"潮州文化论坛"上的发言

张培忠

广东省作协党组书记、专职副主席

在习近平总书记视察潮州一周年之际，我们在这里举行首届"潮州文化论坛"，这是全省学术界、文化界、文学界的一件大事、喜事、盛事！我谨代表广东省作家协会对论坛的召开表示热烈的祝贺，对长期以来辛勤耕耘在潮州文化沃土上的专家、学者、实际工作者表示崇高的敬意，对主办方的盛情邀请和精心组织表示衷心的感谢！

百年变局，千年一遇。习近平总书记对潮州文化的充分重视、高度评价和格外厚爱，是潮州文化历史上从未有过的景象，是潮州文化之幸，也是潮州文化之机，将对潮州文化的传承与创新产生超越性、革命性的影响。我们要倍加珍惜、倍加努力，从全局和战略的高度充分认识总书记反复叮嘱而体悟潮州文化的重要性、呵护潮州文化的紧迫性、建设潮州文化的艰巨性。

一 潮州文化是中华文化的瑰宝

习近平总书记2020年10月12—13日，在广东潮州、汕头视察期间，对潮州文化、华侨文化作出了精辟论述，这些论述对于深入把握潮州文化的精髓和特质，按照总书记的殷殷嘱托把潮州建设得更加美丽具有十分重要的意义。

首先是潮州文化。总书记对潮州文化念兹在兹。在潮州视察时，面对牌坊街上热情的市民，总书记第一句话就说："潮州，我早就想来了。"在潮州街头漫步时，偶然看到潮州特色小食蚝烙，总书记欣喜地脱口而出："海蛎煎，蚝煎，这个是很好吃的。"蚝烙是潮汕的说法，福建厦门叫蚝煎，台湾叫海蛎煎，一种特色小食，同在闽南文化圈，却有不同的说法，总书记都熟稔于心。

总书记对潮州文化给予精确定位："潮州文化具有鲜明的地域特色，是岭南文化的重要组成部分，是中华文化的重要支脉。"总书记对潮州文化如数家珍："广济桥历史上几经重建和修缮，凝聚了不同时期劳动人民的匠心和智慧，具有重要的历史、科学、艺术价值，是潮州历史文化的重要标志。""以潮绣、潮瓷、潮雕、潮塑、潮剧和工夫茶、潮州菜等为代表的潮州非物质文化遗产，是中华文化的瑰宝。"总书记对潮州文化给予高度评价："潮州是一座有着悠久历史的文化名城……弥足珍贵，实属难得"，"潮州这个地方有很多宝，我们要很好地研究她"。

其次是华侨文化。总书记指出，潮汕地区是我国著名侨乡。"侨批"记载了老一辈海外侨胞艰难的创业史和浓厚的家国情怀，也是中华民族讲信誉、守承诺的重要体现。"侨批"产生的外汇对潮汕经济社会发展发挥了很大作用。收集"侨批"，抢救"侨批"文献，意义非常重大。要保护好"侨批"，加强研究，教育引导人们不忘近代我国经历的屈辱史和老一辈侨胞艰难的创业史，并推动全社会加强诚信建设。

总书记曾深刻指出，文化是一个国家、一个民族的灵魂。文化自信，是更基本、更深沉、更持久的力量。坚定文化自信，是事关国运兴衰、事关文化安全、事关民族精神独立性的大问题。

潮州菜

潮州卤味（卢宁锐/摄）　　　潮州菜（吴淑贤/摄）

　　总书记对文化建设、文化自信的高度重视，可以说是由来已久，一以贯之。早在1990年担任福建省宁德地委书记的时候，他就在《闽东之光——闽东文化建设随想》一文中鲜明地指出："有的人由于不熟悉、不了解、不知家乡可爱之历史，或者知其然，不知其所以然，从而只知道艳羡人家，从而失去自信心。""一个地区的文化建设内容很多，有一个重要的着眼点就是要弘扬地方的传统文化。从整个国家来说，中华民族的传统文化在民族的延续和发展中起到了积极的作用。在几千年的文明发展史中，我们已经树立了强烈的民族自信心，无论是在民族危亡，还是在民族昌盛时期，这种自信心都是我们民族精神中最稳定的成分。正是这种自信心，使中华民族度过了近代史上许多内忧外患的危机，使中华民族在世界上有了令人敬佩的今天。闽东的文化建设也具有同样的意义。我们有一个明确目标：通过文化建设，弘扬民族文化传统，不仅增强我们的自信心，而且提高外界对闽东的信心。"

　　从31年前对闽东文化的论述，到31年后对潮州文化的论述，贯穿着一条红线，就是习近平总书记对文化建设和文化自信的高瞻远瞩、高度自觉和身体力行。

潮人乡情

二　久久为功，寻找挖掘一口文学深井

　　我是潮州饶平人，长期在省委机关工作，这两年到省作协任职，本职工作十分繁忙，但因为热爱，业余研究潮州文化，从事文学创作，至今已有30多年。

　　这30多年，我主要研究了两个潮州人物：一个是张竞生，一个是郑成功；还选编了一本潮州文化读本。

　　先说张竞生。我和张竞生是饶平同乡，他在山之南，我在山之北。小时候经常听到大人们谈论张博士（家乡人均以此称呼张竞生）曾追随孙中山参加辛亥革命，是一个神奇的人物。第一次听到张竞生的名字，是1982年在读饶平师范二年级时一节班会课上。县文化馆的老师给同学们讲黄冈丁未革命，当时张竞生在黄埔陆军小学读书，未参加这次革命，却受到家乡此次暴动的洗礼而萌发了革命的种子。1988年，我在大学图书馆阅览室读到《自学》杂志连载的李洪宽撰写的介绍张竞生的系列文章，对这位既是革命家又是学问家的家乡先贤张竞生产生了强烈兴趣，并开始积累资料，展开研究。大学毕业后，我到省教育厅工作，后来又调到省委组织部工作，不管工作如何变动，我始终咬定青山不放松，除了做好本职工作，业余时间全部倾注到张竞生研究中。在张竞生次子张超先生的协助下，广泛搜集张竞生的有关资料，并得到中山大学党委书记陈春声教授和时任北京大学中文系主任陈平原教授的大力支持和悉心指导。陈春声教授将我的张竞生研究纳入其主持的"潮州文化的特质与内涵"合作项目，两次亲自到中大图书馆特藏室为我办理阅览证，方便我查阅资料；陈平原教授则对我的研究多加指导，建议我抓紧做口述历史，尽可能多地掌握相关当事人的第一手资料。通过多年的研究、考辨，我发现，长期被民众以讹传讹地视为"性学博士""民国文妖"，被学术殿堂斥为异端的张竞生，其实是20世纪自由知识分子的精神范本，性学是他的底色，乌托邦的哲学思想和美学体系是他的亮点，为农民代言和为农民鼓呼是他的使命。他特立独行，狂放不羁。除性学研究外，他还是哲学家、美学家、文学家，以及乡村建设运动的先驱。性学研究只是他的一个研究领域，其地位就像他十个手指中的小拇指。本人研究张竞生长达33年，深感张竞生是一座被学界、人们忽略了的学术富矿，因此，本人用长达40万字的长篇报告文学《文妖与先知——张竞生传》，用32集的长篇电视连续剧《铁血兄弟》（由《文妖与先知——张竞生传》改编，由第五代导演何群担任总导演，由青年演员朱亚文主演，于2013年8月在中央电视台第八套播出。第一部在央视热播的电视剧《渴望》的总导演鲁晓威读了《文妖与先知——张竞生传》后曾对本人说："《文妖与先知——张竞生传》是十部电影的题材"），用十卷本的《张竞生集》来呈现张竞生、还原张竞生，复活一个曾被历史的烟尘覆盖、曾被时代的釉彩涂抹的张竞生。

次说郑成功。郑成功是中国历史上非常难得的具有海权意识的人物，他是一个时代先驱，更是一个民族英雄！他的思想及其作为，对于今天中国解决台湾问题、处理南海局势问题，具有强烈的启示意义。回顾历史，自朱元璋开国，就认为贸易特别是海外贸易会导致沿海民众经常脱离政府管制，因富而生异心，因迁徙而生离心，危害政权的统治，故颁布了"片板不得下海"的海禁政策。以后，隆庆帝曾被迫部分开关，到崇祯帝又重新锁上国门。郑成功远比农民出身的帝王更能看出四海通商的大趋势及远景，组织起大规模的武装海商集团纵横东西洋，直至从武装的荷兰联合东印度公司手中夺回台湾。我潜心研究郑芝龙、郑成功父子长达11年，得出郑家有潮汕血统的结论，即郑成功的曾祖母谭氏妈是澄海县澄城镇港口村人；同时，潮州地区曾是郑成功招兵、征粮、筹饷、据守的要地；此外，郑成功之父郑芝龙曾任南澳副总兵长达8年，成为后来郑成功赴南澳招兵的主要动因。因此，本人将郑成功作为潮州历史上的人物进行研究，允称渊源有自。创作的长篇报告文学《海权战略——郑芝龙、郑成功海商集团纪事》，获广东省第九届精神文明建设"五个一工程"优秀作品奖，入选2013年中国报告文学十佳作品、新浪历史好书榜等；40万字的长篇纪实文学《海商与英雄——郑成功传》正在创作中。

再说编读本。花了两年时间，选编了潮州文化读本《欹枕听潮音》。潮汕文化博大精深，典籍文献汗牛充栋。为绵延千年的潮汕文化编一本老少咸宜的读物，是一件颇有难度的事情，也是一件意义非凡的事情。我从历朝《潮州府志》及潮邑各县志到《潮州耆旧集》《井丹诗文集》《潮中杂记》等典籍中探寻潮汕文化的渊源，从丘逢甲、温廷敬、钟敬文到张竞生、秦牧、饶宗颐等近现代学人作家中触摸潮汕文化的脉络，甚至为了一篇文章，专门从上海古籍出版社邮购两巨册的《丁日昌集》。在大量阅读、充分比较和深入思考的基础上，形成了选本的基本框架，综合地缘、历史、政经、文化、民俗、人物、风物、情怀等因素，初选出100多篇文章，反复斟酌后，敲定72篇文章，最终精选了30多篇文章，包括韩愈《祭鳄鱼文》、苏轼《潮州韩文公庙碑》、林大春《请严禁贪酷疏》、林大钦《廷试策》、丁日昌《上李宫保论潮州洋务情形书》、丘逢甲《创设岭东同文学堂序》以及国学大师饶宗颐、著名作家秦牧、历史学者陈春声、文化学者陈平原、广东省委原书记林若、中山大学教授林岗的文章等，辅以按语、注释和作者简介，成为潮汕文化一本钩玄提要的读本，在潮汕历史上，似乎也不多见。该书从历朝历代的潮州文献和学人作家中梳理潮州文化的脉络，其所呈现的声音，既是潮水的声音、众生的声音，也是潮人的声音、时代的声音。

潮州文化博大精深，这里的潮州文化是一个大潮州文化的概念，是饶宗颐先生在《潮州学在中国文化史上的重要性》一文所包括的范畴。如何选择研究课题，我个人的原则：一是研究对象要有强烈的现实意义。鉴古才能知兴替、知当今、知未来。譬如，张竞生是中国现代哲学家、美学家、社会学家，他第一个向社会征集性史以开展性史研究，第一个在中国提倡计划生育，第一个在大学课堂上讲授逻辑学、性学，第一个提出美治主义。张竞生著作中蕴含的独特而深刻的哲学思想、美学体系、性学理论、文学价值、乡村建设的当代意义都值得深度探究与挖掘，其毕生致力于乡村建设运动，修公路、育苗圃、建农校，为发展乡村经济文化作过积极贡献，研究张竞生的乡村建设理论与实践，对当下正在推进的乡村振兴意义十分重大，极具借鉴作用。我始终坚守"非虚构"文学的责任与使命，通过文学的方式对张竞生进行还原和重构，挖掘其现代价值，突显其现实意义。今天，当我们把有关海权的话题置于我们的领土权利、海洋权利在东海、南海，在世界不少的地方受到挑衅的时刻，事实证明我坚持以"紧扣时代主题，唱响蓝色梦想，唤醒海权意识，勿忘海上国耻"的主调，从唤醒人们的海权观念和行动的视角研究郑芝龙、郑成功的海商集团，从全球战略、国际贸易、民族矛盾、文化冲突等多个层面全方位地刻画郑成功形象，从战略管理的理论层面揭示郑氏海商集团的全球意识和商业意识，具有现实的迫切性和思想理论价值。特别是郑成功当年以一家之力，排除万难，从外敌手中收复台湾，为中华民族建立了不朽功勋，为今天解决台湾问题提供了弥足珍贵的历史经验。

二是研读文献、田野调查、口述历史三管齐下。在研究张竞生的过程中，本人在张竞生次子张超先生的鼎力支持下，广泛搜集张竞生的直接史料与背景材料，先后踏访了饶平县浮滨镇大榕铺村、三饶镇琴峰书院、黄冈镇楚巷居委会、樟溪镇厂埔村，以及广州、北京、上海、杭州等地，实地考察张竞生当年活动的遗迹，广泛采访知情人，抢救历史资料，并拍摄了大量照片，甚至从法国里昂大学图书馆找到张竞生的哲学博士论文，自费请法文教授翻译成中文。借助现代通信工具，把张竞生曾经生活或居住过的地方如广州、上海、北京、香港、潮州、汕头等地的各种相关资讯链接起来，为我所用。为了写好郑成功，我专程到台湾的台南考察，两次到郑成功的出生地日本平户踏勘，对郑成功在广东、福建、浙江活动的地方，都利用节假日，前往现场做田野调查，获得真实感受；并从全球范围搜集郑成功的史料，托朋友从美国哈佛大学、加州理工大学查找郑成功史料，自费请广东外语外贸大学的研究生从日文中翻译郑成功史料，作为研究创作的参考。我始终认为，近现代的广东，包括潮州有很多写作的好题材，是一座文学的富矿，作家应该成为一个诚实的、聪明的矿工，找准自己的方向，然后锲而不舍地挖掘，致力于打一口文学的"深井"，要有自己的发现，在学术上才有价值，在文学上才有特点。也正因为我对郑成功的历史有了自己的发现，我才有了写作的冲动，不然前人包括洋人已有汗牛充栋的研究，根本难以下笔。

三是长期坚持穷尽可能。我作为一名公务员，长期坚持一份艰辛而又颇有意义的业余创作，这种创作只能在深更半夜家人熟睡之后，才忙里偷闲，积累资料，积累素材，积累情感，积累思想，凭着一种还历史本来面貌的愿望和热情，花了33年时间研究张竞生、写作张竞生、编辑张竞生、评论张竞生。先出选本，再出传记，然后改编影视，最后会同孔令彬、肖玉华等拾遗、编校，由陈春声、陈平原、林岗担任顾问，出版十卷本《张竞生集》。而对郑成功的研究则还在路上，还在过程中。回顾这些年的业余乡邦文化研究和文学创作，本人深感任重道远，更感意义非凡！

三　起而行之，努力讲好潮州故事

习近平总书记对潮州充满深情厚意，寄予殷切期待。总书记指出："要保护好城市历史文化遗存，延续城市文脉，使历史和当代相得益彰。""我们爱这个城市，就要呵护好她、建设好她。""希望潮州广大干部群众抓住机遇，乘势而上，起而行之，把潮州建设得更加美丽！"总书记的这些重要指示，为潮州文化的传承与创新指明了前进方向，提供了根本遵循。

一是坚持把握机遇，致力打造潮州历史文化名城。潮州是历史上潮州民系的形成地、聚居地和繁衍地，是潮文化的发祥地，文化底蕴深厚，文化资源丰富，文化人才辈出，是历代郡、州、府所在地，曾是粤东政治、经济、文化中心，享有"岭东首邑""海滨邹鲁"之美称，是国家历史文化名城。千年的历史积淀，淬炼了潮州这座城市独特的精神气质和潮州人优秀的意志品格，以潮绣、潮瓷、潮雕、潮塑、潮剧和工夫茶、潮州菜等为代表的潮州非物质文化遗产，是中华文化的瑰宝，广济桥、开元寺、韩文公祠等景点更是闻名遐迩。全市共有文物古迹728处，其中国家级文物保护单位8处，省级文物保护单位9处；革命遗址遗迹284处，其中革命史迹及纪念设施267处，其他遗址17处。"机者如神，难遇易失。"我们要切实把握总书记来视察的机遇、国内国际双循环的机遇、建设文化强省的机遇，全力以赴打造好潮州历史文化名城这张"金名片"。

二是坚持提高站位，以习近平新时代中国特色社会主义思想，特别是总书记视察潮州、汕头、深圳的重要指示精神指导潮州文化的研究、传承与创新。习近平总书记继承党的优良传统，高度重视弘扬中华优秀传统文化，认为中华优秀传统文化是中华民族的精神家园，是人类文明的生存智慧，将党关于重视运用优秀传统文化以推动党的建设、中国特色社会主义建设的理论实践提升到一个新高度，形成了中国特色的社会主义传统文化观。他在全国宣传思想工作会议上就提出，优秀传统文化中包含着中华民族"最深沉的精神追求""最深厚的文化软实力"，可以凝聚和打造强大的中国精神和中国力量。潮州文化是产生于潮州并历经几千年沉淀而形成的，有中华民族共同优秀品质和鲜明地域特色的价值观和精神气质，是岭南文化的重要支脉，中华民族优秀文化的重要组成部分。我们要坚持保护为主、抢救第一、合理利用、加强管理的方针，把潮州文化保护好、传承好、发展好，全面加强潮州文化精神内核研究，高质量做好古城保育活化和非遗保护传承，保护好令人"一见倾心"的老建筑、老街区和老手艺，抓好潮州语言文字和经典文献的保护和传播，启动申报世界文化遗产，形成礼敬守护和传承发展潮州优秀传统文化的浓厚氛围和现实环境。

三是坚持守正创新，着力构建潮州文化话语和叙事体系。总书记在今年5月31日中央政治局集体学习时的重要讲话和"七一"重要讲话中，深刻地提出要构建中国话语体系和叙事体系，创造人类文明新形态，这充分彰显了中国共产党人和中华民族为世界大同做出更大贡献的非凡抱负，我们要以此来观照潮州文化话语和叙事体系的构建。潮汕民谚云："有潮水的地方就有潮人。"潮州人遍布世界各地，对我们讲好潮州故事、传播中国故事是一大优势。在全球化的语境下，对文化话语体系构建的深刻性、独特性、预见性、形象性提出了更高要求，我们要树立文化自信，积极推动潮州文化走出去；在融通古今中外、兼收并蓄中有所创新和突破，更加强调信息的含量、思想的容量、情感的力量，增强主动塑造和传播中国形象的自觉意识和行动能力；在国际舆论场上彰显中华文化软实力，塑造中华民族和平崛起、伟大复兴的大国风范和大国形象，为构建新时代中国话语和叙事体系做出新贡献。

四是坚持统筹谋划，高位推动潮州文化的整体开发。潮州是一座文化之城、英雄之城，潮州文化的开发利用与传承创新是一项系统工程，需要潮州市委、市政府从全局和战略的高度，确立文化强市、产业兴市的发展理念，统筹谋划，全面布局，高位推动。其中，潮州红色文化享誉全国，周恩来、朱德等老一辈革命家同潮州有深厚的渊源，"潮州七日红""茂芝会议"均为中共党史上具有重要影响力的事件，左翼文化运动"潮州六杰"在中国文学史上留下了浓墨重彩的篇章。我们要把实现总书记赋予的"把潮州建设得更加美丽"发展目标作为最大任务，推动潮州文化的全面开发。譬如，结合"中央红色交通线"等遗迹遗址保护，开展饶平麒麟岭、潮安婆姐岭等南粤古驿道修复及活化利用；串联分散全市老区苏区红色旅游资源，着力打造南昌起义部队挺进潮州、"中央红色交通线"、东江纵队抗战、红色军事文化展示以及包括洪灵菲、冯铿、戴平万等在内的左联"潮州六杰"文化之旅等旅游线路。配合实施乡村振兴战略，深挖饶平县上饶镇永善村、饶平县东山镇湖岭村、潮安区登塘镇世田村等红色村庄红色文化，既盘活红色资源，又为乡村发展注入红色动力。

五是坚持整合资源，借力推动潮州文化的转化传播。党的十九大报告指出，坚持创造性转化、创新性发展，不断铸就中华文化新辉煌。"创造性转化、创新性发展"是我们正确对待中华优秀传统文化的科学指南。"双创"方针强调中华优秀传统文化要在创造创新的基础上实现自身的转化发展，坚持辩证地、发展地、全面地看待中华优秀传统文化，具有极强的现实针对性。要以一体建设城乡公共文化服务体系为抓手，深入实施潮州文化"双创"工程和文艺作品质量提升工程，以推动文化高质量发展为主题，深入实施文化改革振兴工程，因地制宜打造数字文化引领地、文化创意新高地、文旅融合示范地。潮州本土内外有许多事业有成的企业家，沉淀着数量可观的民间资本，各级党委、政府要善于搭建平台，撬动民间资本，多元投入推动文化事业、文化产业加快发展。以饶平为例，饶平全境从南到北、从沿海到山区，蕴藏着十分丰富而独特的资源禀赋，根据这些资源禀赋，引导、支持民间资本投资建设饶平博物馆群，如黄冈镇大澳村早年曾是海盗出没的地方，可建成全球独特的海盗博物馆；今年是辛亥革命110周年，孙中山领导辛亥革命之前十次武装起义的第三次黄冈丁未起义在此举行，直接撼动了清廷的统治，可在此建黄冈丁未革命博物馆；浮滨的张竞生文化公园，已有相当基础，可改造提升为生命科学博物馆；三饶的道韵楼是全国最大的八卦围楼、土楼，可利用转型建设成土楼博物馆；三饶的打破鼓是潮剧《柴房会》的原型地，可建设一个潮剧博物馆；茂芝的全德学校，南昌起义失利后，朱德带领800名将士在此制定"穿山西进，直奔湘南"的战略决策，直接促成了朱毛井冈山会师，可在此建设红色革命博物馆。这些博物馆，要有得听、有得看、有得住、有得买，甚至有得玩，以此直接带动人流、物流、信息流、资金流，实现优势互补、资源叠加，加快推动文化繁荣、乡村振兴的创新发展。

六是坚持先走一步，把文化产业打造成潮州国民经济的支柱性产业。文化产业是文化生产与传播的主要载体，在社会主义市场经济条件下，充分发挥好文化产业在传承和弘扬中华优秀传统文化中的作用，实现两者之间的良性互动，是创新传承中华优秀传统文化体制机制的重要手段，也有助于实现经济建设与文化建设的协同发展。潮州地处粤东金三角地带，是联结海西经济区和粤港澳大湾区的重要连接点，是闽粤赣十三市经济协作的联结点，更是全世界潮人的祖籍地和精神家园，获得中国瓷都、国家重点工艺美术城市、民间艺术之乡、中国婚纱礼服名城和中国优秀旅游城市等美称，发展文化产业具有得天独厚的优势。据统计，2019年文化产业占GDP比重，全国是4.5%，全省是5%，广州是6.28%，深圳是8.15%，潮州是8.11%，这从一个侧面反映了潮州发展文化产业的强劲势头。而同期，北京占9.64%，上海占13%；美国占31%，日本占20%，韩国占15%。与发达国家和我国发达省市相比，潮州市的文化产业仍有广阔的发展空间。潮州市要着眼于全球视野，着眼于先行一步，着眼于弯道超车，以非凡的胆略和气魄，实行政府与民间联动、海内与海外联动、资源与资本联动，多管齐下，多措并举，全方位发展潮州文化产业，把潮州文化产业打造成全市国民经济的支柱性产业，为潮州文化的传承和创新开辟一条新路。比如，潮州工夫茶、潮州饮食、潮汕商帮文化、潮汕善堂、潮汕祠堂、潮汕方言、潮绣、潮剧、潮乐、潮汕木雕、潮州大锣鼓、潮汕民居等资源背后都可以做好对接文化产业的大文章，要让独特的潮州文化有形化、产品化、市场化，通过文化、文学、文博、文创、文旅等各种方式，将文化优势转化为经济优势，促进传统文化在与科技、产业的结合中实现传承和可持续发展，推动潮州文化产业实现高质量、跨越式发展。

"此心曾与木兰舟，直到天南潮水头"，当年贾岛与韩愈心灵交契追随至韩江尽头。如今，潮州人民谨记习近平总书记的谆谆嘱托，重振"岭东首邑"荣光，焕发千年姿彩，重整行装再出发。迈向新征程，韩山嵯峨逶迤，韩江秀水长清，韩山韩水以其开阔的胸襟、奔腾的气象预示着潮州文化必将奏响新时代的最强音！

潮州厝的世界文化遗产价值

张国雄

五邑大学广东侨乡文化研究院教授

各位朋友，很高兴受邀参加首届"潮州文化论坛"，同时我也是来学习的。对潮州文化我非常感兴趣，因为我是做侨乡文化研究工作的，对潮汕侨乡文化比较关注，但仍在学习。邀请方希望我谈一谈潮州申遗的一些想法和建议。这让我想起2010年左右我们来潮汕侨乡考察，跟黄挺老师学习，海忠教授接待我们。在这次考察过程当中，我们建议韩山师范学院能不能在潮汕地区推动政府以"厝"申报世界文化遗产。

关于世界文化遗产，到目前为止我们广东只有一项，那就是开平碉楼与村落，这跟广东丰富的文化资源相比，跟广东文化强省建设相比，是不相称的。应该说，这个方面还有很大的空间。

目前，国内世界文化遗产申报工作涉及广东的有两项。一是"海上丝绸之路·中国史迹"项目，其中包含广东的7个遗产点，广州6个、江门1个。可能这个项目要重新组合，对广东其他地方也是一个机会。二是明清城墙项目，由南京牵头，由全国8个古城墙保存比较完好的遗产点组成，其中我们广东的肇庆在列。

除此之外，我以为潮汕地区有资源符合世界文化遗产标准而可以去作申遗的努力。一个是用潮州古城去申报，但用潮州古城申报存在一个问题，即潮州古城建筑的年代虽然很早，但是保留的城墙是明清的建筑，现在保留的城墙只有2公里。而城门仅保留了4个，古城形制保留得不太好，古城遗产的完整性有些问题。另一个是，如果用古城墙去申报的话，要怎么去定位？怎么谈它的世界遗产价值？以古城本身去申报世界文化遗产的也有，像平遥古城、阆中古城。虽然它们也都做了城墙的修缮，但是最关键的是它们的基本形制是完整的。泉州申报遗产不是以古城为内涵，而是从海上丝绸之路这个角度去申报。

那么潮汕地区还有没有更具备条件的资源呢？以前我跟黄挺老师还有海忠教授交流过这个问题。我个人的看法是，潮州比较有特点的、有代表性的、有世界意义的遗产，就是大家看到的厝，所以我建议用厝建筑去申报世界文化遗产。

一　站在文化自信的高度看待厝的申遗工作

为什么我推荐潮州的厝建筑呢？我们还是要说到潮汕地区本身的文化。潮州被誉为"海滨邹鲁"，是近代以来形成的中国四大著名传统侨乡之一。四大著名传统侨乡中，广东梅州侨乡和福建泉（州）漳（州）厦（门）侨乡在地理上与潮汕侨乡紧密相连，另外一个就是广府地区的五邑侨乡。潮州文化是岭南文化的重要组成部分，其文化资源很丰富，比如潮州有"中国瓷都"之称。我想潮州获得"中国瓷都"称号的实践和价值对潮州以厝申报世界文化遗产是有启发意义的。当今的文化建设工作一定要有竞争意识。

今天来谈潮州申报世界文化遗产，触发这件事的是习近平总书记2020年视察潮州时的重要讲话，以及党的十八大尤其是十九大以来对中国传统文化的重视、挖掘和保护。中共中央办公厅和国务院办公厅发过一个关于保护和弘扬传统文化的意见，我觉得这是习近平新时代中国特色社会主义思想中一个很重要的组成部分，是文化自信的基础。习近平总书记视察潮州古城发表重要讲话，对传统文化保护、遗产保护是有时代意义的。开平碉楼与村落申报世界文化遗产给了我们一个经验：做区域性传统文化、遗产保护，一定要站在时代的高度。21世纪初，广东建设文化大省、文化强省，开平碉楼与村落成为广东至今唯一的世界文化遗产就是重要的成就之一。潮州历来重视传统文化研究，尤其在非物质文化遗产的保护等方面做得很有成绩。今天，努力挖掘、利用潮汕历史文化资源去申报世界文化遗产，将它的文化魅力、文化价值和世界意义展示给全人类，争取取得具有国际影响的标志性成果，我想这就是对习近平总书记视察广东、视察潮州时发表的古城保护系列重要讲话的最好的落实举措。

■ 潮汕古厝适应的世界文化遗产标准

文化遗产保护工作不仅要有时代感，同时需要形象感和法律地位。开平碉楼与村落在申报之前，广东人或者内地人，对江门五邑，知道新会不知道江门，更不知道开平，因为新会出了梁启超所以著名。开平碉楼与村落申报世界文化遗产让社会公众认识了开平。2007年申报成功以后，广东旅游界有一句口号叫作"广东旅游看碉楼"。通过碉楼提升了开平的城市形象和知名度。这就是我说的形象感。

那么怎样看待潮汕的古厝呢？近代以来，中国形成了四大著名传统侨乡，这就是广东潮汕侨乡、五邑侨乡、梅州侨乡和福建的泉（州）漳（州）厦（门）侨乡。从传统文化角度考察四大著名传统侨乡，又分为三类，即福佬文化区侨乡、广府文化区侨乡和客家文化区侨乡。潮汕和福建的泉州、漳州、厦门就是福佬文化区的著名侨乡。三大文化区侨乡各有自己典型的民居建筑，客家文化区侨乡是围龙屋、土楼，广府文化区侨乡是碉楼，那么在福佬文化区侨乡，最经典的民居应该就是厝建筑。目前，在三大文化区侨乡建筑中，已经有三个世界文化遗产项目，受到全人类的保护，第一个是开平碉楼与村落，第二个是福建土楼，第三个是厦门鼓浪屿。开平碉楼与村落代表的是广府文化区的乡土建筑和乡村景观；福建土楼就是福建客家分布区的乡土建筑，其文化内涵主要还是客家文化；厦门鼓浪屿以中外融合的近代建筑群为主体和岛内生态文化环境反映了厦门开埠后的文化交流。由此可见，在三大文化区的四大著名传统侨乡中，目前唯有福佬文化区侨乡还缺乏乡土建筑类的世界文化遗产项目，这是一个需要填补的空白。

我以为潮汕古厝是填补这个空白的最好资源。

我们看一下古厝建筑，它的分布区域横跨广东、福建两省和台湾的台南地区，是福佬文化区的典型文化符号之一，也是福佬文化和侨乡文化的标志性民居建筑。虽然广东、福建的古厝在建筑材料、建筑形制和建筑造型方面有些区别，表现出一定的类型特征，但是在中国民居建筑中总体上都叫"厝"，都是古厝类型。在中国的古厝建筑分布区，潮汕地区是非常重要的组成部分和类型的代表。

世界文化遗产共有6条标准，第一条，代表一种独特的艺术成就。这里没有规定是什么艺术，你可以理解为建筑艺术，关键在于要是一种创造性的天才杰作。第二条，能够在一定时期或者在世界某一个文化区域内对建筑艺术、纪念艺术、纪念物艺术、城镇规划、景观设计等方面产生重大影响。这条强调的是一种有生命力的文化代表，可以是在某一种建筑中或一种地域文化中，这种文化至今依然有着深厚的影响力和顽强的生命力，是一种活态的。第三条，可以记录、见证一种消逝的文明。第四条，可以作为一种建筑或者建筑群，或者景观的杰出典范，展示人类历史上的某一个重要阶段，即从建筑去看文化。第五条，可以作为传统的人类居住地或者使用地的范例，代表一种或几种文化。比如现在很容易受到破坏的，或者是一种濒临消失的文化，因为面临着威胁、破坏，所以要申报保护。第六条，在文化区域中代表某一种思想信仰，或者与艺术作品有实质性的联系，这样一种有特殊情况的遗产也可以申遗。但这条往往跟某一个重要的文学作品或者重要的文学人物或者历史人物或者某一种信仰相连。这6条中，符合其中一条都可以成为世界文化遗产。

从世界文化遗产申报工作的实践来看，很多项目适用的标准是复合型的，往往同时适用于几条标准。开平碉楼与村落申报时提到符合4条标准，在世界遗产大会通过的决议中提到符合3条标准。不管是4条还是3条，都是复合型的。那么，潮汕古厝作为中国典型的民居建筑对照世界文化遗产标准，它适应哪几条标准呢？

我的初步看法是，潮汕古厝是否可以从第一条、第二条和第四条标准去考虑？当然这只是初步的看法，大家还可以深入研究找到更准确的方向。

第一，潮汕古厝是中国杰出的乡土建筑。它记录了唐朝以来中华文明由中心向岭南边缘辐射，融合土著文化，共生发展的一个历程，它反映的是中华民族的文化从中心向边缘的扩散。任何一种文明的发展都有中心，有一个从中心向边缘逐渐扩散的历程。中心很重要，扩散的过程对认识这种文明同样重要。潮汕民众提到古厝的时候，常提"京华帝王府，潮汕百姓家""潮汕大厝皇宫起"等等，说古厝的建筑形制是仿学皇宫，有的说是北方院落的南方建筑实践，这是一种古代形成的民间认识，当地民众通过对乡土建筑的热爱表达了对中华文明和文化价值的认同。它鲜明的地域性和相同的中华文化流脉，恰恰是潮汕古厝在岭南边缘地区创造性产生、创新性发展所反映的唐朝以来中原文化向边缘的扩散过程，它揭示的是中华文明多元一体的发展范式和内在的历史逻辑。我们今天讲的中华文明是一个集合概念，这个集合概念实际上是由很多地域文化组合的。中原文化是在中华文明的中心，岭南文化是中华文明的边缘。但是岭南文化这个板块凸显出来，成为中华文明不可分割的一个板块，实际上是历史上中原文化不断南下，中原文化向周边扩散，向岭南扩散以后跟土著文化融合而形成了血肉相连的中华文化，就是我们常说的"多元一体"的发展范式和历史逻辑。它符合第一条标准。

第二，潮汕古厝是中国特殊的合院式乡土建筑。合院式乡土建筑是中国乡土建筑的一种重要形式，客家土楼、广府的三间两廊也是合院式乡土建筑。但是厝的合院式讲的是单体，同时也讲围寨，即由几十座甚至几百座厝围着祠堂组合成一个村落。在这个村落里包含有三大体系，即家居、教育、宗庙祠堂三位一体。三位一体以宗庙祠堂为中心，这是一种文化传承模式和生活发展模式，体现的是岭南地区民众的一种生活方式，这种方式跟广府地区有点不太一样，它同样揭示了中华民族生生不息、和谐共存的民族发展密码和历史观。中华民族是多民族不断融合的产物，包括汉族本身就是由华夏民族逐渐与边缘地区土著民族的融合，最后形成了中华民族。"中华民族"是梁启超先生提出来的，虽然提得比较晚，但民族共同体早就形成了，这是我们民族共同体的特点。而潮汕地区，聚族而居，"生相近，死相迫"，这是千百年发展的结果。而这个发展在家族里边就是一个缩小的民族发展过程，以宗庙表达对祖先、对信仰和各种神灵的一种崇敬。"聚族而居，族皆有祠，此古风也"，这是潮汕地区文献中对厝建筑所体现的文化，尤其是宗祠文化和民族居住文化的一种表现。为什么我们中华民族韧性这么强大，其他少数民族进入中原地区后被同化？原因就是我们民族的融合性。数百家到千余家古厝聚集成村的建筑形态演变，记录的正是家族聚居不断繁衍的中华民族聚族而居的典型文化范式。广府地区的村落就没有这么大，江门五邑侨乡一个村有20多户人家，也可以是几十户人家，上百户人家的村比较少。但是在潮汕地区我们看到的是大聚集现象，这种现象反映了中华民族的生存能力，从家族的生存发展当中体现的民族特点，这种气势、这种规模在客家文化、广府文化当中都不能相比。它恰恰很典型地把中华民族聚族而居的特点，即几代人聚在一起的特点表达出来了。符合第二条标准。

第三，我认为厝是中国民居建筑创造性的杰作。为什么呢？因为厝融合了潮汕人民的自然观和环境观。中华民族很讲究"天人合一",全国各地的村落建设都讲究堪舆,其实就是"天人合一"思想的一种体现。我们看到潮汕的古厝,由厝组成的村跟周围的河流、山川、农田、植被等等,组成的是一个很和谐的生态系统。而且村落里面的房屋整齐划一,虽然里面有驷马拖车、下山虎、四点金等样式,但是它布局整齐划一体现的是整个家族的团结、和谐、平等。同时,潮汕古厝特别注意建筑装饰,它把潮汕非物质文化遗产融进去了。木雕在潮汕古厝建筑中运用得很有特色。潮州还是"中国瓷都",潮汕地区的陶瓷生产中建筑陶瓷是一大类别,它跟景德镇不太一样,跟德化也不太一样,它把建筑陶瓷艺术融进了民居建筑当中。所以说潮汕古厝不仅仅是民居建筑的一种典范,它把与生活相关的各种艺术形式融会在一起,这一点在中国民居建筑中是很典型很突出的。尤其是用建筑陶瓷瓷片来装饰线脚,丰富房脊造型,用陶瓷做的各种建筑装饰造型,有动物的也有植物的。潮汕古厝还有一个特别显著的特点,就是厝角头把中国的传统哲学思想——五行学说融进去了,这一点在中国传统民居建筑里边非常独特。潮汕古厝角头根据业主个人的缺金、缺木、缺水、缺火或缺土来选择厝角头形式。不仅村落布局、环境讲究堪舆,单体民居环境也讲究心理平衡,缺什么补什么。中国传统哲学思想当中的五行文化在潮汕的民居中得以体现,这一切追求的是村民平等、与自然和谐、与文化环境的和谐,体现了潮汕地区独特的人与人、人与社会、人与环境的哲学思考的统一性和多样性,反映了古厝的文化精神和丰富内涵。

第四,潮汕古厝既是岭南地域文化的结晶,同时也是海洋文化的产物。它与开平碉楼与村落、福建土楼、厦门鼓浪屿等世界文化遗产一样,深受东南亚文化和欧洲文化的影响。比如说它的建筑材料、建筑造型以及建筑装饰大大地丰富了传统厝建筑的文化内涵,展现了福佬文化区海外移民与侨乡民众的世界视野和开放包容心态。中外文化融合的发展模式迄今对当地的城乡规划和乡土建筑产生着深刻的影响，比如陈慈黉故居，其整体村落建筑形象、建筑外观保留了传统厝建筑的风格，古厝布局、墙体屋脊、入口形制等浸透着深厚的历史，走进故居院内，柱式、门、窗造型和装饰风格以及线脚、线条等建筑细部，带有非常明显的东南亚文化的特征。原因很简单，潮汕地区的华侨主要分布在东南亚，受东南亚文化的影响至深。侨乡文化的本质就是中国传统文化与外来文化的融合，这是最显著的特征。在四大著名传统侨乡所接受的外来文化中，可以分为两个类别。潮汕侨乡、梅州侨乡和泉（州）漳（州）厦（门）侨乡所接受的外来文化主要是东南亚文化；五邑侨乡接受的外来文化主要是欧美文化。潮汕等侨乡有没有接受欧美文化呢？当然有。比如柱式、柱头等建筑构件就带有西方文化的特点，与五邑侨乡稍有不同的是，潮汕等侨乡所接受到的西方文化主要是明代以来殖民统治者进入东南亚之后，吸收、融合了东南亚文化而形成的带有西方欧洲文化特点同时又带有东南亚文化特点的特殊类型。潮汕等侨乡的华侨将这种西方文化传回家乡，被侨乡民众接受并运用到生活之中。五邑侨乡的华侨主要移民到美洲（尤其是北美洲）、大洋洲地区，这些地区以西方文化为主流，当地的土著文化被压制，并不像东南亚土著文化被吸收融合，因此是比较"原汁原味"的西方文化。因此，在建筑造型、窗门设计、装饰风格等方面，都带有鲜明的更加"标准"的西方文化特点。四大著名传统侨乡接受不同的外来文化因而形成了不同的类型和风格，五邑侨乡的中外文化融合张扬在外边，在台山乡村随处可见中西融合的碉楼、洋楼、学校、祠堂、宗教建筑。而在潮汕侨乡，也有洋楼建筑（番仔楼），与五邑侨乡相比，中外文化融合在潮汕侨乡表现得比较内敛、含蓄，不那么张扬，从村外、古厝外看乡村景观欣赏古厝建筑，感受到的是浓浓的传统风情，走进建筑才会从细部观察到外来文化的痕迹、影响。外来文化在潮汕侨乡的表现代表了另外一种融合模式，我们不能不看到传统文化在潮汕侨乡的基础更为深厚,其农业文明发展程度显然高于东南亚地区;而东南亚虽然从明代以来逐渐成了荷兰、法国、英国、西班牙、美国的殖民地,但是西方文化没有取代土著文化,潮汕等侨乡华侨看到的依然是一个传统文化得以延续的农业社会。这些因素结合,就形成了古厝所代表的潮汕侨乡中外文化融合的类型。潮汕侨乡民众对本土文化的坚守和对外来文化的融合,表现出与五邑侨乡不同的地域特点。因此,潮汕古厝代表了岭南福佬地区民众的生活方式、文化情怀、历史传统以及世界视野。

结合第三、第四,我以为潮汕古厝还符合世界文化遗产的第四条标准。

三 项目名称:"潮汕古厝与村落"

最后一个问题就是,如果我们要开展这个工作,往这个方向去努力,就需要确定项目名称。确定名称,对古厝资源的挖掘、保护和遗产价值的阐释等都有关键性意义。

我对此有三个建议:一个是"潮州老厝",一个是"潮汕古厝",一个是"潮汕古厝与村落"。

前两个建议是以古厝建筑为主体,将环境融在其中,简洁易记。区别在项目的地域范围,前者是以潮州行政辖区为界,后者是以潮汕地区为界,这个没有定法。

第三个名称是将古厝建筑本体与生存环境两个方面加以突出。当今的世界遗产保护非常重视生态的观念,不仅文化遗产是这样,人类非物质文化遗产保护、世界记忆遗产保护都有这个特点。潮汕古厝本身就有两层含义,一个是单体的民居建筑,一个是由古厝组成的村落。后者就包括村落的自然环境系统和文化环境系统,文化环境系统中主要包含潮汕民众的生产生活方式等,潮汕古厝是一种地域性特征鲜明的文化载体。以这个名称去组织项目，其遗产价值的世界意义，就可以更好地论述潮州文化的地域特点及其与外来文化的紧密联系。当然在解释这个项目时一定要讲清楚潮汕古厝与闽南红厝的相同点和特殊性，即区别和联系。

对待潮汕古厝申遗工作，我们要看到厝不是潮汕独有的建筑遗产，因此开展这项工作必须有竞争意识。"中国瓷都"不是景德镇而是潮州，就是竞争意识支持文化保护的成功案例。挖掘这一遗产资源，通过申报世界文化遗产使之得到更好的保护和展示，更好地开展潮州的文化事业和文化产业建设，我们要有紧迫感。

（根据录音整理，已发作者修改、审阅）

潮州开元寺在岭南佛教中的地位

林有能

广东省社科联原副主席

唐代开元年间，唐玄宗诏天下州郡各建一大寺，以纪年为号，额曰"开元寺"，全国遂现"一府一开元"之气象。岭南之广州、惠州、潮州、雷州、琼州、罗定州、德庆州等地皆有"开元"创制，且多为域内巨显大刹。宋名臣余靖云："有唐开元，天子号令，翔于四海，每为新制，以自张大，乃命祠曹，州择一最胜寺，易以年名冠之，俾后世知声教之广被也。故天下寺以'开元'名者，必居壤垲，据形便，祠宇最壮，像设最严，纲纪最亲而不苛，制度最古而有序。"①然岭南各地之开元寺，多随历史嬗替而湮没，惟潮州之开元寺，迄今仍巍峨庄严，足以折射和彰显其在岭东乃至岭南佛教发展之地位，诚如余靖《潮州开元寺重修大殿记》所言："潮于岭表为富州，开元于浮屠为冠寺，畅师于僧官为极选。"②

潮州开元寺之历史，早于开元，又始于开元。

曰早者，乃因开元名前已有"荔峰"。清乾隆《潮州府志》"开

---

① 〔宋〕余靖、苏绚：《武溪集·嘉祐集》，吉林出版集团有限责任公司2005年版，第84页。

② 〔宋〕余靖：《潮州开元寺重修大殿记》，《武溪集·嘉祐集》，吉林出版集团有限责任公司2005年版，第73页。

元寺"条云："在城内甘露坊，创于有唐，兴废不一。"①未确指始创具体年代。然《潮州开元寺志》曰："据本寺耆耇相传，谓本寺先有名'荔峰'，后改名'开元'。查本寺明万历二十二年甲午（1594）及清康熙二十年辛酉（1681）两次重修记中，皆有'荔峰门'之名。又清乾隆二十八年癸未（1763），潮州知府周硕勋题大殿楹联，有'荔峤'之句，信知

禅院花影（吴淑贤/摄）

'荔峰'之名，确有来历。……本寺先名'荔峰'，后改'开元'之说，固可信矣。"②又云："潮之开元寺，盖始于唐玄宗开元二十六年戊寅（738）诏建者，相传谓寺址原为丘阜，故开元之前，寺名'荔峰'。顾以年久事湮，文献阙如，规模失考。"③如此说不虚，则开元寺在名"开元"前已存焉。

曰始者，乃因该寺遵唐玄宗诏旨而于唐开元二十六年（738）肇用"开元"之名，自始，虽经历代兴废重修，寺名稍有变易，如元之"开元万寿禅寺"、明清之"开元镇国禅寺"，然"开元"两字始终不替，迄今仍"开元镇国禅寺""开元寺"两名并用。

有关开元寺的创建年代，文献虽无确载，然肇于唐代似可不争，故清乾隆《潮州府志》谓其"创于有唐"，清康熙《潮州府志》更具

---

① 清乾隆《潮州府志》，卷一五"寺观"。

② 释慧原编纂：《潮州开元寺志》，卷一"沿革"，潮州开元镇国禅寺2017年版，第8页。

③ 释慧原编纂：《潮州开元寺志》，卷一"建置"，潮州开元镇国禅寺2017年版，第36—37页。

开元寺

体曰"唐开元间建"①。1960年，开元寺出土之"明代弘治残碑"，有"潮之有寺，肇自唐之开元间"②语。《潮州府重修镇国开元禅寺记》云："潮郡地东南数百步，古有镇国禅寺，寺名'开元'，自唐开元来矣。"③

潮州开元寺自唐创制以降的千余年历史中，其传承的世系和法脉主要是禅宗，尤其是六祖慧能的南禅。这与唐宋时期潮汕地区佛教发展的大势是同步的。有论者认为，"潮汕佛教宗派世系传承，考虑到本地偏离文化传播中心地带，文化开发较慢，佛教义学研究不兴这一特点，流传于潮汕地区的佛教宗派主要是注重实修的禅宗。……开元寺宋代以

---

① 清康熙《潮州府志》，卷十"寺观"。
② 释慧原编纂：《潮州开元寺志》，卷二"碑碣"，第176页。
③ 释慧原编纂：《潮州开元寺志》，卷二"碑碣"，第178页。

后一直属于禅宗寺院……从唐代中叶开始，禅宗的宏传几乎贯穿了一千多年潮汕佛教史。"①六祖慧能南禅在唐代就流布潮汕地区，其弟子惠照禅师就弘法于斯地，清康熙《潮州府志》云："僧惠照，潮阳人，唐大历初自曹溪归，深契南宗之旨，居邑之西岩，精持戒律，大颠、惟俨皆师事之，唐相国李绅铭其石室云：'曹溪实归般若观妙体是宗极湛乎返照。'"②六祖慧能之裔孙、石头希迁的弟子大颠和尚，建道场于潮阳灵山，反佛的韩愈刺潮后却与其成了好友："释宝通，号大颠，潮阳人，与药山惟俨同事惠照于西岩，既复游南岳参石头希迁，后入罗浮瀑布岩……贞元五年（789）开白牛岩以居……七年（791）建灵山院……元和十四年（819）刺史韩愈三致书始赴州郭。"③

六祖慧能南禅"一花开五叶"——衍生出沩仰、临济、曹洞、云门、法眼五宗，潮州开元寺所传承的是哪一宗的世系法脉？郑群辉认为，"潮州开元寺本属临济宗"④，至清乾隆年间转属曹洞宗，这一转属的节点乃清乾隆元年（1736）延曹洞法脉之密因禅师开堂说戒，其缘起，乃"朝廷敕查天下僧道，优者另给度牒，劣者着令还俗。于是道宪庞屿淘汰寺内秕莠，延潮阳县文照堂静会和尚为监院，罗浮山密因和尚为住持，开堂说戒，整饬清规，大弘曹洞宗风，开元由是中兴焉"⑤。潮州开元寺所藏《崇行堂碑记》记此事曰："……迨乾隆元年，道宪庞俯念道场陵替，酌议列宪，将寺仍为接众丛林，延请罗浮密因和尚开堂说戒，静会和尚接手住持，凡寺内外百废俱兴。"⑥

此事于开元寺而言，具有重要意义：其一，由子孙丛林转变为十

---

① 郑群辉：《潮汕佛教研究》，暨南大学出版社2015年版，第128-129页。

② 清康熙《潮州府志》，卷十"寺观"附仙释。

③ 清康熙《潮州府志》，卷十"寺观"附仙释。

④ 郑群辉：《潮汕佛教研究》，暨南大学出版社2015年版，第129页。

⑤ 释慧原编纂：《潮州开元寺志》，卷三"纪事"，第320页。

⑥ 释慧原编纂：《潮州开元寺志》，卷二"碑碣"，第213-214页。

开元寺景观

方丛林；其二，由临济宗转属为曹洞宗；其三，开元寺自此中兴。而其关键主角密因和尚，乃曹洞宗博山华首系天然函昰的法孙、尘异今但禅师高足。开元寺志《密因和尚》载其生平云：

> 和尚讳古如，得法于罗浮山华首台今但禅师，为曹洞宗第三十一世，华首第四世，尝主丹霞山别传寺。雍正十年壬子（1732）十一月，但师示寂，因还山守塔。既而出主广州海幢寺，至十三载回山。
>
> 会乾隆元年丙辰（1736），有旨汰僧，惠潮嘉道宪庞屿，乃汰去开元秕滓，申请制抚，扩改为丛林，是冬与阖郡僚属延和尚中兴法席，开堂说法，弘扬毗尼，复重饰全堂金容，收复被匿寺产，一时宗风丕振，规模恢宏、缁素皈崇甚众。乾隆二年丁巳（1737），庞屿赠额曰"宝镜三昧"。十四年己巳（1749）退院回山。法嗣有二：长曰传修（即静会和尚），次曰传恩。传修继席。和尚寂于二月二十二日，生于五月初七日，均未详年间。塔在罗浮华首。[①]

明清易代之际，岭南禅宗的大势是曹洞宗一统天下，主体乃宗宝道独开创之曹洞宗博山华首系，经其法子天然函昰的弘扬而名震岭南，密因和尚乃天然法孙，因了这层关系，开元寺与曹洞华首系结

---

① 释慧原编纂：《潮州开元寺志》，卷四"僧传"，第481页。

缘，于是，在传法世系排序中，宗宝道独为曹洞宗之第二十八世，而在开元华首分派的世系中，则为第一世，天然为第二世，今但为第三世，密因为第四世。

密因主开元寺法席后，"开堂说法，弘扬毗尼，复重饰全堂金容，收复被匿寺产，一时宗风丕振，规模恢宏、缁素皈崇甚众"。有论者认为："开元寺经密因和尚的改造和整顿后，面貌产生很大的改变，成为岭东佛教道风最为整肃的寺院，并在清代产生了一批有戒行有作为的高僧大德，对潮汕佛教产生了深远的影响。……开元寺从密因和尚接任起直至1933年的两百年间成为曹洞宗寺院。"①更有学人从相对宏观视角，来评判密因禅师主法开元寺对曹洞华首系在岭南传续的贡献：

> 至天然圆寂前后，"十今"也逐渐凋残……古字辈还算可以维持，到了传字辈就有点后继无人了……"幸有罗浮华首台密因（古如）禅德，应惠潮嘉道庞屿之请，来潮中兴"，华首系赖潮一隅，至今幸存，而当年兴盛至极的雷峰早已化为焦土，至今并未兴复；海幢寺虽然幸存于世，然而僧徒浑然不知其祖。其他丛林如丹霞别传、罗浮华首，亦非同他日。但是，虽经数百年沧桑，绵延一线的华首法脉至今仍留存于岭东开元禅寺，稍慰列祖在天之灵。更有赖于《开元寺传灯录》一书幸免浩劫而保存至今，留下华首一脉完整的历史轨迹。②

潮州开元寺以其千余年的历史积淀，原有较丰之藏典，惜民国时经楼失火而几毁殆尽。如《明代径山方册藏经》云："置本寺藏

---

① 郑群辉：《潮汕佛教研究》，暨南大学出版社2015年版，第129页。

② 李君明：《岭南佛门瑰宝——〈开元寺传灯录〉》，见钟东主编《悲智传响——海云寺与别传寺历史文化研讨会论文集》，中国海关出版社2007年版，第243页。

经楼上西间，未详何时所请，民国十九年庚午（1930）本城王弘愿、李裕甫居士等，以其残佚，乃募完之，计添九百余卷，加造经橱一。民国三十二年（1943）夏历十一月十一日夜，经楼西侧失火，全部被毁，诚粤中佛教文物一大损失也"①。今仍藏存有：

开元寺一角

1.《清代钦赐梵本藏经》，即《龙藏》。此"藏经系乾隆三十年乙酉（1765），本寺住持静会和尚晋京奏赐者，全部七千二百四十卷"。经橱内帖记云："乾隆三十年六月十四日圣旨准开元寺请藏经，即勒九卿将七千二百五十卷内删去《开元释教》五卷，'感'字《辩伪录》六卷，'於'字永乐《御制序赞》一卷，'宙'字共十二卷，不惟新藏，从前颁赐天下名山，俱欲缴回焚毁。"②

2.《长庆宗宝独禅师语录》六卷。

3.《首楞严经直指》十卷。

4.《释迦如来应化事迹》四册。

5.《日本大藏经》四十八册。

6.《智诚法师舌血所书佛经》八十一册。

7.《开元寺传灯录》。原清道光木刻本，于民国时藏经楼失火而毁，今存印本。

在所存的文献中，《开元寺传灯录》尤值一提。该书包括三部分内容："第一部分，出自天然和尚编撰《青原颂古摘珠》一书，所记从第一世六祖慧能至第三十三世空隐道独，涵括九百多年。第二部

---

① 释慧原编纂：《潮州开元寺志》，卷二"经典"，第92页。
② 释慧原编纂：《潮州开元寺志》，卷二"经典"，第97页。

开元寺

分，道光六年（1826）由绍法默圆重刊，增补了由明清之交的空隐道独至道光六年第四十一世善勤契习的法眷名号及传法因缘，本期约一百五十年。第三部分，光绪九年（1883）永祥应瑞重修罗浮山华首台密因古如和尚塔墓并再刻《灯录》，续增由道光六年到光绪九年的有关资料，此期为时近六十年。"①该书的价值在于：其一，是一份较完整地展现了曹洞宗自洞山良价以降世系传承的历史文献，尤其是"曹洞宗博山派华首一脉在明清之际向岭南传播和发展的一份真实完整而弥足珍贵的佛门历史文献"②。其二，天然函昰所撰的《青原颂古摘珠》已失传，其部分却保留于《开元寺传灯录》中，解决了后世传人的疑难问题。故《开元寺传灯录》的序言中云："历阅《五灯会元》及《指月录》，而本宗的派枝（支）脉，均系至东京芙蓉道楷祖，以下并无稽查，杳不悉上祖代世。近阅庐山归宗昰禅师撰刻《青

① 李君明：《岭南佛门瑰宝——〈开元寺传灯录〉》，见钟东主编《悲智传响——海云寺与别传寺历史文化研讨会论文集》，中国海关出版社2007年版，第239页。

② 李君明：《岭南佛门瑰宝——〈开元寺传灯录〉》，见钟东主编《悲智传响——海云寺与别传寺历史文化研讨会论文集》，中国海关出版社2007年版，第240页。

原颂古摘珠》一书，自六祖传至博山来祖，代有法语，溯其渊源，由华首及至开元，代世相传，从无舛错。"①鉴于此，有论者认为："《开元寺传灯录》一书虽然篇幅不大，但此书上起唐代六祖慧能，中连明末华首道独，下到清末接今，起到上接古而下传今之功效，使人们对曹洞宗博山派华首系的发展传承一览了如指掌，把此书奉为岭南佛门瑰宝亦不为过。"②

四

潮州开元寺行进至清末民初，有开岭南佛教禅宗先河之举，那就是创办岭南第一家佛教院校——岭东佛学院，创办岭南第一份佛教期刊——《人海灯》③，从而在清末民初岭南乃至中国佛教禅宗的发展历程中，书写了耀目一笔。

（一）岭东佛学院的创办

创办佛教文化教育机构，是近代中国佛教复兴的表征之一，其主要代表人物是太虚大师（1889—1947），他于1922年始建武昌佛学院，成僧伽教育之标杆。此后，各地闻风而起，闽南佛学院、九华山佛学院、河南佛学院、四川佛学院、汉藏教理院等学院相继成立。岭东佛学院就是在这一潮流的激荡下而诞生的。

岭南是中国佛教禅宗的重镇，被喻为岭东的潮汕地区，则是岭南佛教禅宗相对繁盛的区域之一。民国时期，当地佛教界已意识到人才

---

① 释慧原编纂：《潮州开元寺志》，卷二"经典"，第125页。

② 李君明：《岭南佛门瑰宝——〈开元寺传灯录〉》，见钟东主编《悲智传响——海云寺与别传寺历史文化研讨会论文集》，中国海关出版社2007年版，第245页。

③ 关于岭东佛学院和《人海灯》部分的撰写，以达亮法师的文章《岭东佛学院创办和〈人海灯〉的创刊》为基础，见《六祖禅》2017年第4期。

教育和培养在复兴佛教中的作用和意义，1923年3月13日开元寺成立"岭东佛学院筹备处"①，以弘扬佛法，提高佛教缁素的佛学知识水平，培养合格的佛教僧才。为达此目标，礼请太虚大师出任学院院长成为全寺僧众的共识：

潮州开元寺建筑装饰（韩元/摄）

> 民国二十一年（1932）冬季，因本院副寺澄弘法师，由闽南佛学院毕业归来，鼓吹兴学，教育僧材（才），振兴佛教；当下得其同志从礼法师，极力赞许，遂商之本寺退居智臻和尚，住持精光和尚，福来和尚，根宽监院，纯寂监院，纯密阿阇黎，及合寺两序大众等一致赞成通过，并公推智臻退居和周觉心居士，亲往厦门，恭请太虚大师，莅潮宏（弘）法，并要求为本院院长，指导一切。②

　　民国二十一年冬天的时候，开元寺有头脑崭新的福来、从礼、澄弘三上人，觉悟到欲兴岭东一带佛法非请太虚大师来潮弘法不可。遂开元寺全体大会征求意见，后来大众一致赞成了，乃特推代表数人赴厦恭请太虚大师莅临潮弘法，承大师不吝玉趾，

---

① 静贤：《佛学与人生之关系——在岭东佛学院讲》，载《人海灯》1934年复刊号，见达诠主编《人海灯》，中西书局2011年影印民国版，第10页。

② 法幢：《由中国僧人集团讲学精神之检讨说到岭东佛学院筹备之经过》，载《人海灯》1934年复刊号，见达诠主编《人海灯》，中西书局2011年影印民国版，第9页。

慨然命驾。①

　　1932年12月，时任汕头岭东佛教会会长的释根宽和尚与潮州开元寺退居住持智臻和尚、在任住持精光和尚等，公推澄弘法师等为代表到福建厦门南普陀寺迎接太虚大师。12月10日，太虚大师一行抵潮汕，先后在汕头岭东佛教会和开元寺宣讲佛法。

　　1933年，太虚大师在潮州开元寺全体僧众的强烈请求下，正式创办岭东佛学院，亲任院长。"潮安开元寺所创办之岭东佛学院，于（农历）十月九日下午一旬钟，在该院大讲堂举行开学典礼"②。太虚大师亲笔题写了"岭东佛学院"校名。学院教职工11人（其中法师9人）。"本院教学常年费用，由开元寺住持负担一半。"③

　　·岭东佛学院首届学僧25人，1934年农历"二月二十九日正式开学"④，主要课程分三大类：（1）佛学课程，百法、沙弥律、佛学概论；（2）朝暮课诵，即行持课；（3）世俗学科，国文、历史、地理、艺术、作文等。至农历四月，"本院本学期曾招受（授）插班生二十名，顷已满额"⑤。第二学期又续招学僧15人，增加了心地观经、俱舍论、佛学初等课本、密严等，朝暮课诵（行持课）不变⑥。农历七月，"继招闽粤籍乙班插班生十名"，三学期共有学僧50人。第二届

①　大本：《两年来之开元寺》，载《人海灯》1935年第二卷第十一、十二期合刊，见达诠主编《人海灯》，中西书局2011年影印民国版，第622页。

②　马楚生：《岭东佛学院开学典礼记盛》，载《人海灯》1934年复刊号，见达诠主编《人海灯》，中西书局2011年影印民国版，第18页。

③　智诚：《岭东佛学院近况之报告》，载《人海灯》1934年第一卷第二期，见达诠主编《人海灯》，中西书局2011年影印民国版，第36页。

④　《佛教新闻·潮安》，载《人海灯》1934年第一卷第七期，见达诠主编《人海灯》，中西书局2011年影印民国版，第146页。

⑤　《岭东佛学院启事》，载《人海灯》1934年第一卷第九、十期合刊，见达诠主编《人海灯》，中西书局2011年影印民国版，第196页。

⑥　隆祥：《岭东佛学院本学期概况报告》，载《人海灯》1934年第一卷第十六期，见达诠主编《人海灯》，中西书局2011年影印民国版，第291-292页。

开元寺鸟瞰

学僧30名，于1935年农历九月初一开学。聘请东初法师为教授，此前已辞职的智诚法师回院担任教授。①

1935年农历六月，首批学僧圆满毕业，分赴各地，成为振兴佛教和佛学院的骨干，如隆祥、大本二法师于1936年春受聘于浙江湖州白雀山法华寺主持开办佛学院，并任该寺监院，觉成、心海二法师受聘主持南京栖霞山寺栖霞律学苑教务。

除了培养僧才，学院还开展佛学研究。1935年农历五月，成立研究部，聘请太虚大师高足现月法师为主任。研究内容为法相唯识系、法性般若系、小乘俱舍系、中国佛学系、融通应用系，各系均延请专门学者，分别指导学员研究。

然而，由于教职人员的变动以及办学经费的短缺，学院的运转遇到了困难：

岭东佛学院开办以来，已近三年，今年（1936年2月）第一届

---

① 《佛教新闻·潮州》，载《人海灯》1935年第二卷第十三期，见达诠主编《人海灯》，中西书局2011年影印民国版，第673页。

学生已毕业，教务主任寄尘法师以闽南佛学院诚恳延聘乃辞职而去，其训育主任智诚法师则以县属庵埠灵和寺诸大护法坚请，已俯就该寺主持，亦已辞职，至佛学教授窥谛法师为求深造起见，拟明正东渡日本，投考大正大学，专攻佛学。故岭院刻已由负发起人澄弘法师维持现状，如何续办？刻尚未定云云。①

同时，作为主要经济来源的开元寺田产已大为减少，至1931年只剩六七百亩，年收租谷除寺僧食用外，所剩无几，入不敷出。为解决经费问题，临时组建了"岭东佛学院董事会"，依靠常住及院董等缁素的支持，来维持佛学院的运作。至抗日战争日本陷潮前后，时局纷乱，人心惶惶，经济萧条，院董们已无暇顾及佛学院教育事业，经济后盾从此尽失，经费难以为继，佛学院暂告停办。1947年9月，智诚法师继开元寺法席，遂于寺内藏经楼恢复岭东佛学院；1948年4月，智诚和尚因故辞职，岭东佛学院正式停办。

纵观岭东佛学院的发展史，自1923年设立"岭东佛学院筹备处"以来，走过了一条坎坷不平的道路。然而作为岭南佛教界创办的第一所佛学院校，它的创立标志着潮汕甚至广东佛教从传统丛林式教育向现代学院式教育转变的开始，在岭南现代佛教禅宗史上留下了重要的一页，具有深远的历史意义。

（二）创办《人海灯》杂志

民国初年佛教期刊的纷纷问世，是当时中国佛教界的一道亮丽风景。1918年农历十月《海潮音》杂志创刊，"为民国近二十年来中国佛教唯一杂志"。自1912年至1930年近20年来中国佛教出版的报纸杂

---

① 《壹月佛教》，载《人海灯》1936年第三卷第二期，见达诠主编《人海灯》，中西书局2011年影印民国版，第1043页。

志大概有43种。① 《人海灯》就是在这一背景下创办的。

1933年2月，"闽南佛学院师僧合组厦门佛学研究会，意在启导厦门社会人民，同皈佛化，自成一清净乐土。爰先出一周刊，定名《人海灯》，副刊在厦门全闽新日报上"②。也就是说，《人海灯》最初是附在《厦门日报》专门宣传佛教的副刊。创办人之一芝峰法师曾说："人海灯这个名字，记得是我给牠的法名……但没有多久，因印刷所及该日报主持者故意为难，没有几个月，就夭折了。"③ 迨移汕头岭东佛教会（1924年成立）改为周刊，嗣后，该刊又被大醒法师归并于《现代佛教周刊》，"本刊始在厦门日报为副刊，继在汕头为周刊，后又曾归并于现代佛教周刊"④。但由于多种原因而停办。

1933年12月1日，潮州开元寺岭东佛学院复办《人海灯》为半月刊，是继承此前的副刊与周刊而来的复刊，《复刊宣言》称：

> 兹就人海灯的立场而言："人"是指人世间的竖鼻横目的动物，不问他是"红""黄""黑""白""稷"，只要是人，——只要是富于理性而秉着五官四肢圆颅方趾的人；不分种族，不分性别，都在其中。"海"是寓意，因人世间的林林总总，形形色色，无以名之，名之曰海。盖以海量宏深，所涵者广，故假借来形容罢！"灯"是能灼破黑暗而导人以光明的意义，以今日红尘滚滚，白浪滔滔的尘世，舍了甚深无上微妙的佛

---

① 慈渡：《二十年来中国佛教的出版界》，参见黄夏年主编《民国佛教期刊文献集成》（全国图书馆文献缩微复制中心），《海潮音》第十三卷第一号，第74-77页。

② 大醒：《〈人海灯〉发刊辞》，参见黄夏年主编《民国佛教期刊文献集成》（全国图书馆文献缩微复制中心），《海潮音》第十三卷第二号，第65页。

③ 芝峰：《我个人对于本刊的希望》，载《人海灯》1937年第四卷第六期，见达诠主编《人海灯》，中西书局2011年影印民国版，第1746页。

④ 《本刊启事（一）》，载《人海灯》1934年第一卷第一期，见达诠主编《人海灯》，中西书局2011年影印民国版，第24页。

教佛法以外，是没有第二种的学问，可以配得上导人以光明的灯了！"复刊"以前曾在厦门日报出过附刊，汕头佛教出过周刊，因为人事的变化莫测，以致其寿命不能久延下去！今因时世的要求，机缘的凑合，改为半月刊又在潮州开元寺出版了！回忆前尘，应曰复刊。①

复刊后的《人海灯》由岭东佛学院负责人寄尘法师负责，通一法师为编辑。主办者为汕头佛教会和潮州开元寺（后汕头佛教会退出）。1933年共出版了2期。1934年共出版了22期。1935年5月15日，《人海灯》第二卷第十二期因经费拮据而停办。1935年通一法师受聘于香港东莲觉苑，是年6月1日，《人海灯》杂志自第二卷第十三期起，由香港东莲觉苑接办，通一法师任主编，改为半月刊、月刊，成为香港佛教文化的代表，香港地区最有影响力的佛教刊物。后因经费不敷而迁往宁波。1937年4月1日，《人海灯》杂志社发表《本刊迁移宁波编发启事》：

> 本刊自在香港发行以来，瞬将三载，兹以编辑通一法师将之他方讲学，迭请辞职，故另聘芝峰法师接任主持一切，唯芝法师一时不能南下，本刊发行只得全部移甬以利办事，兹定香港方面出至四卷五期止，第六期即由新址编发……编辑部：宁波慈溪鸣鹤场金仙寺，发行部：宁波南湖延庆寺。②

但后来发行部没有迁至宁波，而是迁到了上海。1937年6月1日，自第四卷第六期起，编辑部再迁至浙江宁波慈溪鸣鹤场金仙寺，由芝

---

① 大公：《复刊宣言》，载《人海灯》1934年第一卷第一期，见达诠主编《人海灯》，中西书局2011年影印民国版，第3页。

② 《本刊迁移宁波编发启事》，载《人海灯》1937年第四卷第五期，见达诠主编《人海灯》，中西书局2011年影印民国版，第1700页。

峰法师任主编，上海西竺寺发行。后因时局动荡不安，在上海仅出3期，于1937年8月1日停刊。至于《人海灯》停刊的原因，《海潮音》这样报道：

> 自抗战开始，各地佛教刊物，不因印费困难，则以报纸缺乏，除少数减页继续出版外，大都宣布停刊。如北平微妙声，北平佛化报，天津佛教月报，太原佛教杂志，上海人海灯，威音，淮阴觉津杂志，厦门人间觉，均已先后停刊。……数年来如雨后春笋之佛教刊物，竟受战争影响相继夭折，实亦佛教之不幸也。①

1933年创刊的《人海灯》，作为一种佛教刊物，办刊时间不长，却五易其地（厦门—潮汕—香港—上海—宁波），五易其主，五易出版周期，足见其历程之艰辛，在国内佛教刊物出版史上绝无仅有。而于岭南佛教禅宗言，却意义深远，不但开岭南佛教期刊之先声，且当年刊发多位民国初期的高僧如太虚、东初、竺摩、霭亭等的文章，在民国动荡的年代，对复兴岭南佛教、宣传和扩大岭南佛教禅宗在全国的影响、吸引全国佛教界对岭南佛教的注目均有着积极的意义。

五

密宗，又称密教、真言乘、真言宗。中国密宗，亦称"唐密"②，因唐代"开元三大士"——善无畏、金刚智和不空的大力弘传而形成，然其在中国的发展并不壮实，更在"会昌法难"的打压下日渐式微。日本遣唐僧空海等人来华学习密法，将密宗传入扶桑，创

---

① 《新闻与通讯·各地佛教刊物消息》，《海潮音》第十八卷第十号，第470页。

② 吕建福：《中国密教史》序言，中国社会科学出版社2011年版。

立日本真言宗，至今仍是日本有势力的佛教宗派之一。①于是，"密教回传"——密宗从日本传回中国——成了近代中国佛教复兴中的一朵奇葩。而潮州开元寺是"密教回传"的重镇，潮州人王弘愿在其中扮演了主要角色。

关于王弘愿（1876—1937）其人，寺志载云：

> 王师愈，号慕韩，皈佛后，改名弘愿，号圆五居士……年四十，因读《华严》，始信佛，恒从开元寺怡光法师请益教义，借阅经典……初，居士信佛教后，尝读日本权田雷斧大僧正所著之《密教纲要》，大好之，遂译以行世，并寄呈大僧正，得嘉许，复令译所著之《大日经疏续弦秘曲》，由是机感契合。②

这就是王弘愿与佛教及密教的因缘。1919年，《密教纲要》由潮州佛经流通处刊印。于是，王弘愿成为中国近代弘扬密宗第一人。更为重要的是，其时中国佛教泰斗太虚大师也有弘扬密宗之谋，在太虚大师的支持下，王弘愿在《海潮音》发表了一系列介绍密宗的文章，随后，不少佛教徒纷纷东渡求法，中国佛教界兴起了第一波"密宗"热潮。③

1924年6月，日本真言宗权田雷斧大僧正率团莅临潮州开元寺传法，对王弘愿弘扬密教影响甚巨。"权田大僧正遂于民国十三年（1924）甲子六月，偕小林正盛僧正、小野塚僧正等共十二人来潮弘传密法，假开元寺藏经楼下禅堂为灌顶坛，（王弘愿）居士特受两部传法灌顶，得'遍照金刚'密号，绍真言宗第四十九世传灯大阿阇黎职位。"④

---

① 杨曾文：《日本佛教史》，人民出版社2008年版，第120-121页。
② 释慧原编纂：《潮州开元寺志》，卷四"檀越"，第509-511页。
③ 李郑龙：《密宗的回传——以王弘愿为中心的考察》，《六祖禅》2014年第3期。
④ 释慧原编纂：《潮州开元寺志》，卷四"檀越"，第511页。

对于此事，太虚大师曾致书王弘愿表示反对："读敬告海内佛学家书，知日本雷斧僧正将至中国，此诚一大事因缘也！以近年闻密教之风而兴起者，多得力于居士所译雷斧诸书者；而雷斧于日本密教之学者中，洵亦一代泰斗！然虽冒僧正之名，实缺德行。闻之演华师，其年七十余时犹娶妾，所行殆不亚居士非议于净土真宗之某某上人者。夫密教责行，空言无行，则只能以哲学者视之，不能以密教阿阇黎视之也。故私意，当请其周行讲学，等之杜威、罗素，而不应有开坛灌顶之事。质之居士，以为何如？"① 但王弘愿不以为然，接受灌顶及阿阇黎职位，并组织"密教重兴欢迎会"欢迎权田的到来，随后更名为"震旦密教重兴会"，标志着密宗复兴正式迈入"实体化"进程。同年，该会在潮、汕两地设立密教讲习所，由王弘愿负责讲授菩提心戒仪、大日经七支念诵法、十八道次第、建立曼陀罗等密宗常识，同时向信徒传授密宗仪轨及修持法要。一时间投其门下修习密教者不计其数。② 其中不乏潮州名流，如表1③：

表1　与王弘愿结交，修习密宗一览表

人物	身份	与王弘愿的交往
释根慧	潮州开元寺监院	王弘愿弟子兼道友，1930年7月22日受胎藏界"受明"灌顶；1931年4月5日受"金刚界"灌顶
释纯密	开元寺僧，后任潮州开元寺住持	王弘愿的姻亲，早年受王弘愿鼓励而学习密宗
饶氏家族	潮州巨族	潮州巨富饶锷之子饶宗颐及其表兄、表弟曾跟随王弘愿学习古文、因明、密宗

① 释印顺：《太虚大师年谱》，中华书局2011年版，第115-116页。
② 肖平：《近代中国佛教的复兴——与日本佛教界的交往录》，广东人民出版社2003年版，第204页。
③ 李郑龙：《密宗的回传——以王弘愿为中心的考察》，《六祖禅》2014年第3期。

续表

人物	身份	与王弘愿的交往
方养秋	潮安人，当地富商，曾任"旅港潮州八邑商会"首届名誉会长	潮州刻经处董事，"震旦密教重兴会"赞助人
阮淑清	湖南岳阳人，曾任潮安县县长	对王弘愿自称后学，二人有通家之好，曾帮助王弘愿补齐《藏经》
陈旭明	海阳人，曾开办善堂，创立岭东佛教支会	1924年受"受明"灌顶，"震旦密教重兴会"赞助人
吴子寿	潮安人，历任中国同盟会潮州交通部部长、汕头自治会会长、汕头市第一届参议会议长	1924年受"受明"灌顶，与王弘愿共同发起"震旦密教重兴会"
黄虞石	潮安人，曾掌汕头革命党统筹部编制，后任汕头市政厅代厅长	1924年受"受明"灌顶，与王弘愿共同发起"震旦密教重兴会"
洪兆麟	湖南宁乡县西冲山人，官至洪威将军、粤军副总指挥兼第二军军长、潮梅护军使	1924年受"受明"灌顶，"震旦密教重兴会"赞助人

　　由此可见，王弘愿是以潮州开元寺作为弘扬密教的基地和中心，然后逐渐扩展至香港、广州乃至海外。

潮州文化传承与创新
——以非物质文化遗产的保育为例

黄　挺

韩山师范学院潮学研究院教授

■一 文化遗产的传承与创新：基于文献的回顾

首先，我们一起来做点文献回顾，也就是一起来看看，在近20年的非遗工作实践中，我们的指导方针是怎么变的。

实际上从21世纪开始，在具有中国特色的非遗保育的实践过程中，我们的"非物质文化遗产保护"理念是不断变化发展的。非遗的活态，即非物质文化遗产的存活的形态和它的再创造越来越受到重视。

在国家发布的相关文件中，关于非遗的定义有很多种表述，但是最权威的应该是以下两个，一个是联合国教科文组织的《保护非物质文化遗产公约》，我们一般把它简称为《公约》；另外一个是国家颁布的《中华人民共和国非物质文化遗产法》（简称《非遗法》）。中国在2004年加入该《公约》，也就是说自2004年开始，在中国，非物质文化遗产保护有了根据。《中华人民共和国非物质文化遗产法》是2011年公布并开始施行的，是我们在做非遗保护时必须遵守的法律。

在这里，我把这两个文件对非遗的定义一一列出来，放在一起比较。

《保护非物质文化遗产公约》的定义：

"非物质文化遗产"，指被各社区、群体，有时是个人，视为其文化遗产组成部分的各种社会实践、观念表述、表现形式、知识、技能以及相关的工具、实物、手工艺品和文化场所。这种非物质文化遗产世代相传，在各社区和群体适应周围环境以及与自然和历史的互动中，被不断地再创造，为这些社区和群体提供认同感和持续感，从而增强对文化多样性和人类创造力的尊重。

《中华人民共和国非物质文化遗产法》的定义：

非物质文化遗产，是指各族人民世代相传并视为其文化遗产组成部分的各种传统文化表现形式，以及与传统文化表现形式相关的实物和场所。

我们只要把这两段文献稍加比较，就可以很清楚地看出来，实际上《非遗法》对非物质文化遗产的定义只是《公约》的定义的前一部分。《公约》后一部分讲的，非物质文化遗产是可以"被不断地再创造"的，是各社区和群体在适应环境，在与自然和历史的互动中，持续发展、不断再创造的过程，因为只有这样，传统才有持续感，才可以为社区或群体提供必须有的认同感。

实际上，当"非物质文化遗产"这个概念开始在中国使用，一直到2011年《非遗法》颁布，甚至再延后一段时间，我们并没有强调非物质文化遗产的再创造的重要性。

我很多次对比这两个定义，思索它们之间的异同，揣摩产生差异的原因：为什么非物质文化遗产再创造的重要性会被忽视？

在努力梳理2006年以来的非遗文件的思想脉络之后，我觉得，我们对"非物质文化遗产"的定义，受此前已经开展的"民间文化遗产抢救工程"实践的影响实在太大了。

毛泽东《在延安文艺座谈会上的讲话》为中国文艺工作者指明了继承和借鉴优秀文化遗产的方向。20世纪80年代，"民间文学三套集成"的编写，文艺工作者的下乡采风，都是遵循着这条路径走的。那时中国现代化建设刚刚在酝酿起步，工业化和城市化的趋势并未对传统社会生活有太大影响。采风还是为了创造新文化而去继承和借鉴传统文化。但是经过十余年积势蓄力之后，中国经济进入高速发展轨道。农耕时代的传统文化在现代化潮流冲击下，面临前所未遇的危机，不断消逝。这时，有一批非常珍惜民间文化的有识之士，开始呼吁并着力于民间文化抢救。被誉为"民间文化守望者"的冯骥才先生是最积极的行动者。

2001年，冯骥才先生当选中国民间文艺家协会主席，并在2003年发起了"中国民间文化遗产抢救工程"。就是说，在《保护非物质文化遗产公约》（以下简称《公约》）在法理上获得国家认同之前，我们已经开始了民间文化的抢救工作。

2004年，在回答《天津日报》记者的提问时，冯骥才先生说："在外来文化尤其是流行文化的冲击下，我觉得民族的主体精神在逐步丢失。在最近的10—15年，这种丢失越来越明显。我们对自己的主体文化缺乏自尊心与光荣感。这时候，我想我们最需要的就是要回到我们文化的原点来整理，来看看我们自己原有的文化载体怎么样。"基于这种忧虑，民间文化遗产抢救工程非常强调在普查的基础上对这些民间文化遗产进行保护抢救。

2004年，中国加入《公约》，我们在理解这个文件的时候，还是沿用原来的思路，延续民间文化遗产抢救工程的做法来进行非遗保护。一如冯骥才先生所说："960万平方公里的非遗就是民间文化，我们要做一个全面的调查，然后把它进行整理。"或者像天津大学冯骥才文学艺术研究院的博士后马知遥所说："方法上，非遗是如年画保护那样，进行普查和抢救。"

使用于抢救民间文化遗产的方法如普查、登记、整理等，被沿袭到非遗保护工作中来。

实际上,《公约》制定的出发点是强调世界文化的多样性和对这些文化的尊重。文化多样性是不同社区和群体在不同的自然环境和历史过程中不断地再创造的结果。正是有了"不断地再创造"的前提,这些社区和群体才有了属于自己的文化认同,才能把属于自己的文化持续下去。因此,《公约》强调人类的创造力,强调非物质文化遗产的再创造的重要性。

如何对非物质文化遗产 "不断地再创造"？这一重要内容显然在我们的非遗保护工作中被忽视了。

这种情况到2017年以后才有了较大的转变。

我们可以看到2017年非遗传承人的研修计划实施,把传承人送到高校里面去培养,去做短训。显然,培训的目的是开阔传承人的视野,我们不能只是守着前辈传下来的那点东西,不能够只是照着做,我们应该多学习多吸收,接着做,做得更好。这样的理念已经突破了抢救性保护的格局,更加突出开放性保护,强调传承过程的再创造。

2018年,传统工艺的复兴工程和计划在全国展开。2018—2019年,我们又开始建立起文化生态保护区。这两年我们又把非遗保护和乡村扶贫工作结合起来。这些措施的实施过程,也难免涉及传承创造性的问题。因为再也不是局限于原来那种一个师傅带一个徒弟的传承方法,而是一个大师、一个传承人跑到一个地方,去教一群村民做这种工艺。实际上对这些被扶贫的村民来说,他们原来是没有这种传承的。现在因为整个国家的经济发展战略的需要,大师们来到这个地方教他们。比如潮州的两个国家非遗项目,一个做珠绣,一个做朱泥壶。

这一系列的举措,反映了我们的非遗保护理念已经突破了档案式抢救的框框。在这个过程中,我们的非遗保护已经变成了非遗保育。我把保护跟保育分开来,保育实际上还有一个增长值在里头,保护它,又让它成长。也就是说,我们不再停留在静态地把这些非遗的资料登记在我们的档案里，把它保存起来，而是尝试将非遗放在不断变化的社会生活当中去保护，用开放式的保育代替封闭式的保护。这种开放式的保育才能够让非遗恢复真正的活态，保证它被"不断地再创造"，再传承下去。

2017年以来的这些举措，说明我们的非遗保护工作已经从民间文化遗产抢救工程的出发点，向前迈进，很好地体现出非遗在社区和群体文化中被"不断地再创造"这样一种精神，也更加接近《公约》对"非物质文化遗产"的定义。

到了2021年，我们可以看到连续发布的两个文件，一个是5月文旅部印发的《"十四五"非物质文化遗产保护规划》，另外一个是8月中共中央办公厅和国务院办公厅印发的《关于进一步加强非物质文化遗产保护工作的意见》。对照以往发布的关于非物质文化遗产保护的文件，这两个文件中最重要的不同是，都强调应该把"坚持守正创新。尊重非遗基本文化内涵，弘扬非遗当代价值，推动非遗在人民群众的当代实践中实现创造性转化、创新性发展，不断增强非遗的生命力"作为非遗保护的指导思想和工作原则。非遗的保育要坚持守正创新，守正是把原来非遗的核心精华给保护下来，创新就是要在这个基础上有所创造。这种"坚持守正创新"、具有中国特色的非遗保育，在今后将成为我们的文化传承实践的方向。

2021年11月11日，在中国共产党第十九届中央委员会第六次全体会议通过的《中共中央关于党的百年奋斗重大成就和历史经验的决议》又一次指示，推动中华优秀传统文化创造性转化、创新性发展。"创造性转化"和"创新性发展"正是我们认同和延续中华优秀传统文化的根基。

二 潮汕剪纸：我们如何看待非遗传承

对非遗保护理论做了这样一个简单回顾之后，接下来我们再用剪纸做例子，讲一讲我们应该怎样看待非物质文化遗产的保育传承。

中国剪纸是具有最广泛的群众基础的传统民间艺术。

2003年启动的中国民间文化遗产抢救工程，决定开始对中国剪纸进行普查抢救，并整理出版了《中国民间剪纸集成》丛书。以佛山剪纸和潮汕剪纸为代表的广

潮汕剪纸

东剪纸，是这套丛书的一个子项目。我们受广东省民间文艺家协会委托，承担了潮汕民间剪纸的调查和整理工作。工作按照抢救工程工作委员会和专家委员会制定的《中国民间文化遗产抢救工程普查手册》要求进行，在2006年完成。这一年，由佛山市、汕头市和潮州市分别申报的"广东剪纸"，被列入第一批"国家级非物质文化遗产名录"。2017年，《中国民间剪纸集成》重新启动，原来的《广东卷》分拆成《佛山卷》和《潮汕卷》。《潮汕卷》按照《〈中国民间剪纸集成〉田野调查与编撰工作手册》的新要求，对原来的成果作了修订，补充了剪纸民俗应用的内容，增加了传承人的资料。初稿完成后，根据审稿人的意见进行修改，在这个过程中也跟审稿人有一些讨

潮州剪纸

论，直到2021年年底稿件通过评审。

我下面讲"如何看待非遗传承"的看法，就是在这个工作实践中形成的。

主要讲两个方面：剪纸技艺传承的形式和非遗传承中的衍变。

先讲第一个方面，剪纸技艺传承的形式。

2004年2月，我们刚开始做民间文化遗产抢救工程的时候，按照《中国民间文化遗产抢救工程普查手册》的要求，调查中要填写几个表格，其中有一个表是有关传承人的：你调查的对象是谁，他的师傅是谁，他的师傅的师傅是谁，要尽量调查清楚，做出一个传承谱系。这个做法后来发展成非物质文化遗产传承人制度。我们现在很自豪地说这种传承人制度是中国自己创造的一个有中国特色的东西，因为联合国的《公约》并没有提到传承人的制度。

实际上并非所有民间技艺都是一对一的师徒传承。有的传承人没有办法肯定说出自己学谁的。不过，用于民间文化遗产抢救工程调查的那些表格，并不要求每个项目都必须填写，确实没有明确的传承谱系的可以让这一栏空着。但是在非遗传承的调查中，要求作为代表性的传承人必须有明确的传承谱系，导致部分艺人为了申报只好编造，但这是不好的。

在传统潮汕社会，剪纸基本上可以视为女红的一个种类。出嫁、结婚的民俗都会用到剪纸花。许多妇女自幼便开始接触并学习剪纸。对于姑娘们来说，剪纸是必须掌握的一种技艺。在我们的第一次调查

动物类剪纸

中，老艺人们谈起学剪纸的原因，说："老辈咂，姿娘仔下日欲嫁，不会铰花不大方，给人看作蠢人。"她们讲，长辈说，女孩子日后要出嫁，不会剪纸就是没有大家子气，会被人看成蠢笨。在调查中我们发现，潮汕剪纸的传承大多数不是一个人传一个人，往往是集体传承的。那时候，很多老艺人都已经90岁出头，甚至超过100岁，她们都说自己的手艺就是在祠堂里面学的。每当逢年过节，祠堂要祭祀祖先，就会有一群妇女到祠堂来剪纸花准备装饰祭品。女孩子们到祠堂里看长辈剪花，老辈会教她们，她们也会认真地学。祠堂就是传承场所，她们的手艺都是在那里学的。

清代以后，宗族组织在潮汕乡村普遍发展起来，对整个地区的乡村社会生活影响很大。根据调查过程中老艺人们的叙述，可以知道这种祠堂里剪纸的传承，原来是一种普遍现象，像潮州官塘、澄海樟林的好几个地方的老艺人都这样讲。但是到现在，这种群体传承的形式，只在潮阳一些地方的乡村生活里还延续着。

下面两张照片是我们前两年在潮阳调查的时候拍摄的。拍摄地点是铜盂胜前村的许氏宗祠。

姑娘们正在宗祠里剪制纸花

例如，胜前村的民俗传统，每逢年节庆典，村里拜神祭祖都要用剪纸花装饰祭品。20世纪80年代传统社会生活在乡村重兴以后，对剪纸的需求也恢复到原来的样子。在节日来临的时候，姑娘们就会被召集到祠堂里来，准备祭祀用的剪纸花。照片里，姑娘们正集中在宗祠里剪制纸花。村里把这群姑娘组织起来，成立了一个剪纸艺术传承组。

剪纸艺术传承组由许遵英指导。许遵英从小跟村里剪得最好的老艺人张佩龙学剪纸，现在是广东剪纸的代表性传承人。旁边这张照片里，许遵英正在跟姑娘们讲，要怎么剪才能把线剪得更漂亮。她还会讲哪些花样使用在祭品上，讲老艺人们怎样称呼这些剪纸花，这些剪纸花有什么含义。

在这样的场合下，剪纸艺术传承组的成员们学到的不仅仅是铰花技艺，也将了解剪纸花里各种纹样符号的意义和使用方式。剪纸的文化传统跟早先一样以集体传承的形式延续。

潮汕剪纸活态传承的另一种可持续发展方向是进校园，与学校教育结合。现在的集体传承更多的是通过剪纸进校园的活动来进行的。

这几年，汕头市的潮阳区、潮南区和潮州市的湘桥区都把剪纸进校园的工作做得很好。很多省级和市级传承人自己编写教材、准备教案，自己去当老师，把传统剪纸技艺通过教学实践活动的有序开展，系统地传给年轻一代。

下面两张照片是潮阳实验小学的一节剪纸课的记录。我们可以看到另一种形态的剪纸集体传承。照片里聚集在一起的是一群小孩，里面有很多男孩，他们正兴致勃勃地讨论如何把这个剪纸剪好拼好。给他们讲

孩子们在讨论剪纸

传承人在讲解剪纸

课的许燕璇老师虽然很年轻，但也是潮阳剪纸的市级传承人了。

剪纸进校园在工作思路上和非遗的传承保护理念相吻合。在我们调查访问的过程中，汕头市文化馆分管非遗工作的副馆长陈少冰就说："非遗进校园在可能的情况下，应该将非遗项目教育编入学校功课表，由传承人系统地进行教学。潮汕剪纸在这方面做得比较好。"

剪纸进校园让学生在课堂上接触优秀传统文化，一方面提高地方文化在传统教育中的地位，另一方面又扩大人们非物质文化遗产的接触面，具有春风化雨和潜移默化的作用。或许，潮汕的民间剪纸传统将来可以从学校艺术教育这一路径得到延续。

我们注意到，在2021年文旅部和中央两办发布的文件里，讲到"完善代表性传承人制度"的时候，都有非遗项目的集体传承的新提法："对集体传承、大众实践的项目，探索认定代表性传承团体（群体）。"这个提法更加契合很多非遗项目传承的实际，虽然文件里只是讲我们要探索要尝试去做。

潮汕地区的很多非遗项目，其实都是以大众实践的形式集体传承着的。比如"出花园"民俗，直到现在很多地方还有，每个家庭都会给满15岁的孩子做"出花园"，很多人都懂怎么做，实际上就是一种集体传承。但是原来这个项目认定某一个人是代表性传承人，把这种民俗仪式变成由某一个个别的传承人带着一群小孩在舞台上做表演，实际上已经扭曲了这种民俗的存活形态。作为一种大众生活实践的潮汕工夫茶艺，也更适合集体传承。让工夫茶艺进课堂，教孩子们学会了以后，可以回家泡茶给他们的父母、他们的爷爷奶奶喝——这同每个传承人搞一个21式或者16式的冲泡程式，然后在台上表演，是完全不一样的概念。

潮汕剪纸也是这样，它是作为一种民间习俗来传承的，这种传承不是一个人带着一个人，而是一群人带着一群人，实际上还是应该通过群体来把它活化，让它继续传承下去。

再讲第二个方面，非遗传承中的衍变问题，这个问题直接切入我演讲的主题"潮州文化传承与创新"。

在传统社会，剪纸在传承的过程中就有衍变的问题。

前面说，传统社会的潮汕剪纸是在祠堂里集体传承的。在这个传承链条里，大部分妇女都会对剪纸经历一个由生到熟、熟能生巧的过程。旧花样会因为各人的喜好悄悄改变。花样的主体结构、剪制技法却依然会被保留，并在流传过程中积淀成为众人共同接受的审美模式。但是有一点必须注意到的是，在集体传承的过程中，大家都是照着熏样来剪，但实际上剪出来的剪纸花，跟一个人的性格是细心还是粗犷，跟她的审美都有很大的关系。很多女孩子用同一个熏样剪，剪出来花样就是不一样。我们在潮阳调查过程中看到的情况就是这样的。这些剪纸妇女中间，偶尔也会出现少数特别聪明的，能够自己画稿，然后按照自己的画稿来剪。这些新花样，如果符合众人共同的审美，也会得到认可，成为一种新模式进入传承链条。

这样的衍变其实已经包含着创新。我举一个例子：

红桃粿是潮汕最常见的民俗食品，拜神、祭祖、婚聘、寿庆都要用到红桃粿。在这些礼俗中，红桃粿会用剪纸花装饰，艺人们把这种剪纸花叫作桃粿花。桃粿花是潮汕特有的一种剪纸类型。桃粿花的传统式样是花中套花，花样外廓剪成桃粿形，然后在这个外形里面随意镂剪出像牡丹花、菊花、莲花这些纹样。我们在调查过程中看到的桃粿花几乎都是这个样式。只有在潮阳的一个村落调查的时候，发现一枚极少见的用人物做图案的桃粿花。这件桃粿花剪了一个喜气洋洋的少女，对镜梳妆，左右和上方加插梅花。这个图像非常生动，应该是婚嫁民俗中女方送给男方的礼品所用的。在潮汕传统的婚嫁礼俗中，定亲之后，女方要给男方回礼，在回礼的礼品中就有红桃粿，这些红桃粿要用桃粿花来装饰。这个很聪明的女孩子，她就用自己的才情技艺把这样一枚桃粿花给剪了出来。送到夫家，人家一看就会认定这个

桃粿花剪纸

女孩心灵手巧。这就是老艺人们讲的,如果不会剪花就会被人家看不起,如果会剪花就会被大家称赞。

从这个例子我们看到,衍变过程实际上在传统社会已经发生了,所以我们现在如果只是单纯地讲保护,而一点创造性都不讲的话,实际上很难真正把这些非物质文化遗产给保护下来。

为什么要讨论这个话题呢?

这还要从2004年那次民间文化遗产抢救工程的调查讲起。那次调查成果的文本中,我们收进了赵澄襄老师的剪纸。

赵澄襄老师是一个有影响力的画家。她的艺术生涯是从剪纸开始的。她长期进行剪纸的研究和创作,以民间剪纸的刀法和韵味,创作了大量既继承传统又大胆创新、具有现代生活气息的作品。虽然现在她把更多的精力放在绘画上面,但仍然不断有新的剪纸创作成果。她努力在剪纸的内容和形式上推陈出新,注入

赵澄襄的剪纸《月光溶溶》 1991年

自己的情趣、理解和思考。她认为："现代的剪纸创作既要继承传统又必须有新的阐释，作品的真正价值在于它的原创性。"

赵澄襄老师的剪纸，内容与潮汕传统民俗生活若即若离，传统社会生活的场景被用来反映她对当代生活的感受，表现自己的个性。在表现形式方面，

赵澄襄的剪纸《虎年生肖剪纸》1998年

我们可以看到她对潮汕民间剪纸精华的继承和拓展。她没有采用世代传承下来的图式来剪纸，但是，她的剪纸在剪制技艺方面保留了很多潮汕剪纸的传统。潮汕民间剪纸最有特色的技巧是"剎丝"和"月牙线"，这在她的作品里运用得十分自然得体，这无疑使得她的剪纸有一种传统的潮汕剪纸味道。

潮州文化传承与创新——以非物质文化遗产的保育为例

087

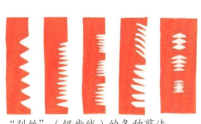

　　"剎丝"（锯齿线）的各种剪法　　　　　"月牙线"的各种剪法

　　这个版本我们是在2005年交的稿，当时我们还没有推行传承人制度，作者小传是按照出生时间自前而后排列的。赵老师的位置正好排在中间。这一稿在2006年已经通过评审排版了，虽然最后没有出版，但应该说评审人对文稿没有异议。2017年项目重新启动，我们按《〈中国民间剪纸集成〉田野调查与编撰工作手册》的要求对原稿进行改写，作者小传在原来的基础上增加了新评选出来的传承人。但是

按照新要求，作者小传要分为老艺人和非物质文化遗产传承人两部分来介绍。

这样一来，我们就碰到应该把赵澄襄老师归到哪一类的问题。

我们介绍的老艺人出生时间都在20世纪30年代以前，赵老师是50年代出生的，比一些传承人还年轻，归不到老艺人一类。她也不是传承人。在我们调查的时候，她讲了自己学剪纸的经历，她的剪纸是自学的。小学二年级看到《小朋友》上一幅林曦明的剪纸，爱不释手，开始模仿，很快掌握镂空技术和黑白的关系。她参加学校的剪纸兴趣组，向一个同学的奶奶学习"熏样"技术，在复制民间剪纸的过程中领会潮汕民间剪纸的特点，并尝试剪纸创作。后来她上山下乡去了饶平，更加痴迷于剪纸，她广泛汲取，向民间剪纸、向报刊上的现代剪纸学习，佛山剪纸老艺人林载华富有装饰性和现代构成特点的剪纸给了她很多启发。这时，她的剪纸创作已经设计得很完整，运用阴刻阳刻手段和黑白布局也很成熟了。这种从事剪纸艺术的经历是符合传承人的申报条件的，但是她自己不愿意申报。

既不算老艺人，又不是传承人，怎么处理呢？我们把赵澄襄老师的小传单独放在两个大类中间。审稿的老师觉得不妥，主张把有关她的内容拿掉。

我们觉得拿掉也有问题。实际上2004年我们开始做民间文化调查的时候，就发现赵老师的剪纸已经是很多年轻人仿效的样板了。潮阳剪纸几个年轻的传承人，都曾经上门去向她请教。揭阳市的两个年轻传承人的剪纸，更可以说是脱胎于她的作品。现在这些姑娘因为是传承人，我们把她们的作品和从艺经历收进书里，如果没有赵澄襄老师，这本书中间就会有一个缺环。

审稿的老师还有一个理由：《中国民间剪纸集成》的编辑原则是倡导民间文化遗产抢救和活态传承，赵澄襄老师的剪纸现代气息太浓，看起来不像传统潮汕剪纸。我们完全同意"现代气息浓"的看法。赵老师自己也多次谈到她的剪纸创作，吸取了中外现代剪纸的一些理念和技法，以利于更完美地反映社会生活，表达自己的思想、情感和审美观。她反映的社会生活，她的思想、情感和审美观当然是现代的。这一点，拉开了赵老师的作品和传统潮汕剪纸的距离。但是，我们也认为，赵老师的手工制作、工具使用、剪制技法、黑白处理等等，还是处处显露出潮汕剪纸的传统，这种传统是她剪纸创作的根基。

这样来来回回讨论了整整两年的时间。直到2021年5月，《中国民间剪纸集成》丛书主编乔晓光老师的审稿意见，对稿件做了基本的肯定，我们根据审稿意见对稿件做了补充修改，稿件进入编辑出版程序。赵澄襄老师的小传和作品还是保留下来了。

我们的讨论实质上关系一个观点：如何看待传统？传承只是按照师傅的套路亦步亦趋地复制，还是可以有传承人的创造？作为工艺师，他们可不可以有自己的感情、思想在他们的作品里表达？

文旅部的《"十四五"非物质文化遗产保护规划》正好在5月份出台。文件强调"坚持守正创新。尊重非遗基本文化内涵，弘扬非遗当代价值，推动非遗在人民群众的当代实践中实现创造性转化、创新性发展，不断增强非遗的生命力"，提醒我们在非遗保护工作中，必须辩证地对待传承与创新的关系。这个提点使我们在完成《中国民间剪纸集成·潮汕卷》过程中获得的对非物质文化遗产的传承与创新的认识变得更加明朗了。

对非物质文化遗产的保护应该注重历史的继承，同时也应该注重传统的创新。在传承过程中，要认可衍变的发生，给传承人一个发展的空间。只有这样，我们的非遗传承才能真正地在社区里、在群体里，也就是陈平原老师强调的，在日常生活里延续下来。如果我们只是把非物质文化遗产做成档案，或者把它看作是文物，那它实际上就已经是"死"了。我们可以把它保护下来，但是我们没办法让它

"活"下来。因此，在保护抢救工作中，我们还是一定要让非物质文化遗产跟社区的生活，跟它产生的环境关联在一起，而不只是把它放进博物馆里。我们的非遗传承与创新应该转化为我们对中华文化的认同与坚守，转化为促进我们社会进步的一个动力。

我对非遗的传承与创新的理解，通过潮汕剪纸的具体例子，今天就做这样的表达，请大家批评。

谢谢大家！

（根据录音整理，已经作者修改、审阅）

詹安泰的诗学观念与创作趣味

左鹏军

华南师范大学教授

各位前辈、各位领导、各位专家、各位老师和同学：

大家下午好！

我深知，在詹安泰先生的故乡，特别是在他工作或者说他学术出发的地方来讲詹安泰，其实是有很大的学术风险的。但是我相信潮州的文化，它的这种包容、善意，我觉得又给了我一些小小的胆量。与其说我今天要向大家报告什么，不如说是通过詹安泰先生，来向潮州文化，包括詹安泰先生表达我的敬意。

先请大家看几张照片。詹先生的眼神，用中山大学彭玉平教授的话说，他有一双忧郁的眼睛，可能老师同学们能够看出一点点。他65岁就去世了，很早。这是他工作时候的照片。这是詹先生一家的合照，其中后排最高的这一位就是詹老先生的长子，今年已经90岁的詹

詹安泰

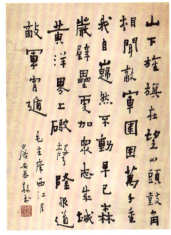

詹安泰书法《毛泽东词》资料

詹安泰在工作

詹安泰一家合照

伯慧教授，下个月还要回到咱们潮州，回到饶平来。这是我自己拍的照片，是香港"至乐楼丛书"当中的詹先生的《鷦鷯巢诗·无庵词》。这是香港印的，也是根据詹老的手稿的一个影印件。现在这本书大家其实是很容易见到的，相信咱们韩师一定也有收藏。中山大学吴承学（也是咱们潮州的杰出学者）和彭玉平教授合编的《詹安泰文集》，这个大家一定也都见过。这是几年前，说起来也有10年了，时间过得真是飞快，在詹伯慧老师的亲力亲为下，出版了6卷本的《詹安泰全集》。因为我有幸参加了这套

《鷦鷯巢诗·无庵词》，"至乐楼丛书"第廿五种，香港何氏至乐楼，1982年冬据詹安泰手订稿本影印

书的点校工作，虽然出力不多，但是也出了一点点小力，与有荣焉。这是书出来以后詹伯慧老师亲自签赠给我的，我觉得非常的珍贵，也跟老师同学们做一个小小的分享。这就是我进行点校的部分。刚才讲到了詹安泰先生的诗词主要都是他的手稿影印件，这个整理本恐怕是第一个铅印的点校本，也是承

《詹安泰全集》第一卷

吴承学、彭玉平编　　《詹安泰诗词集》　　詹安泰先生的签赠本《无庵词》
《詹安泰文集》

蒙詹伯慧老师的信任和上海古籍出版社的信任，我参与了这样一个工作。这是詹安泰先生《无庵词》的一张照片。当然这张照片从一般的角度来讲没有什么特殊之处，但是从我们古代文学或者古典文献学的角度来讲，它就变得很重要。因为这是詹安泰先生亲自签赠给一个叫逸农的人的，这个人经过我的考察，叫何其伟，是个农学家，曾经在广州工作。这本书原书是藏在詹伯慧老师那里，我是向他借来的。

　　詹安泰先生是著名的词学家，不管是谈及民国时期的四大词人，还是其他文化名人，都一定要说到詹老先生，甚至有的人还把詹安泰先生作为中国词学或者中国现代词学、文化学的奠基人（有这样的一

饶平县新丰镇詹氏围屋"润丰楼"（广东省文物保护单位）

些说法）。但是按照我非常粗浅的理解，我们要了解詹安泰不仅要看他的词、词作、词学，还一定要看他的全部学术著作，尤其是他大量的诗歌。所以我想在过去的相关评论的基础上，对过去人们讨论得可能不多的詹老先生的诗做一个一般性的梳理。这个工作其实跟我当年点校詹安泰先生的诗词有些关联，或者说是通过那个工作来进行的一个梳理，大体上是这么一个情况。

我想从两个方面来看，一个就是詹安泰先生有一个怎样的诗学观念，因为我们总觉得创作观念对一个学者型的词人、诗人来说（当然他也是个书法家），是比较重要的。

他在讨论诗歌的时候，非常重视声韵、声律，其实过去的讨论文章也是经常这样来谈论的。由于时间关系，材料我就不具体谈了，我只把关于我的评述性的意见报告给大家。

其实他非常重视诗歌的声韵，比如说在声律上，包括诗歌的古近体之间，学习者应当从什么样的角度去入手，才是一个比较正确的门径，他都有非常好的论述。比方说，他非常重视学诗应当先从近体开始学，因为近体的声律容易掌握。他说古体虽然说非常的朴质，非常的浑成，但是它的声律比较难以把握。这些见解恐怕都是基于他自己的一些理论研究，但是我觉得更是他创作实践的一些结晶（像这些论述大家如果有兴趣的话，稍微看一眼就可以了）。所以说他这样的一些论述，其实对于从学术角度，或者说从创作理论，尤其是创作经验的角度去考虑中国古典诗歌的创作，包括它的一些传承跟演变或者说发展，是有很大的益处的。所以他非常关注给初学者指示一个

饶平新丰县詹安泰文化中心詹安泰詹伯慧父子事迹馆

正确的创作门径，应该是由易到难。

　　第二个就是从古近体不同的声律要求、声律难度，包括美感特征出发来考虑问题。我想这跟他长期从事教育工作（包括刚才陈院长讲到詹安泰先生教过中学，在咱们韩师也工作过，或者在中山大学工作这些情况），与他作为一个教育者或者说一个教育家的这种身份可能有着密切的关系。

　　他还能够非常注意结合诗歌的章法、句法、音律节奏等方面。他特别善于积累创作的经验，有很多的阐述（这些材料我就不一一解读了，但是我觉得老师同学们可以稍微留意一下）。在这些诗论当中，他特别注意理论阐述的思辨性，或者说综合性，比如说平仄的问题、难易的问题、松紧的问题，其实他都有非常好的阐述。他在这样的阐述当中，表现了他辩证思考的智慧，也表现了他既长于理论思维又长于实践应用的特点，或者是说这么一种提炼和表达的特点。他能够把抽象的诗歌创作理论具象化，能够把它实践化，这点我觉得可能是詹安泰先生非常过人的地方。

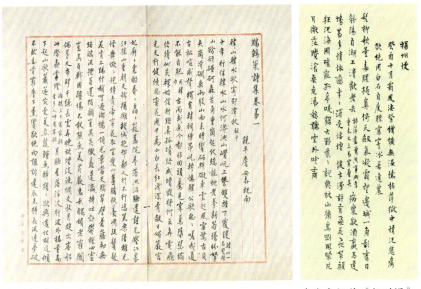

詹安泰《鹡鸰巢诗》手稿　　　　詹安泰词作《扬州慢》

又比如说诗歌的锤炼，是平易还是险怪，是通俗还是艰深，其实很多人的创作包括今人的创作当中，这些都是不能不面对的问题。比如说你是文雅一点还是浅易一点等等，他都有一些阐述，他认为："一切文字，奇险易工，平正难好。"我觉得这话是很有启发性的，就如"画鬼容易画人难"这一类的，越是看似简单的大家平常都知道的东西，越可能是最难的东西，所以他追求的其实是一种返璞归真的、自然的这么一种理论指向。

又比如说他讲到诗不能太炼，锤炼过度，会伤气；太易的话就容易油滑，容易肤浅。如何能够很自然，又能够达到独到的境界，他都有非常好的阐述。这些我想对于我们理解詹安泰先生的诗学思想，包括他的创作经验可能都有重要的启发意义。

因为詹先生没有像词论那样系统的诗论著作，所以我们只能从他的诗歌当中，特别是从他的论诗诗里边，包括从一些言论当中来汇辑、梳理他的诗学理论观念。比如他给他的老师陈中凡先生的诗中，在一些老师命他写作的诗歌当中，也表达了他对诗歌的一些看法，我就不去一一地讲了。又比如说他指示他的学生应当怎么做，所以他一方面非常注意从老师那承传，另一方面也非常注意培养他的学生们。

詹安泰先生特别强调作诗要有天人两得、得鱼忘筌、达到一种造化之工的创作境界。这种境界好像很虚幻、很难捉摸，但是基础是读书万卷，是胸罗万象之后才能有这样一种灵机独辟的精神情感和创作状态。这些恐怕都是詹老先生非常有理论深度和启发性的一些见解。

他在创作当中经常选择的是一种稳当持重、中和平正的理论姿态。就是他不偏激，而且他有这种很综合的善于吸纳各种各样的理论主张，包括创作路径的意识和能力。因为他生活在中国古典诗歌的最后阶段，在这个阶段当中必然有广泛的吸纳、广泛的包容。我想在这样的一种理论姿态当中，我们今天不管是从事文学创作也好，从事文化研究也好，恐怕都能从中获得一些启发。所以说他这种综合集成的能力、延续和传承的能力、转换创新的能力都在那个时代做出了非常了不起的贡献。

还有就是说创作当中怎么样入手、怎么样取径，这是诗人都免不了的要面对和解决的问题。

从他接触的或者说他经常提及的一些诗人、一些作家，从他对古代的诗人的关注和评价，从他的思路当中，我们似乎是可以体会他自己读书作诗的一些取径与理论倾向。比如说他非常尊重梅尧臣的五言古诗，在他的论述当中经常说到梅宛陵的诗怎么怎么样，给予梅尧

詹安泰撰联

臣非常高的评价。除了梅尧臣他经常提及以外，他还经常提及的有白居易、苏轼这样的一些人。从梅尧臣、苏轼、白居易，从宋唐再往上推，他认为五言古诗写得最好的是陶渊明，这是不是他的一个理论的终点？恐怕还不是。他不断地讲到东坡，讲到东坡的字，讲到东坡的诗等，其实也包括他对苏轼书法的喜爱。大家知道，虽然说我们把詹老先生的诗词点校竖排繁体排印出来，大概能够方便一般的读者，但是要欣赏詹老先生的书法艺术水平或者它的特点的话，看他的手稿影印件，那也是一种享受。他也是位著名的书法家，他对苏轼的书法给了很高的评价。他对陶渊明也是这样。

从唐宋以后或者中唐以后，中国诗歌史上一个对后世的影响最为深远的作家、诗人可能就是杜甫，当然詹安泰先生也不可避免地受到杜甫的影响。詹先生在关注推崇杜甫的过程当中，特别推崇杜甫的诗，反映离乱，关怀家国，具有悲天悯人的情怀，他的诗歌艺术还在其次。我想这种反映离乱的、关怀家国的、悲天悯人的角度和情感，

是不是跟詹先生主要生活在20世纪，特别是他最活跃的时候——20世纪的三四十年代有关系？我的看法是有着极为密切的联系，这种外在的风气、这种环境，那个时候正是日军侵华战争时期等，其实都是造成或者促成詹先生有这样的一种取向、这么一种态度的外在原因。所以他对杜甫的思想深度和艺术造诣给予了特别的关注。而这些都是一些例子，这些材料也可以关注一下，包括由杜甫还延伸到孟郊，他也有一些诗专门写到孟东野。

另外一个就是屈原。中国诗歌史上有名有姓的、具体的第一个诗人恐怕就是屈原了。所以詹安泰先生有一首非常著名的诗，一首长篇七言古诗，就是《诗人节怀屈原》。诗人节，也就是端午节。这首诗我特别关注它的是什么？詹安泰先生给我的整体感觉是非常理性的一个人。他的照片我看得很少，没有看到他很喜悦，或者是很愉快的、很欢喜欢欣的那种神情。他好像总是若有所思，有点忧郁，比较内敛的这么一种性格或者这样的一种神情。但是他在这首诗当中，我觉得有点一反常态。他读了《离骚》以后产生了一种如醉如痴的、亦幻亦真的、物我两忘的状态，他非常陶醉，就是在端午节那一天他是用读《离骚》怀念屈原的这种方式来过那个节的。所以我觉得这样的一种情况、这样一首诗在他的诗集当中可能是非常突出的，或者说给了我很深的感触。而且詹先生对屈原的研究可能是终生的，比如说他早年（1957年）就撰写了《屈原》这一本挺薄的书，当时情况还比较好，后来又完成了《离骚笺疏》，这书到1981年才出版，已经是詹先生去世多年以后了。通过这样的一个列举，我们发现詹安泰先生所推崇的诗人，可能都是中国诗歌史上第一流的、产生过重大影响的一些诗人。而且这些诗人恐怕都有着非常综合、非常开阔、富于变化、富于创造的特点。这也反映了詹安泰先生的理论指向、创作目标，包括他的心气，其实是非常高的，他不想做一般的诗人，他应该是有宏大高远追求的。

另外一个是看看他接触的一些人，用今天的话说，就是他交往的朋友圈是哪些人，理解为知人论世也可以。也就是说一个人的交往，包括古代诗人的交往，他的交往圈子、他来往的人、他读的什么书，对这个人的影响是比较大的，我想今天也一样。他提到的近代（就是清末到民国的）著名诗人，至少有这么一些，比如有顺德的黄节，就是蒹葭楼主，大家也都了解。还提到了梁节庵，就是梁鼎芬，还提到了咱们揭阳的曾习经，就是曾刚甫。按照一般的说法，这三个人再加上一个罗惇曧，顺德的罗惇曧，就被称为"近代岭南诗歌四家"。在"近代岭南诗歌四家"当中，詹安泰先生推崇的人至少有其中的三位，特别是曾习经，跟他又有同乡之谊。当然从对黄节的推崇当中，他可以向上去追，追到陈师道，就是陈后山。因为大家知道黄节有一方印叫"后山而后"，就说明黄节本人对陈后山的追慕。

他提及的广东诗人中，大家可以看到有梁鼎芬。而且在学脉上，詹安泰先生是杨果庵先生的弟子，杨果庵就是梁鼎芬的学生。从这意义上来讲，其实詹安泰先生可以说是梁鼎芬的再传弟子，就是这样的一种传承。在民国年间影响极大的福建福州人陈衍，就是陈石遗，詹先生也有这样的一些论述。从论述当中我们可以看到，其实詹安泰先生跟处于近代诗坛或者民国诗坛主流地位的福建一派，像陈石遗他们，有着非常好的交往，而且他在理论上也认同陈石遗的一些主张。在一些诗歌当中，詹先生也有专门写给陈石遗的，包括詹先生对陈衍编的《近代诗钞》给了很高的评价。其实陈衍的这种（一般把陈衍叫作同光体诗人）从宋诗派到同光体这一系，我个人看法，詹先生是跟这一系有着非常密切的关系的。所以说詹安泰先生的诗歌理论指向，一方面就是对古典诗歌，他善于广泛地继承，也善于创新。另一方面他非常注重自身的创作过程和经验，包括他的很多体悟。这两者的结合就可能使他的理论和实践之间能够非常好地融通。这大概也是过去既擅长理论，又擅长创作实践的很多文人诗人的一种共同的气质或者共同的能力，这是我们可以稍微留意一下的。

从创作实践来看，为什么说我希望能够梳理一下他的诗歌创作呢？詹先生的词大概是5卷，他的诗一共是9卷，从数量上来说，他的诗大概是词的两倍。当然他的词非常值得重视，但是他的诗绝对不能因为他在词史上有着很高的地位就被轻视了，我觉得应当全面来看他。他的诗歌理论跟实践之间，我的理解是形成了一种合二为一的、非常贯通的、非常圆融的一种关系。一方面，他的创作经验为他的理论观点提供了丰富的感性材料和实践基础。这种情况恰恰是我们后来的文学教育当中所欠缺的，包括当今的中文学科的很多教育当中欠缺的，包括我本人也很欠缺。另一方面，他的理论阐述又使他的创作能够有非常深厚扎实的理论思想的资源。在这样的融通当中，一种创作跟实践的融通，理论跟实践的擅长就能够表现出来。他又长期在大学里面工作，他对于教育教学的理解，其实就能够很好地反映在他的创作和学术研究工作当中。这是一种离则两伤、合则双美的关系。这种人文素养和理论思维的状态，在今天看起来已经遥不可及了。当然我说得稍微悲凉了一点，我说恍如隔世，但是这种恍如隔世的感觉还能不能再回来？我是有点期盼，特别在咱们潮州詹老先生开始他的学术征程的地方，我觉得可能兴起，也希望能够兴起。刚才讲到了他的诗词兼擅的这种非常重要的特点，其他就不详细地讲了。

通过詹安泰先生的一些朋友对他的高度评价，也可以看到他的造诣和他的取向。当然凡是这种序，朋友给写的序、跋、评语都有着这种文体所必然具备的一种特点，朋友之间善意的表彰、高度的评价的因素肯定是有的。但是我们剥离掉这些因素，还是能够发现这些朋友其实给了詹老先生极高的评价。比如说在中山大学工作过的方孝岳教授，这个人也是后来起起伏伏很大、争议颇多，前些年去世的安徽桐城人舒芜的父亲。舒芜姓方，本名叫方管。从方孝岳先生当年对詹安泰先生的评价中，可以看到二人的交往和关系。另外就是方孝岳先生最推崇的詹老先生的诗主要是七古——七言歌行跟七言排律等等。通过这些篇章我们可以看到詹先生的才情学问、功力技巧。

另外像他的朋友罗倬汉。罗倬汉早年是一位经学家，后来成为华南师范学院——如今的华南师范大学历史系的教授。但是我觉得很奇怪，今天华南师大历史系、中文系的学生，基本上把罗倬汉先生给忘却了，我觉得有些遗忘是不应该的，他就讲到了詹先生如何喜欢梅宛陵的诗等等。他特别指出詹先生的诗歌非常的淳朴古劲，具有奇郁腴拙、声意凑合等特点，这是同样作为著名经学家的罗倬汉教授对詹先生的高度的评价。

从诗歌体式来讲，詹老的五言古诗、五言排律等都能够体现这样的一些特点。还有他的其他朋友，比如说他的老师，后来的南京大学教授陈中凡先生。陈中凡在中山大学工作过，而且当年中大和南大在争论哪一个地方是中国文学批评史这个学科的最早的起点的时候，他们还有过一个争论。现在大家都喜欢争第一，他们也在争。但是不管怎么讲，陈中凡先生在中大工作期间跟詹安泰先生也有着非常好的交往，而且陈中凡是老师辈，所以在诗集当中我们可以看到陈中凡老先生如何指导詹安泰进行诗歌的创作等等，给了饶平詹祝南很高的评价。还有就是詹安泰先生的另外一位老师温廷敬，这是咱们客家人，温廷敬先生跟咱们的校史就极为密切。在咱们韩山师范学院的介绍当中，就有温先生的照片，有他相关的一些情况（可以看到）。温廷敬先生主要是从如何能够广泛地取径、广泛地学习，然后转益多师，最后走向自成一家的角度对这个学生给予了很好的鼓励。我特别想提出的是，在日军侵华期间，日本军队当时侵占了他的老家饶平，包括黄冈这些地方，还有中山大学被迫迁到粤北的坪石这些情况，在詹先生的诗歌当中，其实都有着非常好的反映。因此我们说詹先生的诗歌，包括他的词，不光是一个个人的喜怒哀乐、日常交往生活的这些，不光是这样的一些记录，他的诗歌其实是有着诗史价值的。特别是在抗战期间，他对国家对民族对家乡这种信念这种关注，我们说詹安泰先生是个爱国的知识分子，我觉得一点问题都没有。虽然说今天这样说他我觉得好像没有把詹老先生特别有深度的、特别有个性的地方完全说出来，但是我们知道詹安泰先生在当年抗战刚爆发的时候，就在韩师的一个叫韩师校报之类的报纸上边，发表了许多关于宣传抗战的文章，他一开始就对中国的胜利充满了信心。

这个工作由一位澄海的也是华师毕业的本科学生黄晓丹跟她先生两人，编成了二十几万字的詹安泰先生的全集之外的集外文。早些年我还给它写了一个序，后来又发现了大量的材料，希望这个东西早点出来。那部分材料是大家如今不是很熟悉的，但是我们看到以后就知道，在抗日战争期间，詹安泰先生是一个坚决抵抗侵略的人士，而且相信中华民族一定要胜利、一定会胜利的，我觉得非常了不起。因为那个时候丧失信心的人挺多的，这点上我觉得也体现了咱们潮汕大地、潮州文化当中，那种看起来这个地方好像很温顺很柔软，一切都是那么的和风细雨，细腻柔婉得有点像吴侬软语，但是这种柔软背后是刚健伟岸的，是有烈士情怀、英雄品格的，在关键的时候是可以迸发出来的。这点上我觉得在詹先生的诗歌创作当中，我们是能够感受得到的。

对丘逢甲的评价。丘逢甲也是跟韩山师范学院有着极为深刻的关系，这是大家都知道的事实。丘逢甲诗歌最精彩的就是他作为一个抗日英雄，回到家乡，也包括在汕头长时间的生活，这样的一些作品是最有价值的部分，这个方面也引起了詹先生的共鸣。包括在詹老先生逝世多年以后，饶宗颐先生在1980年就写下了一些，在我们今天读起来其实是挺感慨的一些文章——两个人真的是惺惺相惜，他俩也留下了非常美妙的互相成就的故事。从这些材料中也可看到，当年是詹安泰先生给了饶宗颐先生一个极大的鼓励，再一个也是他特别关注这位比他年纪小的学者的处境和命运，包括他说"君才实过我，学亦不可齿"，"君自有可传，可传不系此"。我们今天看这样的话，其实是被詹安泰先生说中了，这是幸运。但是詹安泰先生本人，我觉得就没有这样的幸运。

《鹪鹩巢诗》和《无庵词》，之所以能够进入"至乐楼丛书"是由于有饶老的推荐。在詹安泰先生已经去世很多年以后，饶先生也没有忘记他的这位老朋友、他们当年的友情，我觉得咱们潮州文化具有中华文化当中重情重义、知道感恩、懂得报答的这么一种思想传统。虽然詹安泰先生不求，但是我觉得饶老在那个时候没有忘却这一点。假如不是这样的话，今天我们要看到《鹪鹩巢诗》和《无庵词》可能就没有那么方便了，而这些我觉得虽是学术史上的一些有趣的小故事，但这种小故事当中其实包含着很深切的人文思想内涵。

你看他有些诗如《惊闻黄冈失陷》，就是说咱们饶平的黄冈，他也非常关注。所以说詹安泰抗日战争时期的诗歌，我觉得值得特别注意。在诗歌创作上，能够融通综合，把才华跟学养、把唐音跟宋调、把个人的情感跟时代的感怀相融合、相触发，我想这是能够成就詹安泰先生诗歌的思想艺术成就的一个非常重要的方面。所以总体来讲，这位先生走的是婉曲内敛的，讲究筋节骨力的，讲究冷峻沉雄、理性哲思的一条创作道路。假如一定要用唐宋来说的话，他大概是倾向于宋。当然这个中间也表现出大家一向说的岭南文化、岭南文学当中有的那么一种精神气质，就是"雄直"。当然大家对"雄直"的理解可能有很大的差异，也包括刚才说到的，他跟清末到民国时期属于主流的宋诗派和同光体的一些交往或者一些认同。

当然这可能是我自己未必成熟的一个想法。我的看法是从宋诗派到同光体这一脉，应当把它看作清末到民国年间中国诗歌的一个主流性的东西，这个说法跟别人的说法可能不太一样。我不是想说我正确，而是说我有这样的一个基本的想法。詹先生跟清末民初的主流的诗坛风气是相应和的，也就是说一个地方性的或者说一个学问型的诗人，他的这种思想指向，包括他的创作，其实是跟当时的主流主导的诗歌倾向或者说诗歌群体是融通的，他不是偏处在一个角落里边自说自话，不是那么一种情况。他处在一种很具有主导性的诗坛的风气当中，他也有汇入主流诗坛的愿望和努力。

我们从詹安泰先生的诗歌理论和实践中看到了一种自然中和的、讲究才情并至的创作和理论的倾向，他的创作趣味跟这种倾向在我看起来是一而二、二而一的关系，是融通合一的。

另外就是诗歌跟学问、学问跟诗歌在他这其实是完全合一的，这一点也恰恰是后来的文学教育当中，经常隔绝的、经常偏颇的，或者说偏废的情况。在诗跟词之间，他用力至少是均衡的，这些情况当然也包括詹老先生的学术研究活动，包括他大量的词论，包括他编写的中国文学史，可惜这个文学史只完成了上册，完成了前边一点点先秦部分。

后来到了1957年、1958年，情况发生了重大的变化，这些我就不详说了，老师们同学们都知道。詹安泰先生的学问，他对中国文学史的整体了解，整体的把握和书写，恐怕由于巨大的外力冲击，没有完全展开，没有做完，其实也非常遗憾。不管怎么讲，作为一个传统的融合理论与创作，就是诗词创作，包括书法、理论，就是一个非常全面的传统的知识分子，到詹安泰先生这一代，可能就是最后的一代了。当然有些流风余韵，包括饶老这些人也都是。但是在这代人之后可能就没有了，什么时候能够有下一代？我不清楚，但是我总是期待应该有那么一脉相传的，因为这些东西才是中国文化、中国文学原来的样态、原来的面貌，而不是因为各种各样的学科，各种各样的什么原因把它隔绝开来。我们从詹安泰先生的学术活动、诗歌创作、词学研究，包括他的词作当中，获得了很好的经验，当然中间也可以获得很多的思想启发。

（根据录音整理，已经作者修改、审阅）

挖掘优秀传统文化精髓，
弘扬潮州文化精神

陈耿之

潮州市关工委主任、市政协原副主席

2020年10月12日，习近平总书记在潮州古城考察时指出："潮州文化具有鲜明的地域特色，是岭南文化的重要组成部分，是中华文化的重要支脉。"

习近平总书记指出："中华文化渗透到中国人的骨髓里，是文化的DNA。"潮州是国家历史文化名城、中国优秀旅游城市，是潮州文化的发祥地，有着丰富的文化资源、深厚的文化底蕴和浓烈的文化氛围。"潮州"早已是国内外颇具影响力的一个历史文化品牌。近年来，潮州市更加注重城市文化品牌的塑造，开始大力挖掘、整理、提炼、优化城市的特色文化资源，在城市建设中充分考虑对历史人文资源的保护，尊重并体现城市沿革和民生历史的轨迹，推动城市文化品牌的建设。但仍有不少好的、优秀的文化还没有引起足够的重视，甚至有被遗忘的危险，应该引起各级领导和专家学者的重视。

一　研究林大钦文化现象，弘扬崇文重教、敢为人先的状元文化

在中国，不论是过去还是现在，状元都是令人崇拜和羡慕的，金榜题名时的"一举成名天下知"是何等的自豪和荣耀。林大钦是科举时代潮州地区唯一的文科状元，历来为潮人所推崇。目前对林大钦的研究大多是从诗文上去研究，对状元文化现象的挖掘、研究、开

发则甚少。林大钦是明嘉靖壬辰科（1532）状元，生于明正德五年（1510）的农历十二月初六日。林大钦少时家境贫寒，父亲是个贫穷儒生，单生他一子。童年时，他曾在村前桑浦山麓至石壁头一带牧牛，此处的白鸟寺旁有一书屋，他常在书屋外听读，私塾老师知其家贫无力入塾读书，又察其聪颖无比，勤奋好学，遂准予在私塾附读，并格外予以资助。林大钦年轻时，因父亲早逝，家境拮据，曾在邻村私塾教书维持生计。明嘉靖十年（1531），他到广州参加乡试，被录取为第六名举人。明嘉靖十一年（1532）二月，他上京赴试，被录取为第十二名进士。同年三月参加殿试，在一天之内写成近5000字的策论。嘉靖皇帝审阅后，叹为奇才，特意钦点其为状元，赐进士及第，授翰林院修撰（从六品），负责修史工作。林大钦学识渊博，才华横溢，著述甚丰，生前未曾成书。《东莆先生文集》6卷是后人为他编纂结集的，在清康熙五十五年（1716），其从玄孙凤翥搜辑前明所存诗文，加以校勘，合刊为该集。以后光绪及民国期间有重刻、重排本。

林大钦文化现象及其所展示的状元文化和精神实质，可以归纳概括为"崇文重教、敢为人先"。潮州人历来崇尚文化，重视教育。以兴学为乐，以耕读为本，以知识为荣，渐成一种社会风气。"地瘦栽松柏，家贫好读书""勤俭诒谋居室本，筑室于斯义种礼""耕可养身，读可养心，身心无恙，定多安泰；饥能壮志，寒能壮气，志气不凡，必有大成"，这些流传于潮州的劝学联、谚语、童谣，都反映了潮州人对读书的重视、对礼义的追求。自唐宋以来，潮州人民崇文重教，爱家报国，特别是在思想、文学艺术和教育等方面取得了举世瞩目的成就，为后人留下了弥足珍贵的文化遗产。"敢为人先"，"敢"，即勇敢、胆量；"先"，即先知、先觉。其基本内涵是：比别人早预知事情，果断地作出相应的决策，敢于做别人不敢做的事情。潮州人秉性最突出的特征就是思维上的求异性、行动上的敢为人先，始终贯穿于潮州人整个创造性的活动过程中。现散布于海内外的潮州会馆，常凸现于其他文化设施之上，原因就在于它们具有潮州特色，尤其是建筑的挂梁、斗拱、托檐上极富潮州风格的装饰，无不显示了潮州人的求异创新精神和敢为人先、争在人前的文化特质。潮籍著名艺术家陈复礼是当今的国际摄影界中与郎静山、吴印咸并称华夏影界"三老"的传奇人物，是一位屈指可数的风云人物。《搏斗》是陈复礼代表作之一，他闯出一条富有民族特色和个人风格的摄影艺术道路，这跟他运用求异争先思维和创作方法是分不开的。著名汉学家饶宗颐博古通今，造诣高深，尤精金石古文考证之学，是汉学界泰斗级的权威人物，这也与潮州崇文重教的文化熏陶密切相关。李嘉诚的成功，在于他熟悉从商技巧的同时也勤奋学习，才逐步成为华人首富和大企业家，他的身上体现了崇文重教和好学上进的潮人特性，也显示了敢为人先、争创一流的状元文化精神。由此可见，崇文重教是潮州人传承和发展的特质，敢为人先也是潮商向外拓展的精神灵魂。在新时期，我们必须研究林大钦文化现象，弘扬崇文重教、敢为人先的状元文化，使潮州优秀传统文化在崇文重教中得以传承发扬，使潮州经济社会在敢为人先的发展进程中得到跨越。

二 研究陈尧佐文化现象，弘扬勤政务实、感恩奉献的执政文化

陈尧佐是潮州第一先贤，是崇韩文化的启发人，也是韩祠建设第一人，但目前知道的人却并不多，尤其是他在潮州的从政理念现在还没有得到充分发掘和弘扬。陈尧佐（963—1044），字希元，号知余子，北宋阆中（今四川阆中）人。宋太宗端拱元年（988）进士。宋真宗咸平二年（999），陈尧佐任开封府推官，因言事切直，忤犯皇威，遂被贬为潮州通判（州官副职，主管监察等事项）。陈尧佐一生好学不倦，才富识博，为官清廉刚正、勤政务实，甚有政绩。在广东

潮州当通判的两年多时间，他兴修水利，剪除鳄害，治以诚信，率从省约，政简刑清，吏民化服，为民敬重。据地方史籍记载，陈尧佐在任职期间，政简刑清，兴修水利；复修孔庙，亲撰新孔庙碑记；创建最早的韩文公祠——韩吏部祠，并在祠的墙壁写上赞美的文章，画出图画，记载韩愈驱逐鳄鱼的故事；关心士子，兴办学堂，鼓励州民向学，荐拔人才，培养了如许申（"唐宋潮州八贤"之一）、林从周、黄程等一批名士；他最果断的壮举就是督率府吏杨勋等数十人驾舟围捕鳄鱼，亲撰《戮鳄鱼文》，数其罪恶，当众鸣鼓戮于闹市，受到潮州民众的世代传颂。潮州人为了纪念他，把他奉祀在韩文公祠里。韩江沿岸各地村民自筹资金建庙奉祀陈尧佐，尊称"灵护公王"，奉为乡里地头老爷，每年游神祭拜，习俗沿袭至今。陈尧佐一生俭朴，器具、衣服坏了能补则补、能用则用，从不随便丢弃，他工诗善书，笔法端劲，老犹不衰，有文集30卷，外有著作《潮阳编》《野庐编》《愚丘集》《遣兴集》。陈尧佐后来被召回京后逐步由谏议大夫迁升为宰相，但他对潮州仍怀有深厚的感情，并对潮州给予很高的评价。当时潮阳（即现在的潮州）王姓士子上京赴试，高中后回乡前他即写了一首《送王生及第归潮阳》诗："休嗟城邑住天荒，已得仙枝耀故乡。从此方舆载人物，海滨邹鲁是潮阳。"

陈尧佐文化现象以及其所展示的崇韩文化和精神实质，可以归纳概括为"勤政务实、感恩奉献"。"勤政"的基本内涵是恪尽职守，勤于政事，认真负责地为国为民做事。恪尽职守，勤于政事，历来为各朝各代的统治者所提倡，也为儒家思想所肯定，同时也受到百姓的称赞。"务实"的基本内涵是实事求是、勤劳工作、务实进取。务实强调的是要坚持一切从实际出发，要讲实话、做实事、求实效，要知难而进、奋发向上，在困难面前百折不挠，在逆境之中自强不息，立志干成一番事业。"感恩"是一种处世哲学，也是生活中的大智慧。一个智慧的人，一个明德的社会，要学会感恩，为自己拥有的而感恩，感谢生活给予的一切。一个城市，必须有一种积极的价值观，有一种欣欣向荣的生存状态。"奉献"的基本内涵是奉献社会、共建和谐家园，强调要有强烈的事业心，认真做好本职工作，干一行、爱一行、专一行，积极承担社会责任，克己奉公，服务人民，奉献社会，共建和谐家园。陈尧佐首倡的崇韩现象是一种群体信仰，是潮人在长期的历史经验与文化传统累积中形成的共同观念，蕴藏着一种庄严肃穆的情感态度，这种观念与情感投射到生活中，便产生了文化现象与民俗礼仪，即崇韩文化。这是潮人对韩愈和陈尧佐"独信之深、思之至"的一种感激和崇敬心理，在一定程度上集合、解释了执政的一种价值观念和人文精神。韩愈、陈尧佐如果没有为潮州人民做许多好事，就没有潮州"崇韩现象"的出现，韩愈治潮八个月，"立言"相当成功，"立德"也臻于至善，而陈尧佐治潮两年，"立言、立功、立德"更胜一筹，有专家认为陈尧佐"功不在愈下"。陈尧佐文化现象也是潮州人民一笔宝贵的精神财富，我们必须进一步从现象的本质属性来透视，陈尧佐展示的是一种勤政务实、感恩奉献的执政文化，这是实践韩愈精神所形成的执政文化，可以归纳为：诚信刚正的理想人格，民为邦本的价值取向，以实为魂的执政理念，经世致用的教育思想，海纳百川的人才意识，廉洁从政的清正作风。

三 挖掘百窑村文化现象，弘扬兼容开放、开拓创新的创业文化

潮州是广东东部地区古代政治、经济、文化的中心，也是广东生产陶瓷器的重要区域。宋代潮州城东笔架山百窑村一处，可以说是潮州文化的一个重要载体，它依山傍水，南北绵亘八里，北起虎头山，南至印仔山，窑址鳞次栉比，在唐宋时期，笔架山上的窑灶群集，有"百窑村"之誉。笔架山窑现在仅保存的一条窑膛残长便达79.5

米、宽6.8米、残高4.2米，共计
2270.52立方米。据称每次能烧制
瓷器22万余件（只），是当时北
方名窑的年总产量。如此超长的
龙窑，需要复杂的工艺和技术处
理、丰富的经验和厚实的物质基
础。这样的窑址，在笔架山还有
13条之多。潮州"百窑村"的鼎
盛时期是在北宋，是中国古代陶
瓷产业集群最早形成的地方，陶
瓷业主和工人"抱团取暖"、开
拓创新，不但在烧制技术上为当
时世界第一，而且质量也是领先
当时的全国同行。其生产的瓷器

笔架山潮州窑遗址10号窑外景（张东
阳/摄）

在文化上、工艺上、技术上都臻于完善，其造型和装饰更是丰富多彩
而无与伦比。如釉色有白、影青、青、黄和酱褐色五种，这也是世界
之最，国内名窑因受生产规模限制一般只有一两种釉色。明清和民国
初年，潮州瓷器遍布全球，潮州瓷器的出口状况良好，昭示了潮州人
诚信经营的优秀文化特征。而明代潮州生产和出口的陶瓷，由于有深
厚的历史基础和优越的运输条件，加上潮州人在这个时期已形成了善
于经营和拓展海外市场的局面，所以还是"炉火烛天"，发展迅猛。

民国初年，两任汕头市政厅厅长萧冠英在《六十年来之岭东纪
略》中提到：民国九年（1920），经汕头海关报关的潮州窑瓷器是
165806包装件，价值3298680两关平银，陶器71093包装件，价值
241714两关平银，为当时各口岸出口陶瓷器之最。次年也有瓷器
139695包装件报关，价值2878605两，陶器也有35085包装件报关，
价值121900两，连续创造了我国各海关中的最高陶瓷报关值，是全国

各陶瓷产区之最。泰国的潮州籍华侨最多，该国第一王朝建都于素可泰SUKHOTAI府，其宋加洛瓷器相传是由元代500名潮州工匠坐着33艘船泛海到泰国建窑烧制的，其依山而建的龙窑类同笔架山窑，而瓷器风格也类同于潮州窑。1972年6月，广东省考古训练班便在笔架山窑址发现了3条北宋窑，并写有《潮州笔架山宋窑发掘报告》一书出版。著名陶瓷专家曾广亿也有诗赞叹："柴越钧哥汝定官，更无人论到潮安。熙宁元祐年间字，改写陶瓷旧史观。"他认为中国的陶瓷史必须重写。专家们提出的倡议终于在多年后得到认证，国家有关部门恢复了其历史面目，归还了潮州窑应有的荣誉，授予潮州市"中国瓷都"的称号。2011年9月，广东省文化厅和潮州市人民政府签署的《广东省文化厅、潮州市人民政府笔架山潮州窑遗址保护合作框架协议》提出，将以大遗址公园为基本规划定位，结合潮州市韩江东岸的成片改造，将笔架山潮州窑遗址建设成广东省大遗址保护的示范点，以及集科研、教育、旅游观光为一体的国家级考古遗址公园。百窑村文化现象以及其所展示的创业文化和精神实质，打破了旧框框和旧思想的束缚，以思想理论创新作为行动的先导，开思想解放风气之先，引领时代潮流，始终保持与时俱进的精神状态，不自满，不松懈，不断超越自我。创新是马克思主义实践观在精神风貌上的体现。在当前的形势下，必须大力研究百窑村文化现象，弘扬兼容开放、开拓创新的创业文化，使潮州在建设宜业、宜居、宜游城市中有强大的文化支撑。

111

潮州工艺业的传承与重构

李炳炎

潮州市工艺美术协会会长、潮州市颐陶轩潮州窑博物馆馆长

摘　要：潮州工艺美术历史悠久，至近代，在市场作用下，以金漆木雕、石雕、灰雕、壁画、嵌瓷、刺绣、陶瓷以及花灯、剪纸、竹编等为代表的技艺发展至空前高度。新中国成立后，散落在民间的家庭作坊式手工行业经营逐步改造成为地方国营轻工业体系。本文通过梳理近代以来潮州工艺美术行业（下简称为工艺业）变化，初步总结其发展规律；就当前行业的发展趋势，笔者认为潮州工艺行业应通过重构从振兴发展转为高质量发展。

关键词：近代；潮州工艺美术；当代；重构；高质量发展

一　近代潮州工艺业的空前发展

（一）同光中兴与潮商发达

近代，中国在人们眼中基本是内忧外患、积贫积弱、多灾多难的形象，但在清代同治光绪两朝，大约有30年（约1864—1894）国内基本安定，时年官僚求富求强，洋务运动开展得轰轰烈烈，在历史上谓之"同光中兴"时期。这一时期，地处中国东南沿海的潮州府延续了清早期与暹罗、马来亚等南洋诸国的大米、蔗糖、麻布、陶瓷等商品贸易。近代之后，潮州对外商业日渐活跃，带动潮州经济社会走向蓬勃发展之路。

1858年，《天津条约》签订后，汕头被开放为通商口岸，成为整个韩江流域沟通海外的枢纽港。此时传统帆船被火轮逐渐代替，原潮

州至南洋的一个月帆船航程，此时改用火轮仅需一周即可到达。运输能力的提升促使潮州成为重要的转口贸易地。"同光中兴"至民国初期，潮州遭逢蝗虫、洪涝等自然灾害，一时民不聊生，适逢国门逐渐敞开，大量潮人得以下南洋图谋生计、经商创业，他们靠着聪明才智和辛勤劳作，成为南洋当地的富商，并以感恩之心对家乡进行投资，如重修庙宇宗祠、营造

许梅洲《蓬台会》嵌瓷屏

府第大厝、修建路桥水利、兴办私塾学堂等，就这样，"侨乡"潮州在华侨资本的推动下，掀起"建祠堂、起大厝"的热潮。潮州多处国家重点文物保护单位的古建筑，各乡里的祠堂、大厝等大多都是在这个时期兴建起来的。1906年11月，潮汕铁路通车，促进了潮汕近代化的发展，其中1924年潮州城内拓宽了太平路、义安路、西马路等马路，以及连通各乡里的城基路和城外的新桥路、西河路等道路；20世纪20—30年代，汕头形成了"四永一升平"的城市格局，1932年华侨集团集资创办了"南生公司"，1934年建造小公园中央的"中山纪念亭"，这些城市建设标志着潮汕步入近代化的发展进程。

20世纪20—30年代至抗日战争全面爆发之前，潮汕地区社会稳定，出现了经济繁荣、文化昌盛之景象，推动了地方祠堂建设、游神赛会等特色民俗活动对工艺美术品的需求，极大促进了潮州工艺行业的发展，潮州工艺美术品精致的工艺制作水平提升至空前的高度。

（二）潮州手工业的"神"与"艺"

清代晚期战争繁多、国弱军疲，清军对战列强接连战败，签订了大量割地赔款的不平等条约，使得国库空虚，连军饷都难以供给。

潮彩釉上堆金屏风《百花百鸟图》（长830厘米、高246厘米）

这一时期，清廷的没落却推动了民间的工艺发展，原先专为天家皇室采买造办的清廷造办处、苏州织造局、景德镇御窑有大量能工巧匠为求生计而散落民间。同期潮商家底殷实，为了夸耀门楣，且受"欲建屋宇、必先祠堂"①这一理念的影响，掀起"建祠堂、起大厝"的热潮。潮商招揽各地工精艺巧的手工匠人，营造祠堂、大厝等，出现了"大宗小宗，竞建祠堂，争夸壮丽，不惜贷费"的局面，即为达到地方极致而不计成本，敬天敬神敬祖宗的宫廷式祠堂庙宇相继涌现，其规模之宏大、工艺之精美，一时间有民间俗语"潮州厝，皇宫起"广为传扬。其中最为人熟知的当属己略黄公祠的木雕和从熙公祠的石雕。②从熙公祠的主人是旅居马来亚的侨领陈旭年，建筑大门右侧的《士农工商图》中有一条双股相缠、细如牙签的石牛索，经历三位匠人对工艺的反复摸索才雕琢成形，故而潮州民间有"一条牛索激死三个师父"的趣谈。清光绪十一年（1885），陈旭年请潮州工匠，仿造从熙公祠的式样，在新加坡建了"资政第"，所以至今还流传着，世界上有两座从熙公祠的说法。祠堂的屋架及梁、枋、桁、柱、屋顶，都做了精美的石雕、木雕和嵌瓷的装饰，飞禽走兽、花鸟树木及人物

---

① 黄挺：《潮汕史》，广东人民出版社2001年版，第510页。

② 己略黄公祠位于广东省潮州市湘桥区义安路铁巷2号，始建于清光绪十三年（1887）。从熙公祠位于广东省潮州市潮安区彩塘镇金砂管理区斜角头，为旅居马来西亚柔佛州侨领陈旭年所建。兴工于清同治九年（1870），告竣于光绪九年（1883）。

2014年3月21日，新加坡粤海清庙聘请潮汕艺人为其重新装修（李炳炎/摄）

故事等琳琅满目，精致巧妙，其设计与样式都堪称潮州传统建筑装饰艺术的杰出代表，最让人叹为观止的是四幅门楼石雕，精雕细琢，剔透利落。这些精致绝伦的工艺至今仍有着丰富的文化内涵和深刻的历史意义，从熙公祠的石雕花篮、金漆木雕、嵌瓷以及石鼓、石狮，依然能让人们追忆起陈氏家族的悠久历史，以及民间工匠在石头和木头上的巧夺天工。在新加坡出现的第一座潮人古庙，是在清乾隆初年由林泮所建的"粤海清庙"，主奉妈祖与玄天上帝，是新加坡最古老的妈祖庙与玄天上帝庙。1845年，潮侨成立了新加坡义安公司，该庙便归义安公司所管理。它是传统的潮州式建筑，屋顶上有非常细致的潮州雕塑及嵌瓷，燕尾上扬卷曲，墙壁和梁上也有精美的石雕与木雕。近几年，新加坡"粤海清庙"的重新装饰，仍然邀请潮汕匠人远渡重洋进行建造，体现了精

2014年3月21日，新加坡粤海清庙（李炳炎/摄）

潮彩《江南三月》

潮彩《金地堆金天球瓶》

杨雪友《方巾花》剪纸

湛的潮州工艺美术对东南亚的影响。

在民风民俗上，由于潮州民间信仰丰富，多神崇拜，有"多神多保佑"之说，围绕祭祀开展的民俗活动更是数不胜数，如年节习俗、婚姻习俗、丧葬习俗、诸神祭拜习俗以及礼仪习俗等。近代潮州民俗文化经过明清两代的积淀也趋于成熟，并带动了传统工艺品的消费，如元宵佳节闹花灯、清明节的扫墓祭祖、中元节的祭鬼神、中秋节的"拜月"、重阳节的放风筝等，这些民俗活动促进了剪纸、彩扎、刺绣、做粿、泥塑、木偶、竹篾、南金、香烛等民间工艺品的需求。由于工艺美术品在民俗活动中随处可见且不可或缺，因此时年八节和游神赛会，正是艺人大显身手的时候。民间甚至兴起"斗艺"之风，即主人请两班艺人同时动工，施工之时各自用布和竹篾隔开，直至竣工之时才拆去，让大家评判优劣，优胜者获得约占总造价三分之一的奖金。① "斗艺"之风促使手工艺人不断推陈出新，追求工艺品的精致，出现了许多精美绝伦的工艺精品。祠堂、庙宇、民居的兴建，带动了建筑装饰中的石雕、木雕、漆画、嵌瓷、潮绣等的旺盛，这一时期潮州的工艺美术达到了巅峰。

方志伟、郑和、李光荣《百鸟和鸣》麦秆画

---

① 林凯龙：《潮汕老屋》，汕头大学出版社2004年版，第270页。

游神赛会是潮州民俗的重要组成部分。"正月灯，二月戏"，潮州有着诸多游神赛会活动，特别是潮州城区青龙古庙每年正月的"营大老爷"，鼓乐喧天，爆竹震耳，百戏纷呈，喜气洋洋；各种花灯美景，还有潮剧、木偶戏表演、猜灯谜、赛剪纸、赛泥塑、"安仔屏"等，令观众目不暇接。可以说，从供品、布置到摆设，游神赛会几乎涵盖了潮州所有的民间工艺。如各式供品装饰上寓意吉祥如意的剪纸，佛殿、厅堂上装饰的彩楣、床裙、幢幡、宝盖等刺绣品，以及潮剧表演使得剧服、道具等需求量激增。由此可见，游神赛会这一独特的民间民俗活动，既给潮州优秀的传统工艺产品提供了一个展示的舞台，又极好地弘扬了民俗文化、提振了当地经济。

综上所述，屋宇建筑、民风民俗是近代潮州工艺美术发展的动力。1860—1939年是潮州工艺美术的重要发展阶段，它经历了明清两代几百年的传承，又经受了西方文化的冲击，本土文化与外来文化在这里交汇、碰撞、融合、升华，形成了地域文化艺术的多元性、开放性、包容性的显著特征，潮州工艺美术的技艺水平达到空前高度。近代以来，侨乡潮州在华侨资本的推动下，在"显富""攀比""斗艺"之风的推动下，潮州工艺美术水平被推至高峰。

二 现代潮州工艺业的传承与振兴发展

（一）公私合营与轻工业形成（1950—1991）

新中国成立后，手工业逐渐得到恢复与发展，既能为工业化积累资本和外汇，又能通过手工、半手工制造，解决与衣食住行等相关的民生问题，因此受到党和政府的高度重视。党和政府按照"保护、发展、提高"的方针，进行了一系列挖掘、恢复和发展工作。潮州的手工业工人自发组织各种工艺生产组，从私营向小集体工艺生产发展，成立手工业工作队，帮助组织恢复潮州工艺美术的生产。

潮州嵌瓷

1950年，成立潮州彩瓷联营厂。

1951年，潮安县组成多个瓷器联销组，饶平县成立窑民协会，城内成立潮州顾绣公会。

1952年，城内成立多个抽纱刺绣社①，组成针织业公会。

1954年，潮州第三街道办事处创办全省第一个工艺美术"刺绣生产组"。②

118

1955年，潮州文化馆在开元路组建潮州民间工艺合作社。

1956年，潮州工艺行业建立了木雕、首饰、彩瓷、爆竹、竹帘、麦秆等生产合作社（组），潮州抽纱公司的顾绣部，在合作化中改为地方国营潮绣厂。③

潮州市抽纱公司《双凤朝牡丹》玻璃纱精工绣花台布

在各个工艺美术单位组建的同

---

① 潮州市工艺美术志编写组编：《潮州市工艺美术志·综合篇》，内部资料，1986年，第25-26页。

② 潮州市工艺美术志编写组编：《潮州市工艺美术志·大事记》，内部资料，1986年，第2页。

③ 潮州市工艺美术志编写组编：《潮州市工艺美术志·综合篇》，内部资料，1986年，第26页。

辜柳希《宣炉罩》小叶紫檀精雕　　李得浓《憩息之舟》金漆木雕

时，为加强手工业的社会主义改造，1954年，潮州市成立手工业科；1955年，潮州市及潮安县成立手工业联社。①各级手工业管理机构的相继成立，形成了自上而下的完整组织管理机制，加强了对手工业企业的领导。

经过社会主义改造，潮州工艺美术从传统的手工作坊逐步转型升级为大中小型的专业生产厂，产品的产量、产值、种类等方面都得到显著提升。新的生产关系不仅促进了传统工艺美术的生产发展，手工艺人的收入水平与社会地位也随之提高，进而推动工艺美术在手工业中所占地位不断提升。

1957年后，潮州工艺美术行业进入全面发展与提高阶段。

1958年5月，潮州市手工业联社建立潮州市国营丝衣厂；同年9月，潮州木雕生产社与剪纸、花灯、银饰等社合并为地方国营潮州市特种工艺厂。②

---

① 潮州市二轻工业公司编：《潮州市二轻工业志》，内部资料，1986年，第186页。
② 1957年1月，贺槐青、沈金炎、陈玉津、周桂等人发起组织剪彩工艺生产合作社，地址位于开元路开元寺侧对面。1958年5月，剪彩工艺生产合作社改为潮州市剪纸花灯生产合作社，理事会主任为沈金炎。同年9月，并入地方国营潮州市特种工艺厂，地址位于东平路老君堂及文园，厂部设于文园。资料来源：1960年中共汕头地委组织部干部履历档案资料。

1958年底至1959年初，全国各地在手工业集体经济中掀起一股"转厂过渡"的浪潮。潮州也随时代潮流大搞并社，转为国营厂，例如国营潮绣厂、国营丝衣厂、国营彩瓷厂、国营工艺厂。而以竹木为原料的工艺社被并入竹、木国营厂。

1964年，成立潮州市二轻绣衣厂。

1965年，组建潮州机绣社和剪纸绣品工艺社。

1966年，成立工艺美术公司，专管市区各工艺美术生产工厂。[①]

"文革"期间，潮州工艺美术行业受到强烈冲击，一些民间传统题材的工艺产品不得不停产，转产红色题材的工艺产品。潮州工艺美术行业在曲折中摸索发展，经过一段时间的生产调整，市区生产的抽纱、麦秆贴画、剪纸，枫溪生产的瓷塑、通花瓶等产品通过中国香港及新加坡转销东南亚各地。

陈钟鸣《绣》瓷塑　　　　　郑金发《天香蝶韵》天球瓶

改革开放之后，国家在政策、资金、对外贸易、外汇管理等方面采取了一系列扶持措施，着力推动工艺美术企业往外向型企业生产发展。

---

① 马芝济、蔡启明、林木琴整理：《潮州工艺美术沿革概述》，载政协潮州市文史资料征集编写委员会编：《潮州文史资料》第六辑，内部资料，1987年，第72页。

1979年，原潮州镇工艺、刺绣公司改称为潮州市工艺公司和潮州市刺绣公司。

1980年，潮州市委决定将工艺美术、刺绣服装两家公司升级为局级公司，潮安县二轻局建立县工艺美术公司。

1983年，县、市二轻局合并为潮州市二轻工业局，原县工艺美术公司撤销，并入市二轻工业局生产股。

1984年，潮州市政府决定取消潮州市二轻工业局，将原工艺、刺绣两工业公司合并为潮州市工艺美术工业公司，而后属下发展至36家工艺厂（见表1），设有工艺美术装饰服务部、工艺美术经济技术开发公司、旅游产品生产供应公司、工艺美术研究所、刺绣研究所、工艺美术工业供销公司等单位，还组织了潮州工艺美术协会。全公司形成了具有33个大品种、55个种类的生产规模（见表2）。自此，潮州市工艺美术工业公司走上行业管理轨道。[①]

表1　1985年潮州市工艺美术工业公司属下36家工艺厂[②]

国营潮绣厂	国营丝衣厂	二轻针织制衣厂	潮安针织服装厂	潮安机绣服装厂	凤艺服装厂
竹器厂	潮安厘竹工艺厂	竹篷厂	潮安竹制品工艺厂	工艺一厂	工艺二厂
金木雕厂	玉雕厂	竹帘工艺厂	竹制品工艺厂	潮安塑料玩具厂	潮安竹器工艺厂
绣衣厂	机绣服装厂	机绣一厂	机绣二厂	机绣三厂	新兴工艺厂
金银制品厂	彩瓷总厂	火药制品厂	潮安工艺彩瓷厂	潮安工艺陶瓷厂	潮安首饰工艺厂
潮安抽纱厂	潮安第三服装总厂	潮安绣品工艺厂	潮安绣衣服装厂	潮安第二机绣厂	二轻纺织品厂

---

① 马芝济、蔡启明、林木琴整理：《潮州工艺美术沿革概述》，载政协潮州市文史资料征集编写委员会编：《潮州文史资料》第六辑，内部资料，1987年，第73页。

② 潮州市工艺美术志编写组编：《潮州市工艺美术志》，内部资料，1986年，第2页。

表2　1985年潮州市工艺美术产品种类①

潮绣	童装	绣衣	机绣	抽纱	珠绣	戏服、道具
通锦绣	钩针编结	针织衣	喷绣室内装饰品	手巾	金属片袋	棉、羽服装
发绣	潮州金漆木雕	玉雕	石雕	竹雕	粿模	红木家具
粉塑	金银首饰	仿古铜器	麦秆彩画制品	宗教画与裱画	木版年画	塑料玩具
竹木玩具	香包与刺绣玩具	竹制品	藤制品	潮彩	粉彩	印彩
紫砂陶品	日用陶瓷	瓷板画	美术瓷	通花瓶	嵌瓷	爆竹、烟花
彩扎	花灯	纱丁	灯罩	浮洋泥塑	木偶	剪纸
木屑聚花工艺	皮影	风筝	漆器	潮州金漆画	螺钿镶嵌	

这一时期，潮州工艺美术行业在国家有关政策的指导下，经历了对私改造、公私合营，逐步组建起集体、国有的轻工系统的发展阶段。同时相关企业还在潮州市政府的引导下加强传统技艺与现代科技融合，通过新材料、新技术创新产品，丰富潮州工艺美术品种，从而提高市场竞争力。例如，潮州丝衣厂等工艺美术企业从改革工具入手，自制各种小型机具设备，代替原来的手工操作。至此，潮州工艺美术开始逐渐走上机械化、半机械化生产的发展道路，既降低了工人的劳动强度，又提高了生产效率和经济效益。

（二）民营国企与产业集群（1992—2020）

1991年12月，潮州市升格为地级市，并成立了湘桥区人民政府。
1992年7月，潮州市人民政府下发《关于市经委原属下十一家行

---

① 潮州市工艺美术志编写组编：《潮州市工艺美术志》，内部资料，1986年，第2页。

陈锡藩《春山访友图》瓷板画

政性公司转轨变型问题的批复》："重新组建宏兴、潮绣、彩瓷、无线电瓷件、二轻、工艺美术、陶瓷、机电、电子、塑料皮革、纺织、医药等实体（集团）性公司和一家事业单位。"①随后，潮州各工艺美术企业根据市场的特性及所有制的不同，"拆大化小""一厂一策"，国营和集体企业纷纷改建、解体，变革为企业集团或合作社。经过改革，民营企业、私营企业和个体企业在国家政策的支持下迅速崛起，企业脱离计划经济体制的束缚，进入自由开放的市场经济中，为工艺美术产业的发展注入新的活力，并逐渐成为工艺美术行业的主体。潮州工艺美术行业从此进入一个转型发展的新阶段。

123

另外，20世纪90年代，中国凭借丰富的劳动力资源和低廉的劳动力成本两大优势在国际贸易竞争中脱颖而出，积极承接来自国际上如日本等地的大量劳动密集型企业的产业转移。1992年10月10日中美签订《中美谅解备忘录》，是中国申请加入世界贸易组织（WTO）的起点。外国企业，特别是跨国公司开始在我国进行大规模、系统化的投资，极大地促进了中国经济的发展。

潮州新城区往西扩，促使一些刺绣服装、工艺陶瓷及特种工艺厂

① 潮州市人民政府：《关于市经委原属下十一家行政性公司转轨变型问题的批复》（1992年7月17日）。

在新区设厂，扩大生产规模。其中，潮州的陶瓷、潮绣（服装）行业抓住国际产业结构调整和转移这一有利契机，进行转型升级，推动潮州的陶瓷、服装制造业两大工艺美术产业从低端走向中高端，规模日益壮大，成为潮州的支柱产业。

李克生《水上漂》鼻烟壶

经过近30年的发展，潮州的工艺美术产业集群已颇具规模。在2019年，全市工艺美术产业总产值约360亿元，工艺美术企业总数2398家，销售收入320亿元，出口额26.23亿美元。[①]依托传统陶瓷工艺创新发展的陶瓷产业是潮州市第一大支柱产业，对整个潮州市工业总产值的贡献有三成之多，潮州陶瓷产业配套完整，集聚效应明显，已成为国内产业链最完整的陶瓷产区，正迈向千亿陶瓷产业集群。依托潮绣工艺创新发展的婚纱晚礼服产业，在2005年产值已近80亿元[②]，现已成为国内外最大的婚纱、礼服生产集聚地和出口基地。这两大产业的发展不仅给潮州创造了巨大的经济效益，还让潮州在国内外享有"中国瓷都""中国婚纱礼服名城""中国工艺美术之都""中国民间工艺传承之都"等美誉。

三　当代潮州工艺业的重构与高质量发展

2018年随着中美贸易战的开始，国外贸易环境不断变化，国内对生态环境、自然资源和密集型生产力等发展理念的转变，在"加快形成以国内大循环为主体、国内国际双循环相互促进的新发展格局"的

①　《潮州中国工艺美术之都2020年复评材料》，内部资料，第4页。
②　李炳炎主编：《潮州工艺美术（1860—2019）》，广东人民出版社2021年版，第26页。

麦秆贴画《锦上添花》

背景下，潮州工艺美术行业如何克服技艺人员老年化、产业工人数量规模逐年下降且青黄不接？如何扭转长期依赖外销市场等现状？这些问题值得深思，下文就新形势下对当代工艺美术行业的重构进行初探。

（一）新时代与大趋势

2020年10月12日，习近平总书记视察潮州时指出："潮州文化具有鲜明的地域特色，是岭南文化的重要组成部分，是中华文化的重要支脉。以潮绣、潮瓷、潮雕、潮塑、潮剧和工夫茶、潮州菜等为代表的潮州非物质文化遗产，是中华文化的瑰宝。"习近平总书记为潮州文化复兴和未来的发展指明了方向，潮州作为国家历史文化名城和"中国瓷都""中国工艺美术之都""中国民间工艺传承之都"，在新的历史时期，潮州工艺美术的发展方向也应从振兴发展转向高质量发展，这是历史发展必然的大趋势。

近年来，潮州各级政府部门为强化顶层设计、推动文创产业加快发展相继出台了关于工艺美术、非遗传承的相关政策法规。如2019年6月出台《关于进一步加强培养扶持工艺美术人才的实施意见》、2021年制定了《潮州市传统工艺美术保护与促进条例》，从地方性法规的层面加强对传统工艺美术的保护，形成传承保护、人才培养、鼓

手拉壶《自在提梁壶》　　　　　谢华《湘桥春涨》提梁壶

励创新、行为规范等制度体系；2021年2月2日在潮州市第十五届人民代表大会第七次会议上提及的《潮州市"十四五"文化发展改革规划》①，制定出台工艺美术产业发展规划，全力推进工艺美术产业转型升级和高质量发展。潮州提出的"八个一工程"，即"一个方案：《潮州市促进工艺美术产业发展行动方案（2021—2023年）》；一个产业：工艺美术产业；一个展馆：潮州工艺美术展馆；一个学院：潮州工艺美术技工学院；一批大师：国家、省、市级工艺美术大师；一部宣传片：潮州工艺美术宣传片；一个集聚区：工艺美术大师工作室集聚区；一个基金：潮州工艺美术基金"。其中《潮州市促进工艺美术产业发展行动方案（2021—2023年）》从加强法制保障工作、强化产业发展规划、优化产业空间布局出发，注重系统性谋划、支持、建设、传承、推广运营，围绕发展路径、发展环境、产业平台、人才培育、产业品牌、市场运作等方面，列出46项重点工作任务，不仅列出了主要措施、具体工作任务，还明确了各责任单位和计划完成时间，绘就今后三年工艺美术发展的路径图，提出了到2023年，潮州工艺美术产业转型升级和集聚发展收获显著成效，工艺美术产业总产值达到

---

①　《潮州市政府工作报告》，《潮州日报》2021年2月9日。

400亿元的目标。目前，潮州拥有工艺美术大师283人，专业人才170人，其中工艺美术人才50岁以上占41%，40岁至50岁占32%，30岁至40岁占21%，30岁以下占5%。人才结构出现青黄不接的现象，在未来的人才培养上，应鼓励高校专业人才毕业后从事工艺美术工作，通过师带徒、群体培训等形式对青年人的就业、创业给予扶持，使更多的30岁以下青年人加入工艺美术行业中来。

通花贴塑瓶《玉立》

（二）"双创"与观念转变

2016年5月，习近平总书记在哲学社会科学工作座谈会上提出"要推动中华文明创造性转化、创新性发展，激活其生命力，让中华文明同各国人民创造的多彩文明一道，为人类提供正确精神指引"。我国从物质、精神两个文明建设转向"创造性转化、创新性发展"。从潮州工艺美术行业出发，新形势下如何打造潮州工美IP，离不开精准的目标定位和创新方向、内容挖掘的深度与广度，更离不开长远规划性的生态周期。因此，将潮州传统文化与当代生活方式相融合，从而实现工艺美术产业向"双创"发展。

潮州工艺美术行业应通过转变观念，以国际化视野发展美学经济。美学经济是指将美感生活和产业发展相结合的商业活动，可带来巨大财富。这是一个创造性的转化过程，潮州乃至全国在新形势下，主导行业已从农业、工业过渡到现代服务业，在保护生态、节约资源的可持续发展理念的指引下，生产方式从制造转为"智"造；工艺美术品也应由商品、玩品、藏品的"基本必需品"升级为"收藏、感觉、满足自我"的艺术品。因此，工艺美术的从业人员首先应具有国际观的审美视野，注重美学的体验和传承，融合品牌、形象、行销策

蔡秋权《彩绘观音送子瓶》　陈仰中《堆金牡丹花鸟天球瓶》

林鸿禧《五彩寿星》瓷塑

划，从而实现更大的美学经济价值。我们应对工艺陶瓷、刺绣服装等工艺美术产业进行创新设计，在美学经济与国际化中扮演重要角色。例如，潮州传统刺绣从改革工具入手，自制各种小型机具设备，代替原来的手工操作，到使用现代化的服装机械，逐渐形成机绣产业；"水仙花"牌绣衣在获得全国百花奖金杯奖后，绣衣厂积极拓展内销市场，经济效益收获斐然；又如1993年，潮州市潮绣厂通过股份制改造，成立广东名瑞（集团）股份有限公司，开拓出一条传统潮绣与服装业相结合的道路，现如今潮州已有三四千家婚纱、礼服、箱包等相关行业的企业，成为享誉海内外的"中国婚纱礼服名城"。

（三）"双+"与经营转变

随着中华传统文化的复兴与产业的融合发展，"文化+"概念应运而生。这里的所谓"文化"，既可以指世界观、价值观和方法论及其他社会发展理念等核心内容，也可以指一定区域内的人文历史、风土人情等文化元素。而所谓"+"者，就是加入、融入；"文化+"就是全方位、多领域、多视角的全面性的融合式发展新理念。我们依据这一理念，设想以传统文化为资源，以工艺美术为手段，以产品为载体，便可打造出一个新的经营业态，故此，对潮州工艺美术行业提出

玉雕薰炉

银镶嵌玛瑙鼻烟壶

银镀金八仙通花瓶

了"文化+工美"和"大师+品牌"的发展方向展望。

目前，潮州手拉朱泥壶出现了个体、群体共同发展的趋势，由于这一行业投入少，技艺入门快，容易产生效益，能够让更多年轻人加入这个行列的经营，他们除掌握手拉胚制壶之外，在经营场所营造佛道氛围，植入潮州传统文化，营造一种古典氛围。

"文化+工美"主要是指把潮州文化元素融入潮州工艺美术产业领域中，促进文旅、文创、非遗等方面的发展，使产品具有更鲜明的潮州文化属性，适应逐步精细化和个性化的市场需求。任何企业的发展，都是为了通过市场运作获取经济效益，因此，市场是企业长久经营的活力源泉。企业通过引入高水平专业技术人才以及开发新材料、新技术、新工艺，从而提高自身产品在市场中的竞争力。潮州工艺美术行业应顺应新形势大胆求新、求变、求市场、求发展，并在相关政策的指导下推进村镇工业集聚区升级改造，采取有效措施提高工业用地容积率，使原来落后的工业园区焕发新光彩，促使行业转型升级。在大企业

129

珠绣画《郁金香》

康慧芳《金色中华》钉金双面绣

完成高质量发展的同时通过政策扶持将大师经营的家庭式作坊打造成"大师+品牌"的中小企业,将大师创作的精品和大师经营的企业生产的产品与电商融合,让潮州文创产品、工艺美术品走进千家万户,实现精品化、产业化双发展,提升传统工艺美术的市场竞争力;同时利用大师在业界的影响力建造"大师园""产业园""艺术馆",丰富潮州工艺美术的文化内涵;鼓励大师进校园,传授非遗技术,培育学生对工艺美术的兴趣;并以潮州古城区为平台,开展技艺体验助推文旅、文创发展,以大师德艺双馨的形象,营造人文潮州,使潮州"中国工艺美术之都"的知名度、影响力更上一层楼。同时,创作出年轻人能够接受的工艺美术作品,沿着海上丝绸之路销往东南亚一带,以此让海外潮人记住乡愁,拉近潮人之间的血缘、业缘关系,这对推动互联互通、共创双赢,意义重大。

综上,潮州工艺美术行业在新形势下,通过转变从业者的经营理念与经营手段,将"文化+工美""大师+品牌"跨界融合,以市场驱动产业发展,促进人才、技艺、展示、营销等方面的提升,实现潮州工艺美术行业从振兴发展转向高质量发展。

四 结论

本文从学术角度就近代以来潮州工艺美术的发展、变化，以及新中国成立以来，工艺行业的产业化发展、管理机构沿革作了梳理；同时针对当前工艺美术的现状，对未来的发展趋势作了分析。

提出潮州工艺行业在"加快形成以国内大循环为主体、国内国际双循环相互促进的新发展格局"的新形势下，应秉持"文化+工美""大师+品牌"的理念对行业进行重构，以提升行业的美学经济价值，实现潮州工艺美术的精品化、产业化、品牌化，开创传统工艺系统化、分类发展的新格局，实现"创造性转化、创新性发展"，使潮州工艺美术行业从振兴发展转向高质量发展。

香火堂上云锦灿
——潮绣艺术形成初探

陈贤武

潮州市图书馆图书资料馆员、潮州市文化遗产保护专家库成员

摘　要： 本文从历代地方文献爬梳剔抉，以文献为依据，考证潮州刺绣的历史及至清末形成了自家流派，成为中国四大名绣——粤绣的重要组成部分。对认为"顾绣"作为潮绣是宣传广告作用，提出自己的见解，认为是通过潮商贸易引进了苏绣等外地绣种，而商品竞争又促使刺绣艺人用心钻研技艺，学习融合外地绣种之长处，潮州的刺绣水平因此得到迅速提高，到了清末，有了自己鲜明又比较稳定的风格特征。

关键词： 潮绣；顾绣；潮商；流派

一

潮绣是一种具有浓烈地方特色的工艺。清代，苏绣、蜀绣、湘绣、粤绣并称中国四大名绣。粤绣有两大派系，即以广州为中心的广绣和以潮州为中心的潮绣。

潮绣，是潮州地区民间刺绣艺术的统称，以绣艺精美细致、构图均衡饱满、针法变化多样、色彩亮丽又具立体感而有别于其他绣种。新中国成立前未有"潮绣"之称，后因产量和出口大量增加，1962年被广东省人民政府定名为"潮绣"。主要分布于汕头、潮州、揭阳三个地市区域范围内，其中以潮州生产的刺绣最具代表性。2006年5月，粤绣（潮绣）被列入第一批国家级非物质文化遗产名录民间美术类，项目编号Ⅶ-20。

刺绣是中国传统民间工艺的一种，因多为妇女制作，故时称为"女工"或"女红"。中国刺绣工艺的起源很早，汉代已经有了关于刺绣的文献记载，也有绣品实物保留至今。且流传很广，地不分南北，人不分民族，几乎在中国的每个角落都有这种工艺的存在。可以毫不犹豫地断定，在潮州民间，早就有了刺绣工艺。

民间流传着一则跟刺绣有关的"姑嫂鸟"故事。这则口碑资料的产生时间，现在已很难确定。由于织物易于腐朽，古代的绣品很难保存到今天。而历代文献又多不屑于记录"奇工淫巧"，因此，要考定潮绣的源头，殊属不易。有一种颇有影响的观点，认为始建于唐玄宗开元二十六年（738）的潮州开元寺，规模宏大，当年寺里的幡盖等绣品，按理须就地取材，这应是唐代潮州刺绣已达到相当水平的旁证。但因缺乏有说服力的依据，只能是推测之词。

唐代苏鹗《杜阳杂编》卷中载：贞元元年（785），南海贡奇女子卢眉娘，年十四，"能于一尺绢上绣《法华经》七卷，字之大小不逾粟粒，而点画分明，细于毛发。其品题章句，无有遗阙。更善作芭仙盖，以丝一缕分为三缕，染成五彩，于掌中结为伞盖五重，其中有十洲三岛、天人玉女，台殿麟凤之象而外，执幢捧节之童，亦不啻千数。其盖阔一丈，秤之无三数两"①。秦汉时，潮州隶属南海郡，但隋代已置南海县，故上文之"微绣奇女"，其籍里应属南海县。不过唐代岭南绣艺既已如此精细，同处一道（省）的潮绣多少能得其沾溉、影响，似在情理之中。②

目前可知，最早提及潮绣的文献，是宋宝祐二年（1254）潮州

香火堂上云锦灿——潮绣艺术形成初探

---

① 上海古籍出版社本社编：《唐五代笔记小说大观》下，上海古籍出版社2000年版，第1381-1382页。

② 陈贤武：《潮绣艺术综述》，载政协潮州市委员会文史编辑组编：《潮州文史资料》第26辑，2006年，第170-171页。

知州陈炜《湖平唱和诗》（诗刻今存潮州葫芦山中麓）[①]，其颈联："朱幡影里绣屏好，绿盖香中画舫行。"意思是：太守夏日游湖，画舫在绿漪荷香中徐行，微风轻拂，红旗舒展，在丽日辉映下展示出一幅幅精美的绣屏。遗憾的是，太守只抒写出美的感受，却未能提供更多的有关工艺方面的记录。但迟至明代，则可知在嘉靖万历年间，刺绣已经是潮州妇女所熟稔的手工。如明嘉靖《广东通志·民物志一·风俗·潮州府》："良家妇女，勤于纺织。"[②]明代潮州戏文：嘉靖四十五年（1566）刻本《重刊五色潮泉插科增入诗词北曲勾栏荔镜记戏文全集》中，有"五娘刺绣"一出，写五娘在闺中思念恋人陈三，婢女益春请她刺绣解闷：

益春：（念）捧着绣篮出绣房，金刀金剪尽成双。画花粉笔尽都有，五色线绒绿间红。

（唱）安排绣床闺房东，挂起罗帐脑麝香。针线箱绣篮，益春常捧，内有五色线绒绿间红，铜箱交剪对金针。

……

（白）请阿娘刺绣。

五娘：（白）拙时针线停歇，不免绣一光景解闷。

（唱）尽日无事整针线，逍遥闲闷心无挂。针穿五色绒共线，绣出麟毛千万般。[③]

明万历刻本《重补摘锦潮调金花女大全》中也有"金花挑绣"[④]一出。这两出戏，非常具体地描写了明代潮州民间刺绣的种种情况。

---

① 谢逸主编：《潮州市文物志》，1985年，第5-30页。

② 广东省地方史志办公室辑：《广东历代方志集成·省部》（二），岭南美术出版社2006年版，第535页。

③ 杨越、王贵忱编：《明本潮州戏文五种》，广东人民出版社1985年版，第477-479页。

④ 杨越、王贵忱编：《明本潮州戏文五种》，广东人民出版社1985年版，第774-777页。

清代潮绣彩眉

妇女在绣房、绣厅刺绣，倚绣床，张绣筐，针黹用具针线箱、剪刀、金针、五色绒共线，还有用来画花的粉笔。绣品内容有孤鸾戏牡丹、鹦鹉枝上宿、犀牛望月、四时光景等等，正是民间工艺美术最常见的题材。到清代，地方志书对潮州刺绣也多有记载。

清乾隆《潮州府志·风俗·术业》：

> 妇女多勤纺绩，凡女子十一二龄，其母即为豫治嫁衣，故织红刺绣之功，虽富家不废也。[①]

道光《广东通志·舆地略十一·风俗二·潮州府》：

> 女红针黹纺绩，鲜抛头露面于市廛，胼手胝足于陇亩者。
> 妇女勤女红，虽布帛盈箱，不弃麻枲。[②]

光绪《潮阳县志·艺文》载清代陈作舟《潮阳竹枝词》：

> 绣罢小姑绩苧忙，机声遥度女墙红。

---

① 广东省地方史志办公室辑：《广东历代方志集成·潮州府部》（三），岭南美术出版社2009年版，第131页。
② 广东省地方史志办公室辑：《广东历代方志集成·省部》（一六），岭南美术出版社2006年版，第1571-1572页。

织成不向街头卖，待嫁郎时好衣郎。①

潮绣就是在这样一种厚实的民间工艺活动基础上形成的。

蔡鸿生在《清代苏州的潮州商人：苏州清碑〈潮州会馆记〉释证及推论》一文中认为："在清代的国内市场上，潮州商人是一股相当活跃的力量。他们多年从事的季节性海运贸易，使潮州货享誉大江南北，尤以下列三种为著：一'潮白'，蔗汁熬成的白糖，见张德彝《四述奇》卷十五；二'潮蓝'，扬州染房使用的蓝色染料，即李斗《扬州画舫录》卷一所记的'蓝有潮蓝，以潮州得名'；三'潮烟'，即刘鹗《老残游记》第五回描述的'兰花潮烟'，是用泽兰子拌制而成，专供吸水烟之用的皮丝烟。"②

潮州商人利用江南和家乡潮州特殊的经济结构和地理条件，以江南的重要都市上海和苏州以及港口乍浦等为基地，创建商业会馆，如撰于清乾隆四十九年（1784）的苏州《潮州会馆记》记载："我潮州会馆，前代创于金陵，国初始建于苏郡北濠，基址未广。康熙四十七年（1708），乃徙上塘之通衢。"③以地域团体的力量，大规模、远距离地从事潮州与江南之间的沿海贸易，成为明清时期从事沿海贸易的极为重要的地域商帮。潮州商人将家乡盛产的蔗糖等特产源源不断输入江南，并转销江南各地甚至出口到日本，为江南各地提供了必不

① 广东省地方史志办公室辑：《广东历代方志集成·潮州府部》（一五），岭南美术出版社2009年版，第509页。
② 汕头大学潮汕文化研究中心、汕头市潮汕历史文化研究中心编：《潮汕文化论丛初集》，广东高等教育出版社1992年版，第182页。
③ 汕头大学潮汕文化研究中心、汕头市潮汕历史文化研究中心编：《潮汕文化论丛初集》，广东高等教育出版社1992年版，第187页。

可缺的调味品；又从江
南装运回为数繁多的大
宗产品棉布、棉花、生
丝、丝绸，以及转输回
东北和山东等地的大
豆、豆饼等商品，以补
家乡经济结构之不足，
并将较多的生丝、丝
绸、棉布等转输出口往

清代潮绣舞龙床裙

西方各国，在沿海贸易乃至对外贸易中发挥出重要作用。清道光《广
东通志·舆地略十一·风俗二·潮州府》："潮民力耕多为上农，夫
余逐海洋之利，往来乍浦苏松，如履平地。"①嘉庆《澄海县志·艺
文》有清代陈芝所撰写的《建南门外天后庙记》说，当时潮商从事长
途贩运，"贸易数省，上溯津门，下通琼趾。布帛菽粟，与夫锦绣皮
币之属，千艘万舶，履焉如夷"②。

因此，蔡鸿生在文章中说："可以设想，染上吴俗的潮商，很
可能成为向潮州地区传播的媒介"，并"对区域文化的外来因素略作
浮光掠影的考察"，认为在园林、灯谜、茶具、语词上产生了一定影
响。③其实在刺绣方面的影响也是较大的。

潮州的绣店又用"顾绣"自称，据说是明嘉靖年间（1522—

---

① 广东省地方史志办公室辑：《广东历代方志集成·省部》（一六），岭南美术出版
社2006年版，第1571页。

② 广东省地方史志办公室辑：《广东历代方志集成·潮州府部》（二七），岭南美术
出版社2009年版，第643页。

③ 汕头大学潮汕文化研究中心、汕头市潮汕历史文化研究中心编：《潮汕文化论丛初
集》，广东高等教育出版社1992年版，第186-187页。

1566），曾得到上海顾姓师傅的传授，"开创了凸绣方法"①。清代顾张思撰《土风录》卷六：

> 刺绣称顾绣。案，前明松江府顾氏女善绣，因得名。华亭周茂源子纶撰门联，云："问文章似谈笺顾绣，换得钱无？"二物皆松江土产。吴园次《韩绣行》云"泖水曾传顾氏娥"，指顾绣也。②

顾绣发源地为上海露香园，创始人现今公认为"顾姬"，顾家三代女眷为代表人物，发展并发扬了宋代绣画艺术。但露香园何时建成及顾姬之生卒年均不可考，因此顾绣始于何时现今难以确考。有研究者认为，露香园造园年代的下限是"隆庆年间"③。现今顾绣作品最早见于记载者，为叶元龙家藏《饮中八仙图》，款"辛丑维夏制"，为明万历二十九年（1601）④。所以可以推测顾绣产生时间不出明隆万时。

顾绣诞生于上海，松江华亭归于吴地，元代以前曾属苏州，从地域看顾绣属于苏绣没有问题。如1914年10月27日的《时报》刊登出一则消息《顾绣出品（展品）展览》载：

---

① 黄挺：《潮汕文化源流》，广东高等教育出版社1997年版，第196页。此句后尚有"这恐怕也是广告式的宣传罢了。……因为顾绣在明清之交名噪一时，各地以刺绣为业的店铺，也常以顾绣为标榜，称为顾绣庄。潮州的绣庄，大概也难免此俗"。第196-197页。

② 〔清〕顾张思撰，曾昭聪、刘玉红校点：《历代笔记小说大观·土风录》，上海古籍出版社2016年版，第87页。

③ 黄逸芬：《顾绣新考》，载上海博物馆编：《顾绣国际学术研讨会论文集》，上海书画出版社2010年版，第24页。

④ 邓之诚：《骨董琐记》，中国书店1991年版，第144页。《骨董琐记》卷五："予友叶元龙家，藏顾绣《饮中八仙图》，署'辛丑维夏制'。款曰露香园，有朱文露香园图章，白文虎头方印。按：辛丑为万历二十九年，时尚宝尚存，非张韩所作也。"

> 刺绣为吾华唯一擅长之美术，各省出品之以此名者不少，而
> 要以苏属之顾绣为尤。①

当时松江府、苏州府同辖于江苏省"沪海道"的行政区划之下，"苏属之顾绣"，无疑点明了顾绣与苏绣的亲缘关系。

潮绣的刺绣品使用平金工艺的很多，几乎每件刺绣品中都有平金，大部分平金中加彩色合股线，用来显示图案的纹路。而这种工艺则始于苏绣。苏绣的平金针法基本上是按照画稿图案的最大边缘由外向里缠绕，善于用金线与金线之间的空白来显示图案，即根据需要留出相应的空白，使图案层次更加清晰。应用平金工艺最多的地方绣种除潮绣外，其次蜀绣、北京绣，均传自苏绣。②潮绣是否也一样，令人不能不产生联想，故《潮绣在社会主义改造中得到新生》一文言："明嘉靖年间，上海艺师顾寿潜在上海开设'露香园绿苑'传授刺绣技艺，名声大振。后移居潮州，其妻韩希孟擅长画绣，无论山水虫鱼，巨龙猛兽都入其画绣之中。夫妻二人以画赋艺，以艺赋形。潮人把刺绣冠以顾氏之绣，销途畅通，遂成为国内雅俗共赏的艺术精品。后代潮绣商人为纪念顾家夫妇，把潮绣易名顾绣。自此，潮绣名气更盛。"③这说法让其镀上了一层传奇色彩，在不排除有传说、广告宣传之作用外，也说明并非空穴来风。

上文说过潮绣"开创了凸绣方法"，其实这个方法在苏绣、蜀绣、京绣、（武）汉绣等均有应用，非潮绣所特有。在沈寿口述、张謇整理的《雪宦绣谱》中有记载："肉入针：惟花卉木石宜之。肉入

139

① 薛亚峰、唐西林、杨鑫基编著：《顾绣》，上海文化出版社2011年版，第129页。
② 李雨来、李玉芳：《中国传世名绣品实录研究》，东华大学出版社2017年版第48、50页。
③ 中共广东省委统战部、中共广东省委党史研究室编：《中国资本主义工商业的社会主义改造·广东卷》，中共党史出版社1993年版，第651-652页。

者，普通品以细白棉线一层，先用铺针绷以为地，其上用长短针，与地之线文一纵一横，不可上下同势。花叶枝干，同以棉线衬丝线之里而厚之如肉，故谓肉入。初等普通花叶枝干皆一层；中等品分阴阳面者，阴一层，阳二层；精品阴一层，阳二层至三层，若因阳面光盛，亦可至四层。树石之大者，亦入棉絮为肉，随意用针以网之，疏若网然。肉之厚薄，阳厚而阴薄，薄至称地。揉絮时先须注意，上加铺针，盖以长短针，如前。若绣大幅，树干之大，至径三四寸，石之高至一二尺，阴阳光度，相去甚远，阴面极深处，亦可不用肉入针，而用长短针。"①从现存清代潮绣作品看，与沈寿记载几无差异。但潮绣在传承过程中吸取了本地的绘画（包括民间壁画）、雕刻（石、木、竹等）等工艺，并结合自己装饰艺术的特点，在绣品上用平金工艺把主要图案的下面用粗线或纸丁、棉花垫高，再把金线盘在上面，使图案凸起，更有立体感，这种方法也称"高绣""垫绣"②。与其他地方的绣品比较，潮绣的平金工艺更显厚重、夸张。而这种绣法所

---

① 〔清〕沈寿口述、张謇整理：《雪宧绣谱》，重庆出版社2017年版，第60页。《雪宧绣谱》是清末民初名震京华、载誉世界的苏绣大师沈寿（1874—1921）40年艺术实践的结晶，分绣备、绣引、针法、绣要、绣品、绣德、绣节、绣通等八章，有比较完整的阐述，堪为我国第一部系统总结苏绣艺术经验的专门著作。

② 高绣又叫垫绣，是将绣物的某一部分高高垫起，加以刻画，产生浮雕的感觉，一般用在绣制龙的眼睛，人物头像的开脸、垫鼻等部位，让其略微隆起，起到形象逼真的作用。高绣的绣制技术含量很高，如老寿星脸部的高绣处理技术高超，浑然天成，十分自然。但放在脸部的高绣如果处理不好，不仅达不到装饰的效果，还会影响绣制人物神态的传达。因为是装饰在服装的某个部位，所以不需要特别高的垫绣，但也要对人物脸部稍作处理。有时候，在刺绣时为了突出效果，会将绣物加入一层或几层底布，做好造型以后，再在上面进行刺绣，起到一个强调的作用。在现代刺绣中，粤绣常用此针法，但它隆起的高度较高。见赵静：《京绣的历史及现状研究》，武汉大学出版社2019年版，第93页。

用金线的含金量很高，绣出的刺绣品光亮不变色。[①]除宫廷及官方之外，也是考量了一个地区的经济实力水平。

潮汕地处闽粤之交，它的文化传统有着浓烈的海洋色彩。自古以来，潮人与海便结下不解之缘。渔业、海运、海上贸易有很长的发展历史，对本地居民的经济生活影响甚大。特别是到了明代中叶以后，潮州人口激增，本地可供垦拓的土地越来越少。向邻近地区移民，不免要受到地理环境和当地人口压力的双重限制。于是，潮人进一步向海洋发展，出海经商和移民海外的风气更加炽盛。至迟在明清之交，本地区已经形成一种不避冒涉风涛、向海外发展的传统。清代潮州方志，屡屡提到这种情况。例如清光绪《潮阳县志》说：

> 滨海以鱼盐为业，朝出暮归，可俯仰自给。至于巨商逐海洋之利，往来燕齐吴越，号富室者颇多。[②]

商品化农业和工商业的繁荣，使本地区涌现了大批殷富人家，其中大部分是商人。这些富商将积聚的财富，用于宅第的建筑，引起了本区聚落形态的新变。这种聚落形态的改观，从明中期就已经开始。明嘉靖《广东通志·民物志一·风俗·潮州府》："习尚大都，奢僭务为观美。""营宫室，必先祠堂，明宗法，继嗣重祀田。""富者厚祭田，营祠宇。"[③]在清乾隆《潮州府志》里有一段形象地描绘

---

① 在古代，纺织业领先于世界水平的中国人，成功研制出一种贴有黄金的线，名曰片金线，并广泛使用于高档纺织品中。其工艺简单地说就是把黄金敲成极薄的片，俗称金箔，然后黏附在特制的纸上，再切割成线，使用时根据需要嵌入纺织品中。若干年后，人们又发明了把金箔缠绕在丝线或棉线上的工艺，制成了真正意义上的圆形金线，名叫捻金线。由于其超常的靓丽、灿烂的效果，捻金线很快普遍使用在刺绣工艺上。见李雨来、李玉芳：《中国传世名绣品实录研究》，东华大学出版社2017年版，第17-20页。

② 广东省地方史志办公室辑：《广东历代方志集成·潮州府部》（一五），岭南美术出版社2009年版，第153-154页。

③ 广东省地方史志办公室辑：《广东历代方志集成·省部》（二），岭南美术出版社2006年版，第534-535页。

出本地区聚落景观的叙述："望族营造屋庐，必建立家庙，尤加壮丽。"虽然村坊市集里还有很多茅舍竹篱，而城里的房屋，大多数是门高墙厚，气派不凡。所属各县"闾阎饶裕，虽市镇亦多鸟革翚飞。家有千金者，必构书斋，雕梁画栋，缀以池台竹树"①。到嘉庆以后，本地的经济发展更上一层楼。许多乡村也修造宗祠，营建三合院或者四合院式的住房。高门大宅，不仅仅在城邑市镇才能见到。为夸耀乡里，富商们在建宅时，不惜资费，唯求豪华。这样的聚落景观，与毗邻地区有很大的不同，颇具地方特色。

清乾隆时，潮州府城成为广东第二大城市。城内和近郊"不务农业"的居民达十万户之多。②城中商贾云集，车马辐辏，外地商人来潮贸易，各自建有会馆、乡祠，作为聚会洽谈生意的场所。潮州城是闽粤赣边经济区域的贸易中心，也是繁华的旅游城市。东门之外，是最热闹的地方。四面青山，一带韩江，潮州的美景，多半聚集在这里。宋代建起的湘子桥，仍保留着梁桥与浮桥结合的特色，自明代就设立关卡，征收盐税及来往货船之各种税收，桥上除作交通外，又兴起了桥市成商业桥，成为很吸引游人的去处。③城边酒楼饭庄，江上花艇游船，歌吹相应，响遏流云。当时广东有俗语说："到广不到潮，枉向广东走一遭；到潮不到桥，枉向潮州走一遭。"④

① 广东省地方史志办公室辑：《广东历代方志集成·潮州府部》（三），岭南美术出版社2009年版，第130页。

② 〔清〕陈珏：《上当事救荒书》，乾隆《潮州府志·艺文·书》，载广东省地方史志办公室辑：《广东历代方志集成·潮州府部》（三），岭南美术出版社2009年版，第1017页。

③ 潮州自唐代已有官设盐场，至清初，潮盐须供粤、闽、赣三省三府二州二十九埠之所需，其课额近二十万引合四千七百多万斤，额征饷课银达十一万七千六百多两（中期以后增至十六万两）。"粤税之大者，无过此桥。旧属制府，用以克饷，今为税使有矣。"（〔明〕王临亨《粤剑编》）故历代皆设专卖机构以严格管理。清康熙初，乃设潮州盐运同知（简称"运同"），与潮州知府共主盐政。

④ 〔清〕金武祥撰，谢永芳校点：《粟香随笔》，凤凰出版社2017年版，第388页。

潮州人"敬神鬼重祭祀"，在古代地方志书上面记载不绝。今天这种风习，依然盛行不衰。20世纪末，周大鸣用他的人类学家的眼睛，对潮州归湖溪口村（凤凰村）做了考察之后，对本地区"重鬼神和祭祀"的风习有这样一段描写：

> 潮州人重鬼神，因此不论城乡，各种庙宇、"老爷生"（生，即诞辰）特别多。每一个村有村庙，村民有定期的祀奉活动；每个家庭祀奉财神、土地、观音；祖先崇拜包括家祭、墓祭和祠祭。岁时节庆都伴有村民的各类祭祀活动。一般的庙宇香火都很旺，如潮州城内的开元寺、韩祠、天后庙等，整天都是烟雾缭绕，祭拜的人络绎不绝。[①]

本地社会经济与文化的发展，则为潮绣的形成准备了条件。宗族和宗教祭祀的热烈，与此并生的地方戏剧的繁荣，造成对刺绣的需求，面对的客户主要是寺庙和家族祠堂、戏班等，主要生产桌裙、寿幛、神衣、戏服等，与潮州金漆木雕、精巧石雕、嵌瓷等相得益彰，形成巧夺天工、金碧辉煌的风格，具有浓馥的地方特色。

因此，以刺绣为业的店铺应运而生。据《潮州市志》记载，清乾隆时，潮州已有绣庄20余间，"西门外一带多为刺绣的工区，北门一带以绣人物为主，七娘宫一带以绣低档的粗床裙、双喜帐为主"。抗日战争前，"大小四十多家绣店多集中在西马路、仙街头、开元街一带"，规模较大的绣店有泰生、泰和丰、许炳丰等，经营范围各有所长：泰生、许炳丰两号，经营外销出口，接受海外客户订货，产品多为庙宇、寺院、神坛、经坛的大型高档绣品。林铭记、黄金盛等号，以制作戏剧袍服为主。宝成号以手杖木偶戏袍服为多。泰发号则以戏童、香包为专长。至于厅堂门彩、床裙、帐幛等产品，各号均有。成

143

大规模的商号"每家绣店出口额达一百多万元",绣品多出口至南洋群岛等地。①至20世纪七八十年代,潮绣发展到鼎盛时期,刺绣工业公司大规模商品化生产逐渐取代传统的家庭作坊方式,品类繁多。潮州从事潮绣的人员超过10万人,年产值超过1亿元,几乎"家家摆绣框,户户有绣娘",潮绣成为当地最大宗的出口创汇产品。

结 语

潮州的刺绣工艺从家庭手工作坊走向商业化,而商品竞争又促使刺绣艺人用心钻研技艺,通过"走出去""请进来"方式,学习吸收外地绣种包括苏绣等之长处,潮州的刺绣水平因此得到迅速提高,到了清末,有了自己鲜明又比较稳定的风格特征,潮绣这一流派于是形成。

诚如沈从文在《谈广绣》一文中已经说道:"广绣有一特征,为一般谈刺绣的较少道及,就是它始终不受较前或同时文人画影响,还保留女红传统中不可少的巧手慧心,以细密针线繁复色彩自出心裁来进行创作。正和潮州木刻近似,不受元明以来小说、戏剧、版画影响,独具匠心,来进行透雕浮雕,得到成就一样。"②沈从文所说的广绣,指的是广东刺绣,当然也包括了潮绣。

---

① 潮州市地方志编纂委员会编:《潮州市志》,广东人民出版社1995年版,第312页;林智成:《潮州刺绣概述》,载政协潮州市文史资料征集编写委员会编:《潮州文史资料》第五辑,内部资料,1986年,第44-45页。

② 沈从文:《龙凤艺术》,北京十月文艺出版社2010年版,第198页。

粤港澳大湾区战略背景下的潮州非遗发展研究[*]

冯菡子

韩山师范学院副教授、艺术学博士

摘　要：非物质文化遗产是粤港澳大湾区文化的重要组成部分。当前非物质文化遗产的保护得到社会的广泛关注，但所面临的传承与发展困境却依旧不容乐观，必然需要深入寻觅其可持续发展前景，才能推动非物质文化遗产蓬勃发展，助力大湾区建设。本文立足于《粤港澳大湾区发展规划纲要》相关规定，分析大湾区非物质文化遗产的发展现状，以大湾区中具有代表性的潮州非遗文化为例，探讨其可持续发展模式，即传承新模式与多元化发展途径。

关键词：粤港澳大湾区；非物质文化遗产；潮州非遗；发展模式

145

　　粤港澳大湾区是近年来中国社会建设与经济建设的重要区域，学者对大湾区建设的研究多集中于经济建设方面，而大湾区文化建设，尤其是当中的非物质文化遗产受关注的程度却不高。非物质文化遗产（简称"非遗"）是当前社会文化的重要组成部分，粤港澳大湾区在高速发展的同时，非遗的可持续发展同样是不能忽视的关键环节。本

*　本文系2021年度广东省教育科学规划课题（高等教育专项）"'一核一带一区'建设背景下的粤港澳大湾区非遗文化传承与创新发展研究——以潮州古城非遗文化为例"（2021GXJK090）、2021年度潮州市哲学社会科学规划项目"文脉传承与文化自信——潮州非遗文化的传承流变与当代创新"（2021-C-10）、岭东人文创新应用研究中心项目"潮汕非遗文化的保护传承与当代创新研究"2021年度韩山师范学院国家级培育项目"文脉传承与时代展望——潮汕地区非遗文化的传承流变与当代创新"（XPX202103）、2021年度韩山师范学院培养项目"粤东传统建筑艺术教化空间与伦理精神的当代运用"（XPN202102）阶段性成果。

文以潮州非遗为例，对潮州非遗展开深入调研，结合潮州非遗传承与发展现状的深入考察，探讨当前社会背景下潮州非遗的创新发展模式。

一 粤港澳大湾区与潮州古城非遗

（一）我国已制定的非物质文化遗产相关政策

2004年，中国宣布加入《保护非物质文化遗产公约》，2011年开始施行《中华人民共和国非物质文化遗产法》，至今中国政府已发布非物质文化遗产相关文件71份，涉及非遗传播、保护、传承与发展等各方面。非遗是中华优秀传统文化的重要组成部分，我国一直致力于保护非遗以及促进非遗的传承发展，2017年1月，中共中央办公厅、国务院办公厅发布《关于实施中华优秀传统文化传承发展工程的意见》，文件指出应当注重人民群众美好生活中对于非遗的需求，以非遗助力中华优秀传统文化繁荣发展。非遗无疑是我国社会文化建设的重点课题内容，理应引起社会大众以及研究学者的关注与重视。

（二）《粤港澳大湾区发展规划纲要》相关政策

中共中央、国务院于2019年2月印发《粤港澳大湾区发展规划纲要》，在第八章第二节"共建人文湾区"中，明确指出"塑造湾区人文精神。坚定文化自信，共同推进中华优秀传统文化传承发展，发挥粤港澳地域相近、文脉相亲的优势，联合开展跨界重大文化遗产保护，合作举办各类文化遗产展览、展演活动，保护、宣传、利用好湾区内的文物古迹、世界文化遗产和非物质文化遗产，支持弘扬以粤剧、龙舟、武术、醒狮等为代表的岭南文化，彰显独特文化魅力。增强大湾区文化软实力，进一步提升居民文化素养与社会文明程度，共同塑造和丰富湾区人文精神内涵"。从纲要的表述中可知，大湾区非遗的关键地位以及重要性是不容忽视的，非遗是大湾区历史文化积淀的重要组成部分，是大湾区文化建设的关键环节。由此可见，推动非遗的可持续发展，是中华优秀传统文化传承发展的迫切需求，是坚定文化自信的有效途径。

（三）粤港澳大湾区非遗

粤港澳三地自古同宗同源、同文同种，其文化均同属岭南文化，其中非遗又占据极重的比例，是构成岭南文化不可或缺的重要部分。粤港澳大湾区所涵盖的城市，包括粤东、粤西等地在内的大湾区辐射区域，即广东省各地省级以上非遗项目达456项，其中国家级非遗项目133项，而香港、澳门两地非遗项目亦极为丰富。大湾区现有的非遗包括传统音乐，传统舞蹈，传统戏剧，传统美术，传统技艺，民俗，民间文艺，曲艺，传统医药，传统体育、游艺与杂技十大类别，其中不乏粤剧、广绣、广彩瓷、古琴、木雕等闻名遐迩的非遗项目，这些非遗是历经岁月变迁由先人传承至今的珍贵遗存，是大湾区深厚历史积淀的有力佐证。

147

（四）潮州非遗

潮州地处粤东沿海地区，有深厚的历史文化积淀，素有"海滨邹鲁""岭东首邑""中原古典文化活态博物馆"之称。在潮州文化中，丰富的非遗是重要的组成部分，潮剧、潮州音乐、潮州大锣鼓……彰显出潮州特色文化的魅力；潮州木雕、潮州刺绣、潮州陶瓷、潮州抽纱、潮州剪纸、潮州麦秆画……潮州非遗美术以精巧的构思、精湛的工艺闻名遐迩；潮州菜、潮州工夫茶是扬名海内外的特色非遗饮食文化。当前，潮州共有市级非遗项目106项，其中省级以上非遗项目38项，国家级非遗项目17项，是非遗资源极为丰富的地域。2020年10月12日，习近平总书记在潮州考察时指出："潮州是一座

潮绣《金龙戏珠》

潮州木雕神座

有着悠久历史的文化名城。""我们爱这个城市，就要呵护好她，建设好她。""潮州文化具有鲜明的地域特色，是岭南文化的重要组成部分，是中华文化的重要支脉。以潮绣、潮瓷、潮雕、潮塑、潮剧和工夫茶、潮州菜等为代表的潮州非物质文化遗产，是中华文化的瑰宝。"习近平总书记高度肯定了潮州文化在岭南文化和中华文化体系中的地位，尤其关注潮州地区非遗传承、文旅资源开发等情况，习近平总书记指出，应当重视潮州非遗，加强非遗保护与传承，关注未来潮州非遗的可持续发展。因此，本文以潮州非遗为代表，结合非遗的保护、传承与发展现状，深入研究非遗的创新发展模式。

潮州非遗留存现状

（一）潮州非遗的保护现状

当前针对非遗，潮州市通过发布相关保护条例，举办非遗宣传活动，有效地推动了非遗保护进程。潮州市政府近10年来较关注非遗的保护，2011年开始向市级代表性传承人每年发放2000元经费补助，2018年增至4000元，在2019年印发的《关于进一步加强培养扶持工艺美术人才的实施意见》中，对非遗大师带徒授艺给予了政策保护与经费支持："实行师带徒双向补贴机制，中国工艺美术大师或国家级非遗传承人（传统美术类和部分传统技艺类）每带1名学徒，每月分别发给培训补贴师傅300元、学徒1000元，在同一时期享受带徒授艺补贴最多不超过5人；广东省工艺美术大师或省级非遗传承人（传统美术类和部分传统技艺类）每带1名学徒，每月分别发给培训补贴师傅200元、学徒800元。在同一时期享受带徒授艺补贴最多不超过4人。大师带同一学徒享受补贴的时间不超过3年，补贴标准根据经济社会发展情况逐年适度调整。"①潮州市政府通过制定培养非遗人才的措施，对非遗进行保护与支持，每年均投入大量资金扶持非遗保护工作。"非物质文化遗产具有鲜明的民间特点，这一特点决定了非遗的传承与保护需要政府的主导干预。"②当前潮州市较注重非遗的宣传与推广，例如，在关注度较高的《潮州新闻》《民生直播室》《天天好生活》等电视栏目中播放非遗相关内容，包括潮州菜、潮州工夫茶、潮剧、潮绣、木雕、麦秆画、剪纸等多种非遗项目；在潮州美术馆、潮州人民文化长廊等地举办潮州非遗项目陈列展。近年来，潮州当地民众通过上述渠道，对非遗有了一定的了解，普遍形成了基本的文化保护意识。

（二）潮州非遗的传承现状

非遗的传承基本以师带徒、口述相传的方式进行，非遗传承人从根本上决定了非遗的传承，旧时非遗行业收入较为可观，从业者较

---

① 《〈关于进一步加强培养扶持工艺美术人才的实施意见〉的通知》，潮州市人民政府网2019年6月4日。
② 张芳：《手工技艺非物质文化遗产的保护与传承——以大厂景泰蓝为例》，《文化学刊》2017年第1期，第44页。

多，因而不愁无人传承。如刺绣一行，在其发展鼎盛期，绣工收入远大于普通劳动力，"改革开放前，我国农村一级劳动力工资每月大概12~24元，但绣娘一个月却能挣30多元，在这种情况下，人们自然会更多地选择从事刺绣生产活动"①。潮州地区的刺绣行业亦是经历了这一高速发展的时期，丰厚的收入加速了行业的发展，经济效益吸引了众多的从业者，自然不会出现传承的问题。而在经济高速发展的当下，非遗产业的发展步入困境，经济收益大幅下降，虽有政府扶持但整体的经济价值创造力得不到提升，必然导致从业者急速缩减，而出现传承无人的难题。"从非遗传播的方式看，非遗依靠口头传播，有着较为典型的人际传播功能和依赖性。"②以潮绣为例，影响其传承的问题还在于刺绣技法的复杂性，潮绣工艺繁琐精致，包括六大类200余种针法，高低针、锁枝针、卷筒针、人字针、垫棉过金针等针法均极为考验绣工的刺绣功力，熟练掌握全部针法，灵活运用刺绣技巧，必经长年累月苦练否则无法出师，此中需要师傅倾注心力教导，更需要学徒耐心与坚守。在长期的学习过程中，低微的经济收益也导致了学徒对刺绣行业发展前景的疑虑。受传承方式的局限性所影响，非遗的发展大都停滞不前，而经济效益的衰败也使非遗发展面临困境，如何突破制约非遗发展的难题便更引人关注。

（三）潮州非遗的发展现状

在推动潮州非遗发展方面，当地政府积极制定相关政策，通过宣传与推广，实施一系列非遗保护措施，非遗在政府的大力支持下收获不小的成果。当前，潮州市各类代表性非遗项目基本均已成立非遗

---

① 胡秋华：《非物质文化遗产的现状与出路——以广绣为例》，《智库时代》2019年第4期，第177页。
② 刘倩、何平：《"非遗"传承中社会主义核心价值观诉求》，《民族艺术研究》2016年第9期，第229页。

工作室，其中非遗大师工作室、非遗传承人工作室数量不少，非遗工作室的成立虽有一定的创新，但究其根本却仍然存在传承与发展的困境。当前，此类工作室教学大都以师带徒的模式为主，这种无法量化推行的教学模式极大地限制了传承发展的空间，若不能拓展新的传承模式，旧模式的沿用便会令传统非遗陷入难以大规模传承发展的困境。

以潮绣为例，潮绣拥有鲜明的艺术特色，但目前在销售方面却有所局限，刺绣手绢、刺绣羽扇等物件不适用于现实生活，大型的刺绣屏风、挂件更不适合大众现代家居装饰，因此潮绣产品的销售较为低迷，商品经济价值直接影响从业者的收入，导致潮绣生产者收入均不乐观。行业发展的困境亦使观望的从业者思考另谋他路的可能性，潮绣的传承便由此踏入艰难的境地。低迷的发展现状、未知的发展前景令从业者无法坚守这一传统工艺，长此以往必然引发工艺传承的断层。面临此类困境的不单是潮绣，潮州麦秆画、潮州剪纸等其他非遗项目亦难逃其所困，非遗从业者与非遗研究者应当就这一问题进行深入研究，给予应有的重视，方能寻找突破之法。

三　潮州非遗的创新发展模式

在现代社会中，工业、经济、科技的飞跃式发展导致社会发展环境的巨大变化，在城市建设日新月异的当下，非遗的保护、传承与发展自然必须顾及社会因素的影响，寻觅适应于当前社会背景的创新发展模式，方能促进潮州非遗良性发展。

（一）开展非遗数字化保护

当今社会发展已然迈入数字化时代，大数据、云计算等高科技日新月异，互联网的广泛运用使资源的存储与传播有了飞跃式的发展，信息传播在数字化时代中更展现出高速、高效、高量的特征，在此趋势下，传统文化也必然受其影响，借助当前的新型技术方能保证传统非遗能与时俱进。

畲族招兵节

1．拍摄制作潮州非遗教育宣传片

潮州丰富的非遗项目分布情况较复杂，零散分布于各乡镇之中，民众若想亲至当地了解各类非遗，则需耗费大量的时间、精力，对于个人休息时间有限的民众而言，逐一奔赴各地了解非遗显然不具可行性。此时，由政府或企业资助，委托专业机构拍摄各地非遗项目，借助数字化信息技术，制作非遗教育宣传片便是高效普及非遗的可行举措。

以畲族招兵节为例。在凤凰镇石古坪畲族村、文祠镇李工坑畲族村、归湖镇山犁畲族村等地，招兵节是畲族人民重要的传统民俗节日，于冬至前后举行，历时三天。畲族人在招兵节由法师主持活动，缅怀畲族驸马王，并祈求先祖庇护，驱魔除恶，护佑子孙。这一非遗民俗活动的举办有特定的日期，各地民众未必能亲自参与其中进行体验，且因民俗活动的保密性特点，并不能大范围地接纳诸多游客参与其中。在此情况下，若有研究团队携带专业器材拍摄活动视频，通过电视、网络平台投放记录畲族招兵节民俗活动的宣传片，便能让民众从宣传片中感受此民俗活动的盛况，有利于独特民俗非遗的保护与推广。

2．开设潮州非遗专题栏目

由政府主导，通过电视媒体、网络媒体，以非遗专题的节目形式，针对潮州非遗展开追踪报道，打造具有一定影响力的非遗专题栏目。潮州非遗项目众多，每一项非遗项目均涉及历史渊源、发展历程、代表性传承人、佳作精品等众多方面，能保证提供足够的基础资料供专题栏目发掘。"调研结果显示，对知识分子来说，利用网络、电视、报纸等加大宣传是更为有效的宣传方式，符合了当代知识分子喜欢看书和依赖网络获得资讯的特点。"①通过电视、网络专题栏目推广，以文字记载、视频记录、照片展示等形式，将全方位、深入地展现潮州非遗的独特魅力。如在电视节目中，开设潮州湘桥、饶平、潮安等各区域非遗主题栏目，通过电视节目播放以及相关网站的视频转播，将令潮州非遗得到社会更广泛的关注，拓展潮州非遗的受众群体。

3. 建立潮州非遗新媒体展示平台

统计数据显示，"截至2019年6月，我国网民使用手机上网的比例达99.1%，较2018年底提升0.5%"②。当前，网络覆盖率极广，网络社交、网络教学、网络购物等新型模式得到大范围推广，相关部门可立足于这一信息化趋势，通过构建相关非遗网络平台，运用微信公众号、微博、抖音等普及度较高的网络传播渠道，展示潮州丰富的非遗项目。

当前，广东省在网络平台成立了广东非物质文化遗产数字博物馆，该数字博物馆中包含传承人、作品展览、商品交易等部分，以数字化保护的形式展示广东非遗。潮州非遗的推广可以参照这一模式，成立相关的数字博物馆，构建包含非遗项目介绍、非遗商品销售在内的一站式推广平台。对于文化资源的创新发展而言，构建非遗新媒体展示平台显得尤为重要，数字媒体的作用有目共睹，"在1372个国家级非遗项目中，抖音上涵盖了1214项，涵盖率超过88%，相关抖音视

---

① 王金良、丁昭巧：《中山市文化旅游现状及发展策略研究》，《农业网络信息》2016年第10期，第23-27页。

② 《第44次中国互联网络发展状况统计报告》，中国互联网信息中心2019年8月30日。

频数量达2400万条，播放超过1065亿次，抖音已经成为最大的非遗传播平台"①。除抖音外，腾讯视频、优酷、斗鱼直播、虎牙直播等，此类应用程序受关注程度较高，合理运用这一资源，通过网络平台的大范围推广，将获得更多社会关注与粉丝积淀，在新媒体平台上展示是推广潮州非遗的有利渠道。

（二）拓展潮州非遗传承新模式

非遗传承是潮州非遗创新发展面临的关键问题，传承决定了非遗的延续，发展决定了非遗的繁荣。非遗是历史遗存的宝贵财富，但在传承方面却存在极大的局限性，必须建立成熟的人才培养体系，开展丰富的社会宣传活动，才能保障非遗传承的可持续发展。

1．建设完善潮州非遗人才培养体系

（1）发挥高校优势，寻觅非遗传承人

2017年发布的《关于实施中华优秀传统文化传承发展工程的意见》提出要推动高校开设中华优秀传统文化必修课，推进职业院校民族文化传承与创新示范专业点建设。当前在高校中引导人才进入非遗行业，通过制定具体措施培养有潜力的传承人才是切实可行的。数十年前，从事非遗制造业的人员普遍受教育程度较低，而要适应当今经济高速发展的社会，却需要从业者拥有更多的知识积淀、创造力与胆识，唯有立足于社会需求，在传统非遗制造业的基础上改革创新，才能更好地传承非遗。因此，当前非遗传承人的选拔，不能再参照数十年前挑选低龄学徒工的模式，而应当从人才资源储备充足的高校着手，从中寻找合适的非遗传承人。"在新的历史时期，高校教育已经取代了传统家庭或师徒传承的某些功能，成为传承和弘扬非遗传统文

---

① 《播放量1065亿次！抖音成为非遗最大传播平台》，新华网2019年4月12日。

化的新渠道。"①以传统音乐类、美术类非遗为例，可在专业艺术院校、综合大学艺术专业中寻找传承人才。例如，广州美术学院便极为关注潮州丰富的非遗，广州美术学院美术馆曾举办潮州木雕精品展。此外，广州美术学院的工业设计学院中便设有民间刺绣非遗课程，让学生了解广绣、潮绣的独特艺术魅力，更成立广州美术学院潮绣教学实习基地引导学生学习潮绣技法，传承非遗技艺。除纳入专业课教学之外，校级选修课也是非遗进入高校教学的另一课程模式，选修课面向更广大的学生群体。当前，美术院校以及综合大学大体都已开设此类课程，通过与高校教师协作，可开展非遗选修课教学，如潮州剪纸、潮州麦秆画，便是可选择的非遗项目，此类项目制作工具较简单，且材料也便于购买，是较适合引入高校课程的非遗项目。通过非遗课程教学，既能在高等教育中普及非遗，亦能从学生中寻找具有传承潜力者，加以引导与培养，是可行的非遗传承新模式。

除此之外，在高校中举办非遗相关讲座也是引导高校学生接触、感受非遗的有利途径。"传承人的传承和实践能力，直接关系非遗在环境变化中的可持续发展。"②韩山师范学院便开设有艺术学专业，孕育了大量具有艺术知识底蕴的专业人才，是非遗行业寻觅传承人的宝地，充分运用这一人才资源储备，有利于潮州非遗传承人的发掘与深入培养。当前，针对潮州非遗工艺美术，韩山师范学院通过建立潮州剪纸大师工作室，开设潮州木雕选修课，为潮州非遗的传承、发展拓展了新的窗口。

（2）在基础教育中推广潮州非遗

传承人的培养除了在高校中寻找传承人才，在低年级的基础教

---

① 金兰名：《依托高等院校的非遗传承人群研培体系建设初探》，《艺术教育》2018年第5期，第177页。

② 项兆伦：《关于我国当前非物质文化遗产保护工作的几个问题》，《文化遗产》2017年第4期，第42页。

育中推广非遗，让学龄孩童感受非遗，同样是非遗传承推广的重要途径。2011年，我国颁布了《中华人民共和国非物质文化遗产法》，其中第三十四条有明确表述："学校应当按照国务院教育主管部门的规定，开展相关的非物质文化遗产教育。"基础教育是教育体系的重要基础，在中小学教学中引入非遗，让学生从低龄时期便开始接触非遗，更有利于优秀传统非遗的推广与普及。

当前，潮州市政府响应中央号召，注重推广非遗宣传教育活动，以"非遗进校园"等形式开展活动，通过举办非遗讲座、开展非遗感受课程等方式，为中小学生创造了解非遗的宝贵机会。例如，2018年9月，城南小学便开设了潮州"讲古"特长班，依托《潮汕文化读本》，结合相关潮州本土文化知识，以灵活多变的方式开展教学活动，充分激发了孩子们的学习兴趣，成功培养学生以单口或群口的形式，生动演绎了潮汕民间歌谣、传说以及历史故事等。在2020年的"文化和自然遗产日"前夕，潮州市湘桥区便以"非遗传承，健康生活"为主题，在意溪镇中心小学举行非遗进校园暨工艺美术人才培养工程进校育苗活动，让青少年学生了解湘桥区有关非遗项目。

通过基础教育中的推广，中小学生对非遗有了一定的了解，其中必然有对非遗文化深感兴趣的学生，在他们逐渐成长之后，这种兴趣极有可能演变为今后继续学习的动力，乃至影响他们成年之后的就业选择，因此，非遗传承也应当注重在基础教育中的推广。

（3）设立潮州非遗培训机构、培训班

非遗传承除面向学生群体之外，还应当重视具有成熟价值观体系的社会群众，因此，在潮州市建立非遗培训机构，开办非遗培训班，就是向社会群众推广、宣传非遗的直接途径。通过参与非遗项目培训班，民众将近距离接触非遗，亲身参与非遗美术、非遗音乐、非遗工艺、非遗民俗等优秀传统非遗项目。

2020年9月5—16日，由潮州市文化广电旅游体育局指导，潮安区郭少俊木雕艺术馆主办了为期12天的"潮州木雕公益培训班"，培训班邀请了木雕名家进行教学，包括中国工艺美术大师、国家级非遗代表性传承人辜柳希、广东省工艺美术大师、市级非遗代表性传承人郭少俊等近10位木雕专家授课，以理论教学结合实践教学的方式免费开展教学，以课程为媒介寻觅潮州木雕的传承人才。

《潮州木雕大师辜柳希》（辜柳希 潮州木雕艺术馆/摄）

除政府举办的公益性非遗培训班之外，非遗传承人工作室也不乏开办相应的非遗培训班，以特色非遗工作室的形式开展非遗项目教学。例如，潮州麦秆画省级工艺美术大师郑烨娃便定时开设麦秆画培训班，着力于发掘与培养麦秆画高技能人才，传承潮州麦秆画技艺。潮州丰富的非遗项目需要通过多样化的途径进行推广，才能使非遗获得更多的社会认同，从中发掘潜在的传承人才。

2. 面向社会民众开展潮州非遗体验活动

（1）与潮汕地区学校合作推行"非遗研学考察"项目

"非遗研学考察"即以研学考察的形式，进行非遗的学习，该形式又不同于"非遗进校园"模式，而是以集中进行短期考察的模式进行学习。潮汕各地非遗保护研究中心可与学校合作，组织学生展开"非遗研学考察"，利用寒暑假时间进行学习，具体可开设例如"潮州木雕夏令营""潮绣传承保护感受之旅"等活动。针对潮汕地区的特殊性，可制定跨越潮汕四地城市，即潮州、汕头、揭阳、汕尾的非遗考察路线，如举办"潮汕地区潮剧传承发展现状调研活动"，组织学生走访潮州、汕头、揭阳的潮剧代表性传承人，观看潮剧经典曲目，通过研学考察深化学生对潮剧文化的了解。除此之外，若能联合潮汕各地学校共同举办"研学旅游"活动，则能为潮汕地区学子提供宝贵的交流、协作机会。习近平总书记曾经指出："文明因交流而多彩，文明因互鉴而丰富。"①《粤港澳大湾区发展规划纲要》中也强调应当注重粤港澳地区青少年交流活动，促进多地教育交流合作。因此，组织相应的"非遗研学考察"活动，是符合政策导向的有力举措，能更好地促进潮汕地区青年学子的共融发展。

（2）结合各地文化馆、博物馆、图书馆等开展非遗宣传、展示活动

向社会大众介绍潮州非遗，应当充分利用文化馆、博物馆、图书馆等公共场所，以专题的形式开展非遗宣传、展示活动。例如，潮州美术馆便设立"潮州民间工艺精品展示专柜"，无偿提供展示空间，面向社会征集民间工艺精品，每年有重点地推介一批潮州优秀民间工艺名家与艺术精品，通过作品的陈列、展示，彰显潮州作为工艺美术之都的魅力。在此基础上，可以联合潮汕多地美术馆、博物馆，以非遗专题展览的方式策划相关活动，拓宽潮州非遗的传播途径。此外，潮州市图书馆、湘桥区图书馆等可以定期举办潮州非遗研究专著展，以书籍展览的形式宣传潮州非遗研究成果，为民众提供深入了解潮州非遗的机会。社会公共设施服务于全体群众，充分利用文化馆、博物馆、图书馆、美术馆等场所，将丰富广大群众的人文生活，提升潮汕地区的人文内涵。此外，亦可考虑在潮州牌坊街、潮州人民广场等代表性旅游景区建设民俗博物馆，向当地民众与游客展示潮州非遗民俗，令潮州珍贵的传统文化得到保护与宣传。

（三）以产业融合促进潮州非遗的多元化发展

产业融合是当今社会发展中大力推进的发展模式，通过提炼各产

---

① 《习近平谈治国理政》，外文出版社2014年版，第258页。

业的优势元素，凝聚不同产业的突出优势，进行跨产业融合再造，将使各产业的潜力得到深层次发掘，亦将大幅度提升产业在社会发展中的竞争力。非遗是潮州文化的重要组成部分，亦是文化产业的重要构成之一，提炼非遗的特色元素，将之与其他产业融合，通过创新再造即可深入挖掘非遗的潜在发展前景。

1. 潮州非遗与旅游产业的融合发展

旅游业是潮州特色经济建设的重要组成部分，潮州丰富的人文与自然景观广受游人青睐，除自然景观、特色建筑之外，若与当地的非遗项目结合，拓展深层次的非遗旅游，将更丰富潮州旅游的文化内涵。

（1）与旅行社合作开展潮州非遗项目特色体验活动

旅行社在旅游业中占据关键的引导地位，制定旅游线路、安排参团人员、提供深度旅游服务均是旅行社职责之所在。因此潮州非遗与旅游业的结合，也不能忽视旅行社的关键作用，通过与旅行社协商沟通，在潮州旅游线路中增设特色非遗项目体验活动，通过特色旅游推广潮州非遗。如在潮州旅游线路中，可在特定时间段推出特色非遗深度游，以潮州青龙庙会为例，此庙会具有较大的影响力，通过多年的发展已经具有较大的规模。旅行社可在每年此固定时段，以青龙庙会这一民俗非遗作为深度旅游的重点，开展民俗非遗旅游感受之旅，组织游人分批参加庙会活动，深入了解感受特色民俗文化的魅力。此外，潮州市饶平县的端午节游旱龙等民俗活动，均能通过精心规划成为潮州深度旅游的特色项目。

当前，网络旅游预订已占据极大的比例，旅行社可通过相关旅游APP、网络平台推广等形式，宣传特色非遗深度旅游项目，吸引感兴趣的民众报名参团。旅行社立足潮州特色非遗，通过拓展潮州非遗深度体验之旅，令游客深入感受潮州独特的人文内涵、人文情怀，使游客的旅程感受得到提升与深化。

（2）潮州非遗文创旅游产品研发

旅游产品是由旅游业衍生的特色商品，当前各地文创旅游产品日益增多，广受欢迎的北京故宫系列文创产品便是其中的翘楚，文创手信当之无愧是消费者购买旅游纪念品时的首选。在非遗文创旅游产品消费大幅增长的形势下，研发潮州非遗文创旅游产品便迫在眉睫，非遗文创旅游产品能唤醒游客的视觉记忆，通过特色纪念品宣传推广潮州非遗。立足于非遗独特的构成元素，可设

潮州麦秆非遗文创手机壳

计研发便于携带的旅游产品，如钱包、挂件、书签、小型摆件等非遗文创旅游产品。

结合年轻消费者的喜好，可设计非遗元素特色手机壳、非遗装饰物等新型产品。例如，潮州麦秆元素手机壳便是契合大众审美的新型文创旅游商品，由麦秆丝粘贴而成的灵动蝴蝶，与染色的干花组成美轮美奂的图样，营造出梦幻美丽的视觉效果。此类非遗文创旅游产品售价不高且新颖有趣，既适合旅客自用，亦可作为手信馈赠亲朋好友，自然受到游客的欢迎。此类非遗文创产品可进行深入设计，通过产品的研发与销售，大力宣传潮州非遗，更能带来可观的经济收益，拓展传统非遗的经济来源渠道，改善非遗狭隘的销售受众群，推动传统非遗的可持续发展。

2．潮州非遗在服装行业中的应用

潮州非遗在服装行业中的应用当首推潮绣，潮绣具有久远的发展历史，精湛的工艺与华美的视觉效果构成了潮绣独特的艺术面貌。在当代服装行业中，钟爱潮绣文化的名瑞服装设计师便将潮绣元素运用于服装设计之中，以传统非遗元素结合现代服装，设计制作出极具潮州文化特色的精美服饰。以潮州著名服装企业名瑞集团的高端礼服成

名瑞潮绣元素中式礼服　　　　名瑞潮绣元素西式礼服

衣为例，以潮绣点缀古典风格中式礼服，瑰丽多彩的丝线刺绣出各种祥瑞的图案，如凤凰、牡丹、蝴蝶、花藤等，使传统的龙凤裙、旗袍更具典雅华贵的视觉效果。此外，潮绣在西式礼服设计中的运用亦极为出彩，以潮绣技艺点缀组成各式图案装饰于西式风格礼服上，借助精湛秀美的刺绣元素丰富了西式礼服的表现形式，使礼服兼具东方韵味与西方情趣，充分展现了设计者的奇思妙想，更突显出中国传统元素与西洋服饰的和谐共处与完美融合。

除此之外，剪纸、年画、木雕等非遗项目虽不像潮绣可直接以传统制作工艺结合服装进行设计制作，但却能通过服装设计师的精心设计，将其中的图案元素进行提炼，以图案装饰的方式运用于服装设计之中。非遗图案元素融合设计的方式，更适合日常服装的设计制作，兼具服装的实用性又具有独特的非遗元素，是非遗与服装产业融合发展的优秀范例。

3. 潮州非遗在装饰装潢行业中的运用

潮州非遗中的传统美术类非遗极具艺术特色，以独特的装饰风格与传统文化内涵广受喜爱，在当前的装饰装潢行业中，不乏设计师将非遗元素用于室内、室外装潢以及家居装饰。其中材质稳定、历久弥新的嵌瓷、木雕尤其受到推崇，在中式家居装潢中，运用非遗木雕挂屏、木雕摆件进行装饰都极为合适，装饰风格古朴大气，极富中国传统文化韵味。

潮州嵌瓷是传统的非遗装饰元素，创新设计的嵌瓷构成装饰品与当代简约风格家居极为契合，突破传统审美的多变性与创造性。从嵌瓷装饰效果图中可见嵌瓷用于家居装饰的视觉效果，在此类空间中装饰嵌瓷艺术品，以色彩层次丰富、立体感强烈的嵌瓷艺术品点缀于暗色调的家居之中，更强化、拓展了家居空间的内部张力。传统非遗通过与装饰装潢行业的融合，加之以变革创新，提升了自身的艺术表现力，同时也发掘出自身潜在的商品经济价值，逐渐进入大众的消费视野。

由此可见，非遗的多元化产业融合发展空间是巨大的，不局限于旅游行业、服装行业、装饰装潢行业，其他行业也有与非遗共融发展的可能性。通过凝练各行业特色，发挥各自之长处，融合各行业优势，必将促成跨产业合作发展的顺利开展，通过创新发展取得丰硕成果。传统特色文化产业将成为潮州重要的经济产业之一，潮州以非物质文化遗产作为重要载体，可凭借大湾区经济高速发展的东风，通过多元化产业结合模式，将非遗融入大湾区各优质产业，实现多元产业间的融合创新，推进潮州特色非遗产业的发展。

潮州嵌瓷装饰效果图

四 粤港澳大湾区与潮州非遗创新发展的重要性

综上所述，以粤港澳大湾区辐射区——潮州为例，通过多渠道的创新发展模式，将大力推动潮州非遗的持续创新发展。而以此为个案，可拓展至粤港澳大湾区中的其他城市，以丰富多元、创新开拓的当代发展模式助力大湾区非遗建设。粤港澳大湾区非遗的创新发展有着重要作用，具体表现在以下几方面：其一，传承宝贵文化遗产；其二，丰富大湾区文化生活；其三，推进大湾区经济发展。

（一）传承宝贵文化遗产

习近平总书记指出："优秀传统文化是一个国家、一个民族传承和发展的根本。"[1]非遗是中华优秀传统文化的重要构成，在粤港澳大湾区文化建设中应当注重推动非遗的可持续发展。大湾区拥有丰富多彩的非遗项目，涵盖传统美术、传统工艺、传统舞蹈、传统医药、民俗等众多类别，大湾区宝贵的非遗是无数先人呕心沥血的智慧结晶，在岁月变迁中历经代代相传，直至今日留存下传承先辈心血的非遗瑰宝。"在当今世界，文化是关系到一个国家、一个社会、一个地域'安全保障'的重大问题。"[2]作为大湾区文化重要组成部分的非遗，其作用自不容小觑，《粤港澳大湾区发展规划纲要》明确共建人文湾区的目标，主张推进大湾区优秀非遗的传承发展。从此纲要指导思想中，可见大湾区非遗的重要性，而非遗长久延续的可能性则取决于正确的保护、传承与发展模式。切实可行的创新发展模式将引导非遗

---

[1] 习近平：《在纪念孔子诞辰2565周年国际学术研讨会暨国际儒学联合会第五届会员大会开幕会上的讲话》，2014年9月24日。

[2] 〔日〕青木保：《多文化世界》，唐先荣、王宣译，中国青年出版社2008年版，第108页。

获得更广阔的发展空间，使宝贵的非遗得到更好的传承与发展。

（二）丰富大湾区文化生活

粤港澳大湾区涉及香港、澳门、广州、深圳、珠海等十一个城市，其辐射影响范围则更广阔，涵盖了广东省内粤东、粤西等地域，大湾区的发展除经济建设之外，文化建设亦是重中之重。《粤港澳大湾区发展规划纲要》中有如下表述："完善大湾区内公共文化服务体系和文化创意产业体系，培育文化人才，打造文化精品，繁荣文化市场，丰富居民文化生活。"而非遗的繁荣发展将直接带动大湾区文化建设，以灵活多变的多样活动丰富大湾区群众的文化生活，具体体现于非遗进校园、非遗项目展览、非遗项目体验等活动。大湾区珍贵的非遗拥有深厚的历史积淀，是大湾区文化繁荣发展的重要组成部分，非遗的可持续发展则将更进一步丰富大湾区文化内涵，共同构建繁荣昌盛的大湾区家园。

（三）推进大湾区经济发展

以非遗与其他产业融合发展的方式，集合各产业的特点与优势，运用创新思维拓展非遗发展空间，将令非遗的潜在经济价值得到合理的开发运用。非遗与旅游业、装饰装潢行业、服装行业等产业结合，可设计制作出非遗文创旅游商品、非遗家居装饰品、非遗元素服装等新型产品，此类产品具有独特的非遗特色又兼具实用价值，能成为吸引消费者的特色商品。从中可见，非遗的发展新模式将带来更大的经济收益，以经济带动生产促进非遗产业的发展。经济价值的提升，也将使非遗产业成为大湾区经济建设的重要构成部分，从而推进粤港澳大湾区经济的发展。

综上所述，蓬勃发展的非遗将保证先人留存的智慧结晶得到更好的传承，相关的非遗活动将极大地丰富大湾区广大群众的文化生活，提升大湾区的人文内涵，非遗与其他产业融合发展的多元化模式，则将大幅提升非遗的经济价值，促进大湾区经济建设的发展。

五　结语

　　研究粤港澳大湾区非遗的创新发展模式，其意义自不容忽视，唯有突破目前非遗传承的困境以及发展的局限性，寻找切实可行的创新发展途径，方能推动大湾区非遗的蓬勃发展。通过对大湾区非遗重镇潮州非遗发展模式的探讨，立足于当前数字网络高度发达的时代背景，结合多元化发展途径的深度解析，寻觅传统非遗的创新发展模式，无疑是当前势在必行的发展趋势。大力发展潮州非遗，是积极响应习近平总书记的号召，以非遗发展助力潮州特色文化建设，丰富潮州人文生活，推动潮州城市的全面发展。而以潮州非遗为例，拓展至粤港澳大湾区诸多地区，以《粤港澳大湾区发展规划纲要》中共建人文湾区的规划为指导，结合传承新模式与多元化发展途径，将以欣欣向荣的发展态势促进大湾区文化建设，丰富大湾区文化内涵，增进大湾区民众的文化认同，助力岭南文化创新发展。结合多元化产业，发掘大湾区非遗潜在经济价值，以经济带动生产，促进非遗产业建设，加快推进粤港澳大湾区的建设步伐。

浅论潮剧民俗演戏的发展与影响

孙冰娜

广东省艺术研究所艺术研究中心

摘　要：本文从非物质文化遗产保护和戏曲市场的视角，对潮剧民俗演戏的发展历程作出了简要梳理，牵引出潮剧民俗演戏的生动现状，对潮剧民俗演戏生态的优势与不足进行分析探索。

关键词：潮剧民俗演戏；文化空间；艺术水平

潮汕地处广东省东北角，北枕五岭与中原地区相隔，南濒大海同南洋诸国为邻。这种地缘生态孕育的潮汕族群性格既守旧亦喜新，相应地，其族群文化亦兼具了中原文明遗留下来的高雅精致和航海民族的通俗粗犷两种特质。在这片土地上，儒家思想与传统习俗传承得相对完整，民众重宗庙之制，睦乡邻之情，守家国之观，呈现出厚重的古朴感；而盛行的实用主义让这个族群在频繁的经济文化交流过程中，积极地将有益的新事物融纳入日常生活与民俗，折射出多元化的生动感。古朴和生动交相辉映的这一文化空间，正是潮剧的依存之所。潮剧是潮汕文化的代表性艺术品种，承载着潮汕族群的人文、习俗、审美与情感，享于茶余饭后，传于街头巷尾，贯穿着潮人的年年岁岁，影响着潮人的精神世界。潮汕民俗活动的亲民性质，同潮剧艺术所凝练的中华传统文化美学结晶，无隔阂地在其中融为一体，共同折射出迷人的文化光谱。

一 绵延多元：潮剧民俗演戏的发展

潮剧民俗演戏在潮汕地区的文化空间中，扮演了多样而特殊的角色。它表现出表演艺术类非遗和仪式节庆类非遗的有机统一，同民俗活动紧密相连，作为各类民俗符号的有机集合，映射出潮汕族群的思维观念，与中华传统文化产生绵远悠长的共鸣。

从过去到现在，潮剧民俗演戏根植于潮汕族群的民俗之中，薪火相传，生生不息。得益于慎终追远的祀祖传统和名目繁多的神灵信仰，潮汕民众一年之间的祭祀活动数不胜数，每逢民俗节庆，特别是各类神诞，各乡各里都有延请潮剧戏班搭棚演出的习俗。

明清以来，潮汕城乡于岁时节令、酬神赛会期间大兴演戏娱乐的事例多有记载。清顺治十七年庚子（1660）吴颖修《潮州府志·风俗考》载："仲春祀先祖，坊乡多演戏。谚曰：孟月灯，仲月戏，清明墓祭。"①清蓝鼎元在《鹿洲初集十四·潮州风俗考》记："游神赛会一年且居其半，梨园婆娑，无日无之，放灯结彩，火树银花，举国喧阗，昼夜无间。"②陈韩星在《近现代潮汕戏剧》中也指出："清咸丰至光绪年间，各乡社'赛会者殆无虚日'，演戏祀神娱人终年不绝，有些地方还在同一节日，出现周围村落同时搭棚聘请戏班演出的盛况，多的时候达到二三十班。其时戏班各自登台竞演，常常使演出变成村民的'狂欢节'。"③辛亥革命以后，宗族祭祖场景的演戏活动已日渐减少，而配合祭神谢神聘演戏曲的习俗仍十分活跃。及至全

---

① 吴颖：《潮州府志》卷一《风俗考》，潮州市地方志办公室编印，2003年，第45页。
② 蓝鼎元：《鹿洲初集十四·潮州风俗考》，载《蓝鼎元论潮文集》，郑焕隆选编校注，海天出版社1993年版，第86页。
③ 陈韩星：《近现代潮汕戏剧》，中国戏剧出版社2005年版，第320页。

面抗战开始，潮汕沦陷，民生困苦，戏班大批流散，本土的民俗演戏才大幅衰落。新中国成立后破除迷信，酬神祭祀类演戏曾一度萎靡。改革开放后，潮剧民俗演戏演出又流行起来，形成一股令戏曲界

潮剧《京城会》

惊羡不已的"潮剧热"。20世纪90年代初，政府和学术界为潮剧广场戏正名，定调潮剧广场戏名为娱神实为娱人，并加以引导和扶持。

在民俗活动里演出的潮剧，初被笼统地戏称为"老爷戏"，后因演出地点多在露天广场而改为"广场戏"，当下则多称"下乡戏"。

下乡戏所聚集起的这类民俗活动空间，以潮剧戏台为中心，使潮剧得以作为一种文化符号，刻印在潮汕民众的集体意识之中。潮汕民众是在日常生活的情境之中，潜移默化地知道、认识、熟悉以及热爱潮剧艺术的。因而潮剧对潮汕民众而言，不会存在陌生感、距离感，反而自然地成为日常民俗生活的一部分，依旧融会在潮汕族群的文化基因之中。

这个民俗文化空间十分生动有趣：在剧团下乡演出时，闻戏而来的不仅仅有各地的戏迷，还有各类小贩，哪个村落请大戏，小贩们便群集到哪里，戏始而来，戏终而去。他们有自己的信息渠道，对请戏的地点，该地民众的经济水平，演戏的具体日程、开始时间以及负责演出的剧团等了如指掌，并会根据这些信息确定当晚演出环境的热闹程度来制订自己的营业计划。因此若一地经济情况尚可，当地的小孩子们便会惊喜地发现，在搭建戏棚的那个小广场，忽然间就出现了水果、零食、糖人、烧烤等美食摊子，以及各类儿童玩具售卖点和各式

飞镖套圈游艺摊，甚至还有碰碰车和旋转木马之类的大型游乐设施，可谓琳琅满目，应有尽有。搭着戏棚的大小广场恰是潮剧民俗演戏画卷的一角，更为广袤的部分潜藏在广场周边的各个民居之中。对潮汕民众而言，招呼亲友说"我们乡做戏"，往往还有"当天欢迎你来我们家吃饭"的含义在。演戏当天，受邀者到来时，早已等待着的不仅有棚上的大戏和热闹的气氛，还有饭桌上的丰盛菜肴和主人家的热情。可以说，潮剧不仅是民俗空间必不可少的构件，更作为重要的纽带，把拜神接福和人情交际串联起来，增添了整个文化空间的世俗性和热闹性。

对于传统民俗演戏，按请戏名目，可以将其分为七类：节庆演戏、宗族祭祖演戏、喜事演戏、白事演戏、游神赛会演戏、神诞演戏、禁约演戏。

节庆演戏。如正月灯戏、五月龙船戏、七月"施孤"戏、八月中秋节演戏，冬至"小年"演戏等。《澄海县志》载："今俗元夜各祠庙张灯结彩，竞为鳌山，人物台榭如绘……十六日收灯，各乡社演戏，扮台阁、鸣钲击鼓以娱神。"①可见元宵佳节潮剧演戏的热闹情形。又如农历七月十五中元节，潮汕各地普遍举行"施孤"活动，同时聘请戏班演出。《普宁风俗志》载："施孤时，请戏班演戏，连演数天。民谣云：'有闲来看戏，无食去抢孤。'"20世纪50年代以后，潮汕本土"施孤"习俗废除，80年代渐渐恢复"施孤"活动，然"施孤"时请戏演出则已较为少见，但我国香港和东南亚的一部分华人聚集地区仍存留"施孤"演戏的习俗。2011年，香港潮人盂兰胜会被列入国家级非物质文化遗产名录，潮剧演出是香港潮人盂兰胜会中重要的内容。潮汕本土潮剧团在农历七月里经常受邀至香港演出，有时还是连

---

① 清嘉庆李书吉等纂修：《澄海县志》卷之六《风俗》，载《中国地方志集成·广东府县志辑》第26册，2013年，第63页。

演整月的戏约。

宗族祭祖演戏。《揭阳县志》载："仲春，祭先祖，是月多演戏。"①《揭阳榕城镇志》载："冬至前后，各姓聚宗庙演戏谒祖。"同祭祀神灵一样，宗族祭祖也是潮汕民众信仰的重要一环。潮剧亦是最为必需的"供品"之一，用以换取祖先的庇护。凡有祭祖活动，几乎就有戏棚的存在，并且宗亲理事会会在当年资金允许的范围内，尽可能地请戏班演出，以显示子孙对先祖的追思与祭拜的虔诚。

喜事演戏。潮汕各地凡寿诞、添丁、婚嫁、乔迁、祠堂落成等，主人家有余力，均聘戏演出。例如，揭阳京冈每年正月请戏班演潮剧，因与当地出丁仪式风俗相结合，被称为"丁戏"。"丁戏"演出期间，演员要将戏神"太子爷"送到当地神台，而当年有男丁出生的家庭则会把孩子抱到神台前叩拜"太子爷"。

白事演戏。丧事准备期间，潮汕的某些地区亦习惯聘戏班演出。清光绪《潮阳县志》载："宝庆俗信师巫，父母丧，酣饮演剧。"②潮汕民众举行白事丧礼或法会时，会视实际条件，或请木偶戏、纸影戏，或请演员唱潮剧唱段。白事期间演戏，既有冲喜之意，也有的是因为逝者生前喜欢潮剧，后代子孙便在丧礼上请戏演出，以慰先人。

游神赛会演戏。潮州俗谚云："游神正二月。"从年末谢神开始，到农历二、三月期间，潮汕地区的各式游神活动此起彼落，连续不断。不仅有风雨圣者出巡、城隍出巡、玄天大帝出巡等神灵巡游活动，同时还有拜祭各类英雄先哲（如关羽、鲁班）的纪念性游神活动。游神赛会隆重而讲究，队伍一般由文武标旗队、担花篮、英歌舞、舞龙、舞狮、锣鼓队等组成。在游神赛会里，演戏也是必不可少的一环。游神队伍经过戏棚之时，戏班一般要演出例戏"五福连"。

---

① 陈树芝纂修：《揭阳县志》卷四《岁时》，清雍正九年（1731）刻本，第5页。

② 周恒重修，张其翻纂：《潮阳县志》卷十七《循吏列传》，清光绪十年（1884）刻本，第18页。

有些地方还会邀请饰演例戏《京城会》《十仙庆寿》的潮剧演员到游神队伍里一同随行。游神赛会时锣鼓喧天、潮曲飘扬，戏台上戏文缠绵，戏台下烟霭缭绕，人群狂欢阵阵，热闹非凡。如潮阳谷饶纪念文天祥的祭社活动，源于当地相传南宋末年文天祥旧事。传言他正是在谷饶一带率部与元兵血战数月最终兵败，当地百姓收埋将士尸骨，奉为大元帅祭拜。谷饶以姓氏为单位，划定每年轮值，该姓负责举行祭祀和游神活动来纪念宋朝元帅，称为祭社活动。该地祭社期间，均会延请潮剧剧团演出，有时多达20个剧团同时于此地聚集，搭棚结彩，热闹非凡。

神诞演戏。潮汕民众信仰的神灵繁杂众多，各地所奉神灵不尽相同，每逢对应的神诞日，奉祀这位神灵的地区都会延请潮剧剧团搭棚演出，如妈生（天后娘娘诞）、伯爷生（土地爷诞）、关爷生（关羽诞）、巧圣爷生（鲁班诞）、五谷母生（社稷神诞）、城隍诞、玄天上帝诞、三山国王诞等等。游神赛会与神诞日有交叉也有区别，同位神灵的游神日与神诞日有时并非同一天。神像重塑，民众惯称为"妆金身""重光""更衣"，完成时，也会请戏班演出。

171

禁约演戏。在宗族社群中，为了保证社群成员的生活安全稳定，往往会产生一些俗成的规定，为了让这些约定更具约束力与神圣性，在正式立约时亦会在祠堂前请戏，借以向乡民公布此约，并请所奉神明见证。如以前乡村会自行约定森林禁伐期，为社会秩序安定而禁止赌博，为保护公共固有资产如祠堂、水井而规定使用时间，诸如此类，用以正风气、范礼俗、维护生产生活秩序。违约者除了社会性的惩罚，还会被要求"罚戏"，即在祠堂前请一台戏，以此向乡民、神灵、祖先表示自己的歉意。但是"罚戏"只要求形式上的完成，不强求演出质量，因此受罚者多以戏金低廉的"哑戏"，即播放录音同时演员做动作对口型，或以木偶戏与纸影戏应付。另在乡绅和老人组调解乡民矛盾时，"罚戏"也常常作为对调解后过错方的要求。现今无论是立约演戏还是"罚戏",都已经逐渐罕见。

近些年来,由政府扶持引导的"惠民演出""送戏下乡"等潮剧演出,虽然同下乡戏形制类似,但相对来说还是独立于传统请戏名目之外。然民众偶有混同,亦习惯于延请四方亲友来本乡看戏,人群聚集之处各类小贩亦闻风而来,营造出一种类似于庙会的民俗活动空间,已蔚然成为潮剧民俗演戏的新形态。

凡此种种,显示出潮剧民俗演戏在潮汕地区已固化成了一种风尚与习俗,与迎神、祭祖、祈福、乔迁、辟邪、红白喜事与娱乐紧紧结合,成为一种世俗的集体性活动,与当地民俗密不可分,扎根于人民生活,充满着世代绵延的生机活力。

二 庄重闹热:潮剧在民俗空间中的呈现

倘若视野细化,就能够发现潮剧民俗演戏与潮汕民系民俗之间更多的支脉相连,以民俗演戏中最主要的游神赛会演戏和神诞演戏为对象,笔者从戏金来源、戏台位置、演出剧目和例戏演出等方面进行详细分析。

在戏金来源上,潮剧酬神演戏大致可分为三类:民请、商请和公请。民请指民众集体出资请戏;商请则是商人个人或商会出资请戏;公请则是公共组织,如庙宇,从公共财务中出资请戏。潮汕地区一般以民请最为普遍,在民请里,主要有自主随意出资和按户摊派两种集资模式,一切开销都会贴红榜公示,在每年的喜题金额里,如果往年有所结余,则会添补进当年的资金池中,如果当年所剩金额较多,会按这个规律留待来年,具有集体性和一定程度的规范性。民众喜题的总金额便是整个游神和演戏活动所有经费的全部来源,戏金、公家供品、桌椅等用具购买都得从中抽取,请戏的戏金则占支出的最大比例。如果资金相对宽裕,组织者会调整戏金预算,以延请更好的剧团来演出，观众的人数和热情与剧团演出水平是成正比的，好的剧团能吸引更多的民众前来看戏，使活动整体更加热闹。但所题资金实在捉襟见肘时，就只能量力而行，聘请戏金较低的剧团，这种情况下，演出质量就只能堪堪将就了。相较民请，

潮剧《十仙庆寿》

商请的戏金往往会更为可观，无论潮汕地区还是海外潮人聚居地，均有以资戏为荣的商家，借此祈求神明对自身、家族或是企业的庇佑。

　　在整个民俗文化空间中，戏台的布置方式也显示出民俗演戏和民俗本身千丝万缕的关系。潮剧的演出戏台需尽可能与祠堂、神台相对，极具仪礼秩序性，体现出演戏作为重要的元素嵌合在整个民俗活动之中。如果当地祠堂前的面积足够，理事会自然将戏棚安排在祠堂对面。如果祠堂前的广场面积不足以搭建起一个戏台，理事会则会另择合适的区域搭建，然后将临时的神棚搭建在戏台对面。但还有一种情况是祠堂的附属空地无论如何都无法容纳正常的戏台，这时就只能尽可能地缩小戏台规制和观众席位，这种情况下，剧团的演出质量被小舞台拖累自不必说，观众看戏的积极性也被极大打击了。但纵使如此，遇到大型的酬神活动，只要有一定资金，就算缺少场地，民众邀请潮剧剧团演出的意愿仍是极为强烈的。

　　在演出剧目上，潮剧因民俗的约束性而展现出别样的演出生态。往昔潮剧在各项民俗活动中进行演出，其剧目是由请戏方安排决定的，名曰"点戏"。但近些年来，除有足够的资源创排新戏的大剧团外，民营剧团的平均保留剧目数量远远无法和以往的盛况相比，因此在演出的剧目选择上，无法任由当地点戏，只能交由剧团决定，剧团

只需要把计划演出的剧目让请戏方过目一下即可。但这并不意味着剧团在演出内容的选择上能够毫无桎梏,当前民俗活动的相关请戏方对演出剧目有一个不成文的要求——新,即请戏方并不乐意看到每年请来的剧目都是同一出。因而当连续多次在同一个地方演出,剧团必须尽可能安排每次演出的剧目不会重复。如果一个剧团没法做到这一点,他们就容易失去来年在同一地演出的邀约。为了巩固市场根基,维持剧团在各个区域的竞争力,满足请戏方的需求,剧团往往会简单排演新戏。这些"新戏"与当下新创作的精品剧目不是同一个概念,有的剧团仅是通过录像资料,"学习"其他剧团在上演的剧目;有的则将十几年没有上演的剧目拿出来简单复排,质量参差不齐。

各个地区不尽相同的避讳也会对潮剧的舞台呈现产生影响,如姓氏避讳和程式避讳。潮汕地区很多村落都仅由一个姓组成,这些村落大部分都会要求剧团在演出时,反派的姓氏不得与本村姓氏相同。一般情况下,剧团会用谐音字代替,如以"章"代"张",字幕板上也相对应进行改动。一些要求严格的地区甚至永不上演某些剧目,以潮阳贵屿镇为例,因为当地大姓为郭,所以《包公审郭槐》就与此地无缘了。姓氏避讳比较普遍,某些地方对舞台调度也偶有特殊要求。例如,潮阳港头要求演戏时剧中角色不能死在舞台上,因此,若剧目中有角色死亡,演员不能倒在台上,而是必须做完程式后直接退场,就像在《王莽篡汉》剧中王莽自杀后,不能倒在台上而是必须直接退场走进后台。在民俗演戏中,演出剧团于下乡演出前,都会联系请戏方,了解当地的一些讲究忌讳,以免触犯众怒。

在演出的内容上,民俗情境下的潮剧演出与剧院演出中最大的差别在于例戏的有无。例戏,又叫开场戏、开台戏、吉祥戏,大概出现在明代中后期。到明末清初时,例戏演出已成为一种普遍的习俗。李跃忠在《演剧、仪式与信仰——民俗学视野下的例戏研究》中给例戏下了定义:"例戏,是指中国传统戏剧在正戏演出前搬演的一些带有仪式功能的短剧。这是我国传统戏剧的一种特有戏俗，搬演的目的主要是为沟通神人，以满足俗民的信仰需要；演出剧目与正戏没有必然的联系，但一般要和演出场合相谐和。"①潮剧的例戏在演出顺序上和一般意义上的例戏有所不同。潮剧例戏大都安排在正戏开始之前，但也有地方有特例，如有的是在白天的下午演出，并不会接着演出正戏，正戏留待晚上上演；有的则是在正戏结束之后。因而笔者认为，对于潮剧来说，这种吉祥仪式戏称为例戏、吉祥戏未尝不可，但称为开台戏、开场戏未免失之偏颇。潮剧例戏应当定义为：潮剧正戏开始之前或者正戏结束之后演出的热闹祥和的仪式性剧目，俗称"扮仙""吉祥戏"，因大多数情况下上演剧目为五出，因此也被称为"五福连"。"五福连"的五个剧目根据地域的不同而有所差异，一般来说，潮汕本土上演的五个折子戏分别是《十仙庆寿》《跳加冠》《仙姬送子》《净棚》和《京城会》，而在东南亚一带，则为《六国封相》《十仙庆寿》《跳加冠》《仙姬送子》《净棚》和《京城会》，首折并不统一。往昔潮剧例戏还有比较大型的《鲤鱼跳龙门》和《蟠桃大会》，今少演。无论潮汕本土还是域外演出，潮剧例戏皆具有"祥和热闹"的特征。一方面，潮剧例戏演出的内容喜庆吉祥，满台祥瑞；另一方面，例戏开演一般是在喜庆场合，且开演时鞭炮齐响，十分热闹。在历史长河的发展中，源自南戏的潮剧形成了"轻婉清扬"的艺术风格，而在与民俗活动共生共存的演出生态中，更彰显着雅正、圆和、轻婉、谐趣的美学品格与艺术特色。

对于例戏参演者的装扮，在不同民俗情景中，因地而异地留存有不少习俗讲究。例如，潮剧传统里吕蒙正的状元装扮是在头饰上绑一条长黑布，叫"坠尾"，然后再戴上状元盔，随着潮剧服饰的改革和

---

① 李跃忠：《演剧、仪式与信仰——民俗学视野下的例戏研究》，湖南人民出版社2012年版，第3页。

发展，这种并不美观也不实用的装扮被舍弃，但是在民俗演戏里，有的请戏方依旧会特意要求状元必须有"坠尾"，寓意着"有尾"，即后继有人。如果剧团未事先和当地沟通，自主省略这个细节，当地民众会表示不满，言谓剧团欺负、骂他们"无尾"，即绝后，对当地人来说这是一件很严重的演出事故，剧团只能配合当地习俗进行赔礼道歉。

除搬演例戏外，潮剧在契合民俗活动需要的方式上，还有镶嵌在例戏演出里的"请太子爷"仪式。"请太子爷"仪式包括"接太子爷"和"回太子爷"，又简称"接子"和"回子"。"太子爷"是一尊孩童形象的木偶，既是潮剧现今的戏神，也是在潮剧例戏《仙姬送子》中充当孩童的砌末。当例戏演至《仙姬送子》后会进行"接太子爷"仪式，在请戏方的带路下，扮演吕蒙正和仙姬的演员将步下戏台，来到观众之间，将"太子爷"送到台下祠堂；当正戏演出即将结束时，请戏方则"回太子爷"，由请戏方将"太子爷"送回剧团。例戏的搬演和戏神仪式对民俗空间是具有重要意义的，戏剧的仪式性与民俗活动的庄重性相协调，共同构成了规范性和热闹性的民俗文化空间。

世俗集体的戏金、仪礼秩序的戏台、庄重热闹的例戏等，既是民俗活动的一部分，又共同搭建了潮剧民俗演戏的框架，并将潮剧的影响力投射到文化空间的各个角落。

三 藏器待时：潮剧民俗演戏的现状和挑战

民俗生态是滋养潮剧形成和发展的土壤，影响着潮剧的剧种品格和美学特色，而民俗演戏带来的庞大演出市场，更曾在全国地方剧种面临市场的考验时，挽狂澜于既倒，让潮剧免于在新媒体文化冲击中湮没。但无可否认的是，由于客观条件的限制，民俗演戏在另一方面也给潮剧界的整体艺术水平带来了一定程度上的不良影响。

首先，下乡戏存在诸多环境局限，其戏台大多由乡民搭建，用木架子简单架构，再往上面铺上一层木板，最后盖上布毯，规格不规范，台面不平整，导致演员的区位无法走全，身段亦难舒展到位。其次，广场戏演出的舞台难以严肃，流动戏台的边缘上常有许多小孩子试图攀到戏台上或是揭开分场时落下的帷幕，演员也不以为意，这种特色具有与民共乐的优势，对潮剧的群众基础起到一种潜移默化的增进作用，但是严肃性和规范性不足的舞台无法增进演员的专注特性和超个体内在的发掘，长此以往会对演员的心态造成不利的影响。从演出能力的精进方面看来，下乡戏对初涉演艺的演员确实大有裨益，无论是他们舞台经验的积累，还是将知识转化为实践的过程，都可以在相对简陋的戏台上快速完成。但所谓过犹不及，等到演员们熟悉了舞台，初步掌握了舞台语言的实践应用之后，仍有数不清的下乡戏在等着他们。在新冠肺炎疫情以前，不少潮剧团的下乡戏一年可达到200多场，这就意味着接近三天两场的大戏演出频率。如此高频的欠规范演出，不但无益于演员艺术造诣的提升，更会破坏演员对艺术的触觉。对心态技术皆已成熟的演员而言，长期处于因陋就简的表演条件下进行应接不暇的演出，十分不利于他们在艺术道路上的精进。这也是导致潮剧演员群体得过且过心理较为普遍的原因之一。下乡戏的频繁演出大大占用了演员深化舞台经验的时间，使他们失去了许多将天赐人奉的灵感总结出规律的机会。于个人而言，这种细碎机会的不断错失会耽误艺术家之门打开的时机，甚至使他们永世不得入；而累积起来的总体性趋势，就在剧种上起到了相似的效果。而矛盾的是，下乡戏一直是大小剧团最主要的收入来源，如果欠缺了这部分收入，那自负盈亏的民营剧团其生存便岌岌可危。近两年由于疫情肆虐，对以民俗演戏为主要收入的剧团是致命一击，大部分潮剧剧团无法支付演员工资，甚至有的无以为继只能解散，极其无奈和可惜。2021年，在文艺政策的引导和相关部门对潮剧艺术的支持之下，一部分坚持下来的剧团利用空档时间，成功申请专项创作资金排演新戏，这为疫情后的演出市场种下了希望的种子，让曙光依稀可见。

新戏创作和旧戏重排，都有利于推动潮剧在新时代进一步的发展，但演出和创作条件的不足给潮剧创排活动带来了许多挑战。旧戏重排是对艺术经典的传承，新戏创作则是表现时代主题和探索新元素可行性的重要渠道，两者都是剧种发展的必经之路，缺一不可。但对潮剧而言，财力与环境的限制令这二者成了事业单位的专属使命，而与民营剧团无缘。民营剧团纯粹靠演出来支撑，给演员带来相对宽裕的生活条件已经是剧团的极限，遑论投资巨大的新戏创排。而精品戏的场面调度等客观条件决定了它们对舞台的硬件要求非常高，基本上不会与简陋的下乡戏戏台有交集。因此新创排的剧目往往更加注重对艺术奖项的追逐，成为剧团博取业绩的工具或演员评定职称的跳板，而忽视了在广大群众中的流传性和接受度。比起新戏的创作，旧戏重排更加无利可图，因而大多数剧团缺乏认真对待的态度。剧团的保留剧目基本上经过时间的考验，留在保留剧目列表里的基本上都是最受群众欢迎以及剧团相对擅长的。不在保留剧目列表中的旧戏，有的因为题材价值观过于老旧、程式繁琐、节奏缓慢等为群众所不喜，有的因为某些关键性的程式或者技艺已经失传导致难以再现。这类剧目即使按照原本排演出来，也依然难以博取观众的欢心，而关键技艺或程式失传导致的淘汰，再现起来需要的时间和资金投入都难以估计。因此，旧戏重排很少由剧团发起，而是由政府或者其他组织出资或主导，剧团才会进行这份工作。重排旧戏的花费也不亚于新戏创作，有的老戏重排以后，舞美和灯光都相对应进行改变，对舞台的硬件要求较高，一样变得无法在下乡戏戏台演出，只能登上正式剧场，而潮汕三市符合精品剧目演出硬件要求的剧场少之又少。这些因素，使得无论是新戏还是老戏，在本土的正式剧场的演出场数都不多，在下乡戏戏台上基本不演，这对投入了大量人力、物力、财力的排演无疑是一种令人心疼的浪费，亦不利于优秀的新创作品共享给广大观众。

在演员心态和演出条件之外，民俗演戏还存在演出市场被中介扰乱的问题。中介利用信息的不对称，与剧团和有演出需求的地方两头接洽，从中赚取差价，甚至通过关系牢牢地把持住一个乡或数个乡的演出市场，剧团需要取得中介的同意才能进场演出。有些不良中介趋于介绍演出质量相对低下的剧团，并以演出机会为挟压低剧团戏金，同时向有演出需求的单位虚报戏金，从中攫取非常可观的差价。剧团被迫降低戏金进行恶性竞争，造成盈利能力的下降，因而损害演员生计的基本保障，继而导致剧团人心浮动，陷入恶性循环。极端情况下，中介一人拿到的差价比剧团数十人辛苦演出赚取的戏金还要多。对于事业单位和顶尖民营剧团来说，他们受到不良中介的影响相对较少，因名气在外，联系方式和戏金都相对透明，戏邀纷至沓来，根本不需担心排期问题。但顶尖潮剧剧团的排期非常有限，就如农历正月，潮汕地区每个乡里都有民俗活动，多数乡村至少有两晚潮剧演出，庞大的演出市场不是几个顶尖剧团能够完全消化得了的，仅仅依靠剧团与乡里的理事的双线联系也难以处理，留下的巨大市场空间和次级需求便吸引了大批趋之若鹜的中介。一些不良中介的存在，正是潮剧剧团演出质量参差不齐，甚至以劣驱优的原因。

近两年来，政府对演出剧团的体制改革为潮剧演出市场带来了新的气象。在民俗演出市场中最受欢迎的广东潮剧院一团和广东潮剧院二团已转为公益一类，享受全额拨款待遇，得以从民俗演出市场抽身，专注于艺术水平的磨炼和精进，这让人期待潮剧艺术水平整体性的提升。但转制也让民俗市场失去了两个最吸引观众的主力军，据笔者调研所知，这两个剧团原先的民俗演戏合同早已排约到五年后，当他们从民俗演出市场中抽身时，所带来的影响应该也是复杂而深远的，但由于疫情下演出市场的断裂，这个影响目前还没有完全体现出来。疫情后时代，潮剧民俗演出市场，也许更加精致，也许更加粗放，亟待观察研究。

四 结语

潮剧演出与民俗活动互相嵌合，构筑成多维多彩的非遗活态空间。这个非遗活态空间，赋予了潮剧极具地域特色的艺术风采，彰显着潮剧的剧种品格，为潮剧世代绵延提供了坚实的受众基础，更为潮剧演出提供了广阔的市场和深厚的产业化能力，这是潮剧艺术兴旺发展的先天优势，是其他剧种短期内难以后天创造的。艺术水平和对应的群众基础是一个剧种的立足之本，潮剧不应辜负历史传统赠予的巨大演出市场和深厚的群众根基，在向艺术高峰攀登的前路中，仍应将演出舞台扎根在人民群众中，在满足民众艺术审美需求的同时，亦设法引导大众审美的升华，这就需要重视民俗演出生态的重要性和必要性，发挥好民俗演戏空间的优势，摆脱相关掣肘，更好打造出立得住、传得开、留得下的时代经典。笔者粗浅提出几个建议，以待方家指正：其一，地方文化部门应重视保护潮剧演出所依存的民俗文化空间，重视剧种个性，引导潮剧民俗演出市场优势的发挥，建立一个公开透明的演出信息平台，为民俗演出提供强有力的支持。其二，加大对正式剧院的建设和使用，确保合规剧院在潮汕各地合理分布，以便于新创精品剧目多演、常演，通过不断打磨提升，打造属于新时代的优秀剧目，提高广大观众的审美水平。其三，可以考虑在剧团间建立一种平衡盈利性演出和进修性课程的制度，利用好下乡戏频繁演出给潮剧带来的快速培养熟练演员的便利，同时让完成舞台熟悉过程的演员得以摆脱下乡戏带来的艺术桎梏。其四，剧团在新创精品剧目时，应以艺术水平和表演质量为落脚点，回归戏曲艺术本体，少些繁重炫目的舞美灯光，多些可轻松传唱的曲段，同时考虑整理适应下乡戏台演出的简易版本，将优秀的舞台作品和积极的精神食粮传递给更广大的观众群体。

潮州弦诗乐"儒家乐"的"造句"分析*

屠金梅

广州大学音乐舞蹈学院讲师、硕士研究生导师

摘　要： "儒家乐"是潮州弦诗乐两种风格流派之一，其音乐风格儒雅缠绵。"造句"是指"儒家乐"演奏家在潮州弦诗乐骨干谱的基础上，对骨干音进行加花、变换节奏型，对全曲速度、结构、调式调性进行重新布局，以产生新的韵味、美感和时代性。本文尝试对"儒家乐"演奏家改编订谱的潮州弦诗乐作品进行"造句"手法分析，从而揭示"儒家乐"极其复杂的演奏技巧、变异规律和审美理念。

关键词： 潮州弦诗乐；"儒家乐"；"造句"；潮州二弦[①]

潮州弦诗乐是我国南方一种古老的丝竹音乐，它的演奏技艺、调式调性、变奏手法精深复杂，而"儒家乐"是潮州弦诗乐演奏技术的顶峰，艺人们在传统骨干谱的基础上加入许多个人的创造，艺人对此称为"造句"。

在潮州弦诗乐中，"造句"指修饰骨干音，最初是为了解决演奏中出现逆弓，艺人通过添加或减少音符、改变音高、改变调式、改变节奏型，使之更加符合"儒家乐"的弓法、指法技巧和表达方式。"造句"深层次的原因是要美化旋律，让旋律更加柔美，从而达到"儒家乐"应有的"柔美、儒雅、缠绵、哀怨"的艺术境界，正如蔡

---

* 本文为2017年教育部人文社会科学研究青年项目"广东民间拉弦乐器与乐种关系研究"（项目编号：17YJC760083）的阶段性研究成果。

① 潮汕本地称"二弦"，拉弦乐器，是潮州弦诗乐和潮剧音乐的领奏乐器，因闽、粤两地被称作"二弦"的乐器比较多，因此将其称为"潮州二弦"。

树航①所说，"造句"的目的是让观众听起来觉得"柔美、好听"。"儒家乐"的"造句"属于我国民间器乐曲传统变奏手法的范畴，是非常具有地域特色的旋律展开方式。

有关"儒家乐"和"造句"的研究，零星见于相关著述中。较早提出"儒家乐"概念的是《中国民族音乐大系·民族器乐卷》，书中记载："'儒家乐'是上层社会人士资助的专门性演出团体；另一种是民间群众性的自由集结，其演奏活动范围较前者为广。"②该书所讲的"儒家乐"是与潮剧伴奏"棚顶乐"相对应的民间器乐合奏，两者使用的乐器大致相同，因演奏场合、演奏风格、艺人身份的差异而产生了差别，"潮人习惯把民间比较清逸高雅的弦乐形式称为'儒家乐'。把'乐'与'儒家'挂在一起，说明音乐与文化结合起来，就进入到较高的层次"③。

潮州筝是"儒家乐"的重要组成部分，其演奏讲究发挥演奏技巧，形成个人风格，尤其要精于"造句"，"在潮汕地区，可以听到许多弹筝人演奏同样的乐曲，但除了板数和骨干音一致外，音乐旋法、演奏技法和用指方式都大相径庭，民间称这种演奏为'造句'"④。潮州筝演奏家陈其俊曾撰写《潮州筝曲的造句特点和滑音风格》⑤一文，该文较早归纳了潮州筝乐中"造句"的手法，即"根据'调'的音阶组合及筝的表现特点对骨干旋律作加花变奏"。"造

---

① 蔡树航（1944—），男，籍贯潮阳市金玉镇金溪乡，潮州二弦演奏家、潮州音乐理论家。1960年就读于汕头戏曲学校音乐班，师从杨广泉学习潮州二弦，1965年留校任教，后调至汕头市潮州音乐研究室。

② 东方音乐学会编：《中国民族音乐大系·民族器乐卷》，上海音乐出版社1989年版，第184页。

③ 陈天国：《潮州音乐研究》，花城出版社1998年版，第15页。

④ 李萌编选：《中国传统古筝曲大全——潮州、客家、福建古筝流派》，人民音乐出版社2004年版，第2页。

⑤ 陈其俊：《潮州筝曲的造句特点和滑音风格》，《民族民间音乐》1989年第3期，第35-42页。

句"也用于潮州锣鼓乐,如余亦文归纳鼓师林顺泉的演奏特点是"滚点清晰,鼓汇明确,造句悦耳"①。

目前流传比较广的潮州弦诗乐作品大都是在传统骨干谱基础上做了精致的"造句",如备受赞誉的作品有杨广泉的《寒鸦戏水》《千家灯》《粉红莲》,王安明的《平沙落雁》《浪淘沙》《柳青娘》,董峻的《黄鹂词》《昭君怨》等,其中《寒鸦戏水》《平沙落雁》《黄鹂词》《昭君怨》四首乐曲的乐队演奏谱②被记录在《中国民族民间器乐曲集成·广东卷》中,可见民间艺人和学者的认可度极高。这些演奏家精心"造句"的传统乐曲成为当下民间流传的经典版本,民间乐社中大都采用他们的版本。杨广泉作为"儒家乐"的代表人物,其"造句"手法多样,对后世影响很大。

"不同地域的各个乐种,由于历史和艺术环境的种种原因,往往形成了独具一格的富有地方色彩的某种旋律展开手法,其中尤以各种不同类型的变奏最具光彩。"③"儒家乐"艺人在潮州弦诗乐骨干谱上如何进行再创造?本文将从"造句"这一概念出发,通过对"儒家乐"代表人物杨广泉、王安明、董峻、蔡树航、黄冠英④等人改编订谱的作品进行"造句"手法分析,归纳"造句"的做法及其蕴含的地方乐种文化内涵。

183

---

① 余亦文:《艺海笔耕余亦文笔耕集》,中国文联出版公司1999年版,第21页。

② 《中国民族民间器乐曲集成》全国编辑委员会、《中国民族民间器乐曲集成·广东卷》编辑委员会:《中国民族民间器乐曲集成·广东卷》(上),中国ISBN中心2006年版,第476-481、522-529、503-509、533-539页。

③ 袁静芳:《民间器乐曲地方风格的几个重要组成因素》,《音乐研究》1986年第4期,第57页。

④ 黄冠英(1947—),女,籍贯汕头市澄海区,潮州筝演奏家,系潮州筝演奏家黄长富长女,1960年就读于汕头戏曲学校音乐班,师从杨广泉学习潮州筝。

二 "造句"的起因

（一）解决弓弦乐器逆弓问题和不顺手的弓、指法

潮州弦诗乐合奏中，潮州二弦、椰胡、提胡等弓弦乐器的用弓规定句首音是拉弓，句末音要推弓。"造句"时要通过加花、减字和连弓的方式把句末音变成推弓。加花和减字是解决逆弓的主要办法，据蔡树航讲，如果没有精心"造句"，出现了逆弓，会被乐友笑话。

潮州二弦定弦为sol-do（F为宫），常用的音域是c1-d2，在第一把位奏出即可，如果出现d2以上的高音，需要切换到第二把位，为了避免切换把位带来的旋律不够连贯，通常采取"造句"的方式避开。以杨广泉订谱的"活三五调"《柳青娘》为例，该曲高音是f2（F为宫的高音do），该音偶尔出现，演奏过程中采用空弦、变换音高的方式避开或者不演奏。在第15小节，杨广泉采取变换音高的方式，将f2音演奏成c2音，古筝声部仍保持f2音不变，形成支声效果。

（二）表达乐曲的情绪气氛、塑造音乐形象

蔡树航的《寒鸦戏水》为了表现寒鸦戏水的场面，用"造句"的手法，采用多次同音重复的方式，制造了寒鸦戏水的欢乐气氛（见谱1）。

谱1：《寒鸦戏水》36—40小节①

蔡树航的《寒鸦戏水》在杨广泉订谱的《寒鸦戏水》版本基础

---

① 黄冠英提供。

上，更加注意"造句"的优美和乐曲段落层次分明的处理。蔡树航阐释这8小节"造句"的初衷："寒鸦是群居的动物，既然是群居，就有一个站出来讲头句话的，我把开头这两小节的节奏放慢，用散板的节奏表现鸦首的呼号，它召唤群鸦。接着我表现群鸦听到呼号之后集中起来。描写群鸦从四面八方集中起来，到湖泊中，第5小节后一拍半re、la、sol、fa是群鸦冲到水里去的形象。所以，开头这8小节我描写了三个音乐形象：一个是'鸦首呼号'，一个是'群鸦聚集'，第三个是'入水、戏水'。我在乐曲开始就把这三个形象塑造出来。然后进入到平稳的节奏，描写觅食、游来游去（见谱2）。"①

谱2：蔡树航订谱《寒鸦戏水》（1—6小节）

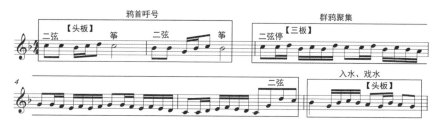

（三）美化旋律

"造句"可以美化旋律，最常见的方法是加花，使得乐句有连绵不断的感觉。"每个乐句，常加花添字，灵活处理，极像元曲在正格之外，可加衬字，使旋律更加优美生动，更加传神顺弓，所异者，一是谱，一是词。"②反之，按照骨干谱演奏，很难体现潮州弦诗乐的韵味，因此在演奏中需要对传统的骨干谱进行"造句"。

潮州二弦演奏家王安明③被业界人士津津乐道的是他演奏中la-sol

---

① 采访时间：2018年3月18日；采访地点：汕头市龙湖区长江公寓蔡树航、黄冠英家。

② 杨卫邦：《潮州音乐的特色》，《潮乐研究》（第2辑），1995年，第5页。

③ 王安明（1918—2006），男，籍贯揭阳市揭东县炮台镇，潮剧乐师，1978年调汕头戏曲学校任教，接替杨广泉教潮州二弦。

下行的处理非常有韵味，笔者结合王安明《浪淘沙》的演奏谱，根据王安明的演奏录音，对其重新记谱发现，在演奏la-sol下行时，他习惯性在前加一个短促的si音，形成si-la-sol的下行，使得前八后十六分音符变成加附点的十六分音符，这是由演奏技法引起的"造句"，这成为他的潮州二弦演奏特征的一个标志。

美化旋律通常是加花，蔡树航改编订谱的《寒鸦戏水》1—8小节加花的方法有：同音同度重复，将四分音符的c2音变成两个同音的八分音符；"邻音相接"，将一个大三度音（b1-d2）之间插入过渡音c2，使之成为级进；将四分音符和八分音符加花成为前八后十六和十六分音符相交叉的节奏型，使得旋律发展的动力十足，这是借鉴了催奏手法进行加花，运用的是"六点一"催奏法（见谱3）。

谱3：《寒鸦戏水》1-8小节①

蔡树航运用的旋律加花和催奏加花两种方法，其作用有所不同，加花讲究疏密搭配，只要符合合奏法则，可以很好地去利用加花去美化旋律。

相对于风格粗犷的潮剧伴奏"棚顶乐"，"儒家乐"不需要按照乐谱来演奏，个人发挥的空间大，乐曲的时值和速度可以处理得非常细腻，便于把潮州弦诗乐非常柔美的"味道"表达出来。总之，"儒家乐"有很大的二度创作空间，"儒家乐"演奏家都会根据自己对作

---

① 《寒鸦戏水》的演奏谱由蔡树航提供。

品的理解重新改编订谱。

■ 二 "造句"的手法

"造句"技术复杂，需要具有良好的潮州音乐知识积淀和较好的乐器演奏技能，最基本的条件是要了解潮州弦诗乐队所有乐器比较好用的音区和音色。"'造句'的好听与否又取决于演奏者的气质与音乐素养，所以人们很尊重那些'造句'好听，而且在'造句'中能充分发挥技巧和讲求风格的演奏者。"①在潮州弦诗乐乐队中，"造句"工作往往由乐队领奏来担当。

（一）加引子

传统的潮州弦诗乐作品没有类似散板的引子，"儒家乐"艺人为了增加乐曲新意，借鉴中国民族器乐的创作手法，设计一个类似引子的部分，使古老的潮州弦诗乐呈现新的时代性，如董峻的《黄鹂词》，他在《黄鹂词》的开始处，将乐曲后面快速1/4拍的[三板]开头部分的23小节"挪过来"作为乐曲的引子，乐曲第24小节进入慢速的4/4拍[头板]部分。经过与[三板]开头的23小节比较，引子部分做了"造句"，使用加花的方式将旋律变得紧凑。

（二）使用"大跳"音程

潮州弦诗乐旋律进行特点是级进多而跳进少，20世纪40年代，杨广泉受到广东音乐跳跃性强的影响，在《寒鸦戏水》句首做了大的音级跳动尝试。"他对于潮乐旋法中的'中庸之道'所导致旋律柔多于

---

① 李萌编选：《中国传统古筝曲大全——潮州、客家、福建古筝流派》，人民音乐出版社2004年版，第2页。

刚的弱点并不满意，处心积虑想突破潮州音乐的那种音阶旋律的级进规范（见谱4）。"①

谱4：《寒鸦戏水》传统谱②和杨广泉版本3比较（6—8小节）

杨广泉的《寒鸦戏水》句首"造句"手法是乐句旋律从b1音逐渐下行到低音c1，然后八度上行，从c1到c2的八度跳进。杨广泉擅长弹奏潮州筝，他这一经典"造句"借鉴了潮州筝的勾、托指法。据黄冠英说，c1和c2两个音的处理非常有新意，"二弦拉内弦是低音sol（即c1音），再拉外弦中音sol（即c2音，用第四指按弦），这个八度很新颖，突破传统演奏法的平淡，很好听"④。

188

（三）改变调式调性⑤

潮州弦诗乐艺人擅长"玩弄"变换调式的游戏，他们常将传统乐曲用不同调式来演奏，由于每个调式的骨干音和情绪不同，变调之后为了使乐曲旋律流畅，并符合该调性的情绪，就需要重新"造句"，

① 余亦文：《潮乐问》，岭南美术出版社2006年版，第443页。

② 《中国民族民间器乐曲集成》全国编辑委员会、《中国民族民间器乐曲集成·广东卷》编辑委员会：《中国民族民间器乐曲集成·广东卷》（上），中国ISBN中心2006年版，第482页。

③ 《中国民族民间器乐曲集成》全国编辑委员会、《中国民族民间器乐曲集成·广东卷》编辑委员会：《中国民族民间器乐曲集成·广东卷》（上），中国ISBN中心2006年版，第476页。

④ 笔者微信采访黄冠英，采访时间：2018年12月14日。

⑤ 文中有关调的分析，以及调式调性的表述方式来自蔡树航、黄冠英两位资深的潮州弦诗乐演奏家。

如《景春萝》原为活泼轻快的"轻三六调"，黄冠英将其变成"重三六调""轻三重六调"或"活三五调"，变调后对旋律进行了修饰（见谱5）。

谱5：四个调的《景春萝》1—8小节①

注：re上加↑表示"活五调"的微升re，比原位re高约30音分

可见，《景春萝》四个调音列组合不同，节奏型也做了修饰。黄冠英强调在实际演奏中，除了要通过"造句"使旋律顺畅，乐曲速度也要根据调式的情绪有所增减，如"活三五调""重三六调"情绪略凝重，节奏要放慢至每分钟44—60拍，"轻三六调""轻三重六调"情绪较轻快，速度要每分钟80拍。

《粉红莲》是潮州弦诗乐的传统乐曲，原为"重三六调"，全曲由四个自然段构成。杨广泉于20世纪70年代将该曲四个自然段分别采用"重三六调"（1—24小节）、"活三五调"（25—50小节）、"轻三重六调"（51—82小节）和"轻三六调"（83—108小节）四个调式来演奏，也就是说，后三段做了转调。杨广泉所用的改变调式的办法是改变调式特性音和移位转调的潮乐变调手法。

第一次转调："重三六调"转为"活三五调"（25—50小节）。采取改变调式特性音从而改变调式的变调手法，由于"活三五调"没

---

① 黄冠英提供。

有mi音①，民间称之为"绝工②调"，因此将"重三六调"中的mi音（a1）变成fa音（b1），四个小节中有5处mi音被变成fa音。在演奏中将re音微升，然后再通过"造句"美化旋律（见谱6）。

谱6：《粉红莲》传统谱③和杨广泉《粉红莲》比较（25—28小节）④

第二次转调："重三六调"转为"轻三重六调"（51—82小节）。采取改变调式特性音从而改变调式的变调手法，将"重三六调"中的si音（e1）改为la音（d1），突出"轻三重六调"的la-re-fa三音（见谱7）。

谱7：《粉红莲》传统谱和杨广泉《粉红莲》比较（54—57小节）

第三次转调："重三六调"转为"轻三六调"（83—108小

---

① "活五调绝'工'（即mi）这是绝对的，但活五调中的'五'（即re）相当于升高半音却是片面的，若只是相当于升高半音，不能言'活'，只能言'死'。实际上活五调在演奏中，除了'七八（即sol、la）'两音保持原来音律饱和外，其余各音都活。"见蔡树航《潮乐"轻、重、活、反"诸调的辨析》，《潮乐研究》（创刊号），1994年，第18页。

② "工"即工尺谱字中的"工"字。

③ 《中国民族民间器乐曲集成》全国编辑委员会、《中国民族民间器乐曲集成·广东卷》编辑委员会：《中国民族民间器乐曲集成·广东卷》（上），中国ISBN中心2006年版，第634页。

④ 陈浚辉、费邓洪：《杨广泉二弦艺术》，汕头海洋音像出版社2008年版，第57-58页。

节）。采取改变调式特性音从而改变调式的变调手法，将"重三六调"的si音（e1）改为la音（d1），然后用移位转调方法把所有的音都上升五度，即do音变为sol音，以84小节的si音（e1）为例，下行变成la之后升五度，就成了mi音（a1）（见谱8）。

谱8：《粉红莲》传统谱和杨广泉《粉红莲》比较（84—87小节）

经历三次转调，乐曲的情绪由沉重变成了轻松愉快。

（四）和其他乐器之间的多声配合

潮州弦诗乐合奏法则讲究"有主有扶，缭舵相助。高低互衬，抑扬顿挫"[1]。合奏时，乐手们在即兴演奏中遵循以上原则，常出现四度、五度的重合与分离。"例如弓弦乐器乐句尾字有送弓，弹拨乐器便应以点拍给予配合，如若弓弦乐器无送弓而作休止，那么弹拨乐器便不用点拍。"[2]黄冠英曾同笔者讲起她听到蔡树航用潮州二弦拉《出水莲》时特别投入，触发她的灵感，她就用琵琶轻声地与蔡树航的潮州二弦配合，形成"你进我出、你繁我简"的声部配合（见谱9）。

谱9：《出水莲》声部配合（1—4小节）[3]

---

① 陈天国、苏妙筝、陈宏编著：《潮州弦诗全集》，花城出版社2001年版，第4页。

② 蔡树航：《潮乐五个品种概观》，《潮乐研究》（第六辑），2004年，第24页。

③ 汕头市艺术研究室、汕头市潮州音乐研究室编：《潮州乐曲300首》，中国戏剧出版社1997年版，第100页。

《出水莲》第1小节，潮州二弦和琵琶同度进行，当潮州二弦长音时，琵琶用八分音符填充。第2小节琵琶使用八分附点和潮州二弦声部形成对比。第4小节潮州二弦长拍，琵琶填充。就如同黄冠英所说："只要你有本事，你就可以很好地去发挥，就像跳交谊舞一样，在某个地方交叉、互补、互让，十分'胶粘（协调融合）'。所以我一旦和我的老同学一起合奏时，我很有灵感。"①

（五）多种"造句"手法相结合

王安明《浪淘沙》句首"造句"同样堪称经典，乐曲通过变换节拍和配器法的精致布局，营造了"碧海波波逝，金砂逐浪移，不分轻与重，粒粒皆成团"②的音乐画面。其"造句"手法有：①将《浪淘沙》传统谱的前8小节由［头板］变为速度自由的［散板］9小节。②抽取《浪淘沙》传统谱前两小节的骨干音符作为乐曲"引子"。③配器法的精致布局，前3小节用弹拨乐组的合奏来营造波涛拍岸的景象，通过强弱变化处理来表现后浪推前浪的情境。第4、第5小节用弹拨乐做铺垫，改由提胡领奏，提胡的音色缠绵亲切，其声音似乎从很遥远的地方出来，似回忆追思。第6小节竹笛加入，声音缥缈，最后半拍潮州二弦进入，第10小节正式进入［头板］。

"造句"手法多样，前提条件是不能改变乐曲的拍数。综上，"造句"是指在改造潮州弦诗乐骨干谱的基础上，对乐曲旋律进行加花、减字、变换节奏型，对全曲速度、结构、调式调性进行重新布局，以产生新的韵味、美感和时代性。

---

① 采访时间：2018年3月18日；采访地点：汕头市龙湖区长江公寓蔡树航、黄冠英家中。

② 潮汕籍音乐家陈玛原对《浪淘沙》表达意境的概括。

三 "造句"与精致儒雅的潮汕文化生态

民国时期，"儒家乐"用来特指潮汕、客家民系演奏的"外江乐"。"外江"是广东民间对沿长江各省份的统称①，清代中晚期，"外江戏"和"外江乐"由安徽、浙江一带传入潮汕地区。由于"外江戏"的唱做都比较精细，表演比较文雅，因此被称为"儒家戏"和"儒家音乐"，潮汕人和客居潮汕的客家人纷纷学习，"以前潮州的外江戏班，多数是一些有钱人，业余喜爱，自己出资组织，请戏师爷来传教，自己学习后，粉墨登台串演的"②。从事"外江戏"表演和"外江乐"演奏的乐社被称为"儒乐社"③。清末，"外江乐"广泛流行于潮汕地区，演奏者以客家人居多，以客家人较多的潮州市潮安县庵埠镇为例，该镇的民间乐社林立，"从光绪间到1950年，以'儒乐社'为名的汉乐（兼演唱汉剧）组织此起彼伏，十分兴旺。先后有咏霓裳儒乐社、文里儒乐社、隐隐儒乐社、庵江儒乐社、爱群儒乐社等"④。新中国成立以后，潮州弦诗乐延续"儒家乐"精致儒雅的风格。

儒家乐"造句"手法精心雕琢，处处体现"儒家乐"柔美和细腻，"儒家乐"对演奏的要求是"要表现出非常柔美的感觉来"⑤，艺人在演奏过程中，通过左手吟、揉、滑、按等技法，使弦音余韵绵绵不绝于耳。和潮州工夫茶、潮州菜、潮州刺绣、潮州木雕类似，是精致潮汕文化在音乐中的体现。

---

① 林毛根：《潮州音乐漫谈》，汕头大学出版社1997年版，第29页。

② 陈天国、苏妙筝：《潮州音乐》，广东人民出版社2004年版，第243页。

③ 20世纪30年代，客家人钱热储提议将"外江乐"更名为"汉调音乐"。新中国成立后，客家地区民间器乐总称为"广东汉乐"，与广东音乐、潮州音乐并列。

④ 杨启献：《潮乐汉调竞风流——庵埠镇的民乐活动》，《潮乐研究》（创刊号），1994年，第12页。

⑤ 杨卫邦：《潮州音乐的特色》，《潮乐研究》（第2辑），1995年，第6页。

819年，韩愈被贬潮州府，在潮州府8个月时间里，韩愈兴办州学，提倡教育，潮州有了"海滨邹鲁"的美誉，"带动了潮汕地区崇尚儒学、提倡举止优雅的风气"①。中原地区的儒家文化在潮汕地区得以传播并且成为潮汕社会的主流思想。此外，潮汕地区依山傍海，地理位置优越，物产丰富，"在地狭人多的地理空间中，潮汕人追求的是儒雅、高雅、优雅的生活，而为了实现这种生活，潮汕人依靠精耕细作、精雕细琢"②。"这一切反映在音乐上，潮州音乐特别突出'儒家乐'。音乐与儒家挂在一起，表明这音乐是高度文化基础的产物。"③

此外，"灵活性和艺术性是潮州人最突出的特征之一。潮州，农有农艺，种田种菜像绣花一样，所以潮汕老农是国内外出名的农艺家；工有工艺，木雕、刺绣、瓷艺、乐器、铜锡器、竹器，多得不可胜数"④。此外，潮汕菜系制作精细、追求原汁原味，以及潮州工夫茶在烹制和冲泡的过程中展示出高超的技巧，都是潮汕人生活艺术化的体现。

四 结语

"造句"反映了潮州弦诗乐"儒家乐"具有极其复杂的演奏技巧、变异规律和审美理念，其"造句"手法处处体现"儒家乐"的技术性、文人化和创造性。

---

① 周峰：《岭南文化集萃地》，广东人民出版社2016年版，第101页。

② 周峰：《岭南文化集萃地》，广东人民出版社2016年版，第103页。

③ 陈天国：《潮州音乐的概念、分类及有关历史》，《潮乐研究》（第4辑），1998年，第5页。

④ 陈天国：《潮州音乐的概念、分类及有关历史》，《潮乐研究》（第4辑），1998年，第5页。

第一，从"造句"看潮州弦诗乐"儒家乐"的技术性。潮州弦诗乐艺人要有相当高的演奏技巧才能和"儒家"挂上钩，如潮州二弦演奏家杨广泉的演奏刚劲霸气、宏达大气；王安明的演奏音色凌厉、节奏规整、音色饱满；董峻的行弓优美、发音清丽、风格细腻。另外，潮州弦诗乐的"谱简腔繁"给艺人们留下广阔的二度创作空间，由于每个人对同一个作品内涵的理解不一样，"儒家乐"艺人们通过"造句"，便于更好地表达自己心目中的音乐形象。

第二，从"造句"看潮州弦诗乐"儒家乐"的文人化。田青在《余其伟与广东音乐的文人化》一文中提出："我所说的'文人化'其实质是由具有'宗教改革家'素质的知识分子用'文化'来'化'民间艺术中原本粗俗浅陋的东西，使其升华、使其飞腾。"①广东民间丝竹音乐普遍具有文人化的内涵，潮州弦诗乐演奏家们在演奏的基础上，或多或少地进行传统乐谱的搜集整理、给传统乐曲重新订谱、创作新作品，以及学术研究的工作，如蔡树航、黄冠英夫妇在继承前辈杨广泉、黄长富高超的潮州二弦、潮州筝演奏技巧的基础上，搜集整理1000余首潮州弦诗乐作品，精选后编印成《潮州乐曲300首》，给《粉红莲》《寒鸦戏水》《柳青娘》等近百首传统潮州筝曲重新订谱，创作潮州筝曲《韩江之春》《感怀》，出版潮州音乐研究专著《潮州音乐》②。"儒家乐"艺人一定要有丰厚的知识积淀、了解历史而又有很好的演奏技术。来自民间的艺术形式，经过文人的改造，逐渐脱去乡土的色彩，将民间丝竹音乐提升到新的高度，体现新的内涵，非一般民间艺人所能企及和胜任。

第三，从"造句"看潮州弦诗乐艺人的创造性。在访谈中，黄冠

195

---

① 中国艺术研究院音乐研究所、《中国音乐年鉴》编辑部编：《中国音乐年鉴·1996》，山东文艺出版社1997年版，第563页。

② 蔡树航：《潮州音乐》，广东人民出版社2009年版。

英多次强调"潮州音乐最难在于创造"①，"乐曲的内部结构，其旋律、节奏、板数、变奏、加花、穿针引线，缝合得天衣无缝，而群体协奏的配合，则默契和谐，以礼待人，钳工得体，把曲子演奏得如诗如画"②。精巧地构思、"苦心积虑"地装饰，最终体现的是"儒家乐"的创造性。

变奏是中国民间器乐曲最主要的和最普遍的旋律发展手法，袁静芳归纳了三种民间器乐曲的常用变奏手法，根据笔者对"造句"现象的分析，认为潮州弦诗乐的"造句"主要运用的是第一种"旋律结构规模基本不变时所用的变奏手法，如加花、变换头尾、变换演奏技巧、变换音区音位、变换节奏型、变换旋律线等"③，以及第三种"改变旋律调式调性时常用的变奏手法，如移调指法（或弦法）变奏、按弦转调变奏、借字变奏等"④。"造句"反映了潮州弦诗乐艺人对传统骨干谱的再创造，背后蕴藏着潮汕人的方言语音、民众审美心理、行为习惯等，隐藏着复杂的艺术原理和文化内涵。"造句"也体现了艺人们的技巧和艺术修养，也反映出艺人们借鉴中西音乐的演奏技术和法则，把潮州弦诗乐的即兴演奏和现代配器法结合起来，创造性地提高了潮州弦诗乐的艺术表现力。

本文在撰写的过程中，得到蔡树航、黄冠英夫妇的悉心指导，特此感谢！

---

① 采访时间：2018年1月8日；采访地点：汕头市龙湖区长江公寓蔡树航、黄冠英家中。

② 余亦文：《潮乐问》，岭南美术出版社2006年版，第32页。

③ 袁静芳：《民间器乐曲地方风格的几个重要组成因素》，《音乐研究》1986年第4期，第57页。

④ 袁静芳：《民间器乐曲地方风格的几个重要组成因素》，《音乐研究》1986年第4期，第57页。

新发展格局下潮州市文化产业集聚研究：机理机制、空间集聚特征及优化路径

车学森　香港中文大学文学院

张　伟　广东财经大学文化旅游与地理学院

摘　要： 新发展格局下，文化产业集聚作为有效配置区域经济与文化资源要素的组织形态，对促进城市文化产业高质量发展具有重要的驱动作用。本文以文化资源禀赋深厚的潮州市为研究对象，探讨文化、经济和区位三因子合力促进潮州文化产业集聚的运动路径，梳理产业集聚在政府主导下多元驱动的推进机制，揭示宏观市域层面"西高东低"以及重点新兴区域"一江两带"的空间格局和集聚特征。基于潮州市文化产业总体发展态势，本文从协同发展、跨界创新、系统推进三种视角提出优化策略：一是构建文创产业链式发展体系；二是依托数字技术推动业态升级；三是打造支撑高质量发展的人才磁场。

关键词： 文化产业集聚；新发展格局；高质量发展；机理机制；空间集聚；优化路径

　　当前，面对纷繁复杂的国内外形势，中央明确提出"以国内大循环为主体、国内国际双循环相互促进"的新发展格局。广东省也对高质量构建"一核一带一区"区域发展格局作出进一步部署。随着文化产业在全球范围内的蓬勃兴起，如何推动文化产业高质量发展是新发展理念指导下的重要考量，也是践行新发展格局的重要表征。在数字化和创新经济推动下，文化产业集聚发展呈现出企业集聚、项目集聚、"要素+业态"集聚等多种形态深度融入经济社会，以创意集聚助力城市经济持续健康发展，不仅为文化产业提质增效发展提供新

思维、新动能，更为现代化经济体系构建提供文化资源和资金支持。潮州市文化底蕴深厚，资源禀赋独特，文脉之广、文缘之深、文气之足，为文化产业集聚提供了极大的可持续发展潜力。2020年，潮州市提出构建"一江两城一海湾"空间发展格局，打开了潮州文化产业高质量发展的新局面。恰逢习近平总书记视察潮州并发表重要讲话一周年之际，把握产业集聚的发展脉络，持续促进文化产业高质量发展，成为构建新发展格局中格外受关注的重要议题。

一　文化产业集聚：文献回顾与概念意涵

关于文化产业集聚理论的发端，学界普遍认为肇始于19世纪末，新古典经济学家马歇尔（Marshall）[①]从外部经济规模的角度出发，指出地理接近性与规模效应是产业集群的关键因素。其后，经济学家韦伯（Weber）[②]、佩鲁（Perroux）[③]、克拉克（Clark）[④]等诸多学者从集聚经济、增长极理论、社会艺术史等多重视角介入产业集聚或文化集聚的现象分析。进入20世纪90年代，迈克尔·波特（Michael E.Porter）[⑤]开创性地从国家竞争力的视角出发提出了产业集群理论（Industrial Cluster Theory），并围绕产业集群竞争力的生产要素、需求条件、支持产业、企业战略与竞争四个因素确立了"钻石模

[①]　〔英〕马歇尔：《经济学原理》（上卷），朱志泰译，商务印书馆2011年版。

[②]　〔德〕阿尔弗雷德·韦伯：《工业区位论》，李刚剑、陈志人、张英保译，商务印书馆2010年版。

[③]　苗长虹、樊杰、张文忠：《西方经济地理学区域研究的新视角——论"新区域主义"的兴起》，《经济地理》2002年第6期。

[④]　Clark，T.J.，*The Painting of Modern Life：Paris in The Art of Manet and His Followers*，New York：Alfred a Knopf，1984.

[⑤]　〔美〕迈克尔·波特：《国家竞争优势》，李明轩、邱如美译，中信出版社2012年版。

型"这一全新的分析范式。随着"新经济地理学"的兴起，克鲁格曼（Krugman）①将研究方向延伸至文化产业集聚，并置于经济活动空间的分析框架之中。斯科特（Scott）则关注到了地理因素与文化产业集聚的互动关系，并从全球视野指出了文化产业集聚主要集中在各国的文化城市或国际化都市。②我国学者在相关领域的研究相对滞后，康小明和向勇继承产业集群理论的思想，从横向扩张和纵向扩展两个维度探讨产业集聚与文化产业竞争力的提升，较早地在国内展开了对文化产业集聚的探讨。③

随着文化产业的高速发展，越来越多的学者意识到城市文化产业集聚的研究在现代经济由高增速转向高质量发展进程中是不可或缺的重要议题。学术界承接上述理论范式的探讨，并将研究方向主要聚焦在以下三个视角：

其一，文化产业集聚内生机制与结构特征的视角。斯科特较为系统地从地理学层面阐述了文化产业集聚的成因、特征、趋势，④随着研究的不断深入，他认为人际关系、文化积淀与生产组织的变迁及汇聚是促进文化产业集聚的主要因素。⑤吉布森（Gibson）和康（Kong）则从创意经济的视角批判性地梳理了自法兰克福学派以来歧义迭出的多种概念意涵，并提出"文化与经济互为激荡的空间"这

---

① Krugman, P. R., "Globalization and The Inequality of Nation", *Quarter of Journal Economics*, vol. 110, no. 4, 1995, pp. 857-880.

② Scott, A. J., "The Craft, Fashion, and Cultural-Products Industries of Los Angeles: Competitive Dynamics and Policy Dilemmas in a Multisectoral Image-Producing Oomplex", *Annals of The Association of American Geographers*, vol. 8, no. 6, 1996, pp. 306-323.

③ 康小明、向勇：《产业集群与文化产业竞争力》，《北京大学学报》（哲学社会科学版）2005年第2期。

④ Scott, A. J., *The Cultural Economy of Cites*, Oxford: Blackwell, 1995.

⑤ Scott, A. J., "Creative Cities: Conceptual Issues and Policy Questions", *Journal of Urban Affaires*, vol. 28, no. 1, 2006, pp. 1-17.

一论述。①我国许多学者也从不同的角度对集聚的内在机理做出了有益的探索。张振鹏和马力通过分析发达国家文化创意产业集聚的案例，对其中集群形成机理进行了研究。②向勇进一步提炼各方学者的观点，认为文化产业集群不仅是一个特殊的地理现象，更是代表这一种文化产业及其相关产销的企业组织、专业劳动和支援机构的密集聚合。③质言之，文化产业集聚作为一种新的经济发展模式，不仅成为推动产业转型变革的内在驱动力，还重塑了城市经济增长范式。

其二，文化产业集聚与城市关系及影响因素的视角。城市是文化产业实现集聚的重要载体与场所。基于西方各个学派的思想与观点，联合国教科文组织总结性地指出，"文化集群是推动经济可持续发展的引擎，并通过城市再生政策来复兴城市"④。"创意产业之父"霍金斯（Hawkins）探讨了创意经济模式下创意人才为产业集聚创造了新的经济增长点。⑤花建从文化产业、信息技术与城市空间三个层面指出了创新、融合、集聚的互动趋向。⑥此外，我国学者亦偏重从实证分析的角度探究产业的集聚程度和影响因素。譬如顾江等基于省际面板数据的实证研究结果得出：文化产业集聚及其空间溢出效应与区域创新能力存在明显的空间自相关性。⑦魏和清与李颖利用区位

---

① Gibson C, Kong L, "Cultural Economy: A Critical Review", *Progress in Human Geography*, vol. 29, no. 5, 2005, pp. 541-561.

② 张振鹏、马力：《文化创意产业集群形成机理探讨》，《经济体制改革》2011年第2期。

③ 向勇：《文化产业导论》，北京大学出版社2015年版，335页。

④ OECD, *Cultural and Local Development*. Paris: OECD, 2005, p138.

⑤ Hawkins, J., *The Creative Economy, How People Make Money From Ideas*, London: The Penguin Press, 2001.

⑥ 花建：《创新·融合·集聚——论文化产业、信息技术与城市空间三者间的互动趋势》，《社会科学》2006年第6期。

⑦ 郭新茹、顾江、陈天宇：《文化产业集聚、空间溢出与区域创新能力》，《江海学刊》2019年第6期。

熵和地理加权回归模型等分析方法，从宏观层面对省域文化产业集聚展开论证，得出我国集聚水平大体呈现东高西低的阶梯状分布特点，且政府扶持力度、经济发展水平、交通便利性和文化资源均能对集聚效应产生影响。①

其三，区域文化产业集聚特征与时空格局演变的视角。此视角多以经济地理学为研究的逻辑原点，将研究对象聚焦在具体的某一城市，探讨城市尺度的文化产业集聚。大卫（David）基于纽约及洛杉矶等大城市的实证分析，从政策、社会、文化的角度验证文化产业集聚为城市产业结构的转型和发展带来了多重的正面效益。②薛东前等人以中国西部的文化古城西安为案例，从城市功能格局的视角出发，分析与文化产业集聚特征的耦合关系，并得出产业布局"空间+功能"的依附性特征。③刘润等人则基于庞大的企业数据，采用地理空间统计分布方法，深入探究武汉市的文化产业集聚发展特征与模式，揭示了个体户、中小企业是文化产业集聚的重要载体，且主要集聚在城市的中心城区，并在交通速率、区位选择和产业关联上形成了一定模式的路径依赖。④

综合各方观点来看，文化产业集聚可以理解为在内容层面以文化资源为依托，在地理层面以企业集聚为表现形态，在效用层面以价值转化为主要方式，基于具有共性的经济资本、政治资本及文化资本，通过创意赋能与文化创新将利益相关者和价值参与者在空间维度与时

① 魏和清、李颖：《中国省域文化产业集聚的空间特征及影响因素分析》，《统计与决策》2021年第16期.

② David Halle, *New York and Los Angeles: Politics, Society and Cultural: A Comparative View*. Chicago: University of Chicago Press，2003.

③ 薛东前、万斯斯、马蓓蓓、陈荣玉：《基于城市功能格局的西安市文化产业空间集聚研究》，《地理科学》2019年第5期。

④ 刘润、任晓蕾、黄敏、钟晟、吴姣：《武汉市文化产业集聚发展的特征与模式》，《经济地理》2020年第12期。

间维度上串联起来。一方面，文化产业集聚从空间维度呈现出地理环境与区位属性之于文化发展的影响效果，成为区域经济高质量发展新引擎和动力动能；另一方面，文化产业集聚从时间维度上勾连起不同时期的文化资源与民族记忆，描绘出地方文明气象万千的宏大文化图景。

综上所述，就既有研究成果而言，国内外的学者围绕文化产业集聚的研究探讨业已建构出蔚为大观的理论体系和完善清晰的研究脉络。然而必须指出的是，具体到特定区域的产业集聚仍有待结合时代背景，从经济发展、文化政策和科技创新等要素展开分析论证。比如，鲜有学者以历史文化资源丰富的潮州市为研究对象，本应深入探讨的历史文化名城却缺乏系统性和整体性的宏观把脉以及集聚模式的凝练。鉴于此，本文试图对潮州市文化产业的区域集聚进行梳理总结，探究产业集聚的演化机理和推进机制，并在此基础上提炼创新发展的优化路径，以期促进文化产业集聚成为潮州市发展新动能和经济新增长点的重要一环。

■ 潮州市文化产业集聚内在机制与推进机制

纵观我国文化产业集聚的案例不难发现，即便在相同的语境和分析框架下，分处各地的产业集聚现象仍然呈现出差异性的特征。究其缘由，是政府规划、文化资源、经济水平和人文环境等多种因素的关联和影响，导致文化产业集聚往往具有显著的在地性，因此不同地区的文化产业集聚存在迥异的生成路径。基于此，围绕文化产业集聚的内在机制分析，必然需从文化因子、经济因子与区位因子三方面来进一步探究其成因。

（一）内在机制：文化、经济与区位三因子互嵌耦合

1. 文化因子：历史文化名城资源禀赋深厚

潮州，历史悠久，人文鼎盛，古往今来以其山明水秀、河岳炳灵的自然景观和精巧秀逸、古朴典雅的文化景观而闻名于世，是"潮文化"的发祥之地。潮州之名，始于隋朝开皇十一年（591），取"在潮之洲，潮水往复"之意；又因传说有凤来仪，寓意吉祥，潮州便也有了"凤城"的别称。正是潮州古城千秋韵色，常引得历代文人墨客游览于此吟诗作赋，故而被誉为"海滨邹鲁""岭海名邦"。

历史文化沉淀形成的地域文脉是一个城市的内涵和根基。经过千年的延续与传承，成就了如今潮州市悠久深远的历史文化底蕴。1986年底，古城潮州被正式列入第二批国家级历史文化名城。据有关部门勘察统计，到2018年末潮州现存的文物古迹达1335处，其中全国重点文物保护单位9处，广东省文物保护单位31处（共45个点），市（县）级文物保护单位155处[①]，涵盖了古遗迹、古墓葬、古祠堂、古寺庙、古牌坊、古塔、古桥等各式各样的历史名胜，是粤东文物古迹荟萃之地。此外，潮州非物质文化遗产同样也是中华文化的瑰宝，众多传统工艺门类被列为国家级、省级和市级非物质文化遗产保护项目。截至2019年10月，潮州拥有国家级非遗代表性项目15项，省级非遗代表性项目23项（不含国家级），市级非遗代表性项目68项（不含国家级、省级）；国家级非遗代表性传承人22人，省级非遗代表性传承人48人（不含国家级），市级非遗代表性传承人48人（不含国家级、省级）；国家级非遗传承基地2个，省级非遗基地26个，市级非遗传承基地45个，省级文化生态保护实验区1个。[②]可以说，潮州城

203

---

① 《文化事业欣欣向荣　文化产业蓬勃发展》，潮州市人民政府网2019年10月2日。

② 《文化事业欣欣向荣　文化产业蓬勃发展》，潮州市人民政府网2019年10月2日。

市历史文化遗存在物质层面和精神层面都实现了城市文脉的延续，使历史和当代相得益彰，从文化纬度促进了产业集聚的可能。

一方水土孕育出一方文脉。有别于其他历史文化名城，韩江水系河流纵横，凤凰山脉群峰起伏，在山川与水洲之间的历史积淀赋予了潮州别具一格的山水文化与景观文化，在河汉如织与水色岚光中品味山水的情怀，在一桥一楼一街中感知历史的记忆；丰富的潮汕习俗与居民生活哺育出古朴典雅的民俗文化与精彩绝伦的民间艺术，以看得见、摸得着的文化形式承载着历史岁月的悠长韵味；还有堪称一绝的潮州美食以其"天人合一"的自然观、色香俱全的美食观、药食同源的养生观等文化内涵赢得"潮州佳肴甲天下"的赞誉；到了近代以来，更有红色革命飘扬在潮州大地上，让凤城的文化底色更具历史的雄厚感与光辉精神。正因如此，潮州在历史长河中逐渐形成了独具特色的资源禀赋，构筑了底蕴深厚的文化资源体系（见表1）。与此同时，本土文化产业具有极其显著的文化根植性。深邃的、弥散的、多元的潮州文化为相关文化产品及文化企业提供根植于本土的地理品牌和城市声誉，吸收独特的文化资源、风格和传统，通过创意表达的形式实现价值创化与经济营收，进而吸引更多文化企业扎根潮州并发挥集聚效应。

表1　潮州市文化资源体系

文化类型	代表性内容或典故
山水文化	葫芦石刻、金山读史、笔峰摇翠、桑浦猎奇、凤凰观日、石壁赏玉、韩水塔影、西湖觅趣、柘林览胜、黄冈河畔
景观文化	湘桥春涨、韩祠橡木、金山古松、凤凰时雨、龙湫宝塔、鳄渡秋风、西湖渔筏、北阁佛灯
民俗文化	"营老爷"、盂兰节、中秋烧塔、新年烧龙、意溪重元宵、溪口灯会穿蔗巷等习俗 潮州话、潮绣、潮塑、潮剧、潮州木雕、潮州工夫茶、潮州陶瓷、潮州音乐等民间艺术

续表

文化类型	代表性内容或典故
美食文化	清而不淡、鲜而不腥、嫩而不生、郁而不腻的潮系菜色，以及以潮州春饼、潮州鱼丸、牛肉丸、鸭母捻、姜薯汤、腌水果等为代表的潮州风味小吃
红色文化	左联纪念馆、潮州七日红、茂芝会议、饶平中共苏区、左翼文化运动潮州六杰、潮籍开国将军陈德紫凝轩、凤凰山革命根据地、红十一军东江革命根据地等

资料来源：作者整理

2. 经济因子：文化产业提质增效、蓬勃发展

潮州府城历代以来皆是粤东地区的政治、经济、文化中心。随着城市的发展，久居潮汕地区的潮人逐渐形成重视商业的社会氛围，经过长时间的历史变迁，塑造出浓厚的潮商文化。正是博大精深、历久弥新的潮商文化以精神层面的影响力推动着潮州经济稳扎稳打、持续发展，奋力打造沿海经济带上的特色精品城市，在粤东城市群中扮演着东部经济增长极的重要角色。从城市整体定位以及经济发展态势上来看，潮州市文化产业集聚早已具备了一定的经济基础。

近年来，受经济下行压力增大、经济结构调整转型以及外部环境等纷繁复杂的因素影响，潮州地区生产总值增速有所放缓，但仍旧保持平稳较快发展，实现了经济正增长。2020年，潮州地区生产总值（GDP初步核算数）1096.98亿元，同比2019年增长1.3%[①]，展示出强劲的经济发展潜力。在文化产业方面，自2008年以来处于明显的经济集聚状态，整体实力和竞争力显著提升，集聚效应明显，对社会发展的推动作用进一步增强。据数据显示，潮州文化产业增加值总量不断攀升，经济规模持续扩大。2008年，潮州文化产业增加值14.94亿元，在全省各市中位居第14位。2017年，潮州文化产业增加值达

[①] 《2020年潮州市国民经济和社会发展统计公报》，潮州市人民政府网2021年3月31日。

53.68亿元（含R＆D，即研究与发展经费），在全省各市中位居第13位，是2008年的3.6倍。①文化产业增加值占GDP比重从2008年的3.53%（全省第9位），提高到2017年的5.3%（全省第6位），比重提高1.77个百分点，2014年以来连续4年占比超过5%，对潮州国民经济的贡献显著提高（见图1）。总的来看，潮州市文化产业的快速发展进一步增强了产业集聚经济的引领作用，截至2017年，潮州市集聚规模以上文化单位126家，实现创收123.44亿元。同时，产业发展的态势呈现出由追求增长速度向重视提质增效转型的趋势。

简而言之，潮州市文化产业集聚的经济因子一方面植根于文化因子形成具有潮商特色的经济结构，依托国家历史文化名城的文化积淀与重商崇商的文化基因，直接促进潮州第三产业的兴旺发达，为文化产业集聚打下了坚实的产业基础。另一方面，随着潮州城市的不断崛起，在沿海经济带的新区域发展格局作用下，愈来愈多的人力、物力、财力自发地集聚于此，持续增强文化产业集聚效应。

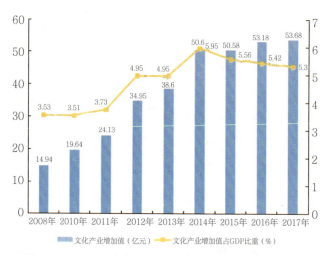

图1　2008—2017年潮州市文化产业增加值及占GDP比重
资料来源：《文化事业欣欣向荣　文化产业蓬勃发展》，潮州市人民政府网2019年10月2日。

①　《文化事业欣欣向荣　文化产业蓬勃发展》，潮州市人民政府网2019年10月2日。

3. 区位因子：优越的地理环境与立体的交通枢纽

潮州，自古以来便是海上丝绸之路的重要节点、岭海名邦；进入新时代，在广东省委和省政府规划的"一核一带一区"区域发展新格局当中，位于东翼沿海经济带的潮州市在其中既处于粤东城市群的关键区域，亦是粤闽合作区的重要城市，处于两者交汇的中心，东邻漳州，北倚梅州，西接揭阳，隔海峡与台湾遥遥相望。优越的地理环境，促进了潮州市文化产业集聚空间生态的形成。

随着经济和城市的发展，潮州市已发展成为粤东城市群的重要综合交通枢纽。潮州市依据自身突出的优势区位，以高速公路、铁路、航空对外通道建设为重点，以综合枢纽打造为关键，打造涵盖潮州古城与韩江新城的整体路网结构，促进老城、新城产业集聚的一体化发展。多层级、多方式、多渠道的交通网络不仅迅速缩短城市与城市之间的距离，而且高效连接产业集群，有序衔接各大产业园区的上下游产业链。此外，凭借海上交通区位优势，临港产业集聚效应不断增强。积极实施交通强市战略，为潮州市快速稳健的产业集聚发展提供了必要的交通保障，极大地提升了产业集聚的交易效率，进而促进实现以国内大循环为主体、国内国际双循环相互促进的新发展格局的建构。

4. 文化、经济与区位的互嵌耦合

按照一般系统理论，城市发展与文化产业集聚可以作为复杂系统来考量，而文化因子的资源禀赋、经济因子的产业基础、区位因子的地理位置均是引致文化产业集聚的原发诱因，三者彼此之间的互嵌（Embedded）与耦合（Coupling）势必将垂直型的产业链转型为多维性、繁复性和综合性的复合型结构。各因子之间的互嵌耦合作用，通过文化及地域根植性（Cultural and Regional Embeddedness）能够推动复杂系统迈向更高阶段的跨越式内涵式发展。从发生机理来看，文化、经济与区位三大因子在文化产业运转中的"文化输出—创新驱动—价值转换—产业集聚"各环节的交织、互嵌与耦合持续为产业发展赋能，以正向合力之势推进区域经济水平转向高质量发展。文化因子中深邃多元的历史文化底蕴与独特的地域文化特质构成文化产业的驱动要素与创新元素，而经济因子作为文化因子和区位因子的选择载体，在追求效用最大化的商业竞合过程中将经济行为深深嵌入社会文化体系并表现出极强的文化根植性。文化因子离不开经济因子的凝练与转化，经济因子则不能脱离文化土壤的具体语境，文化因子和经济因子之间的嵌合关系明显。此外，得益于区位因子的引导与吸引，文化资本的价值转换依托区位因子的地域根植性在交易效率和产业速率的共同推动下逐步实现文化产业的空间集聚。在三大因子的理论和功能嵌合下，赋予产业集群可持续性的文化生产功能，通过创意生产、场景营造、夜间消费等经济业态，不仅在产业供给层面呈现出文化资本价值转换层次高、文化技术赋能内涵创新多样化等特征，而且在价值取向、思维范式、生产理念与生活方式等层面，形成源源不断的现实需求不断促进后福特式区域文化产业的转型升级。概言之，文化层面的深厚底蕴、经济层面的产业发展、区位层面的空间选择不断交织互嵌、协同耦合，在客观上促成一种稳定性、程式化、高质量的产业发展结构，恰好迎合了区域文化产业集聚的解释逻辑（见图2）。

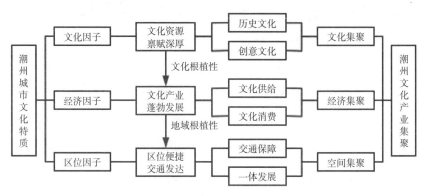

图2　潮州市文化产业集聚内生机制示意图

（二）推进机制：政府主导下的多元驱动模式

文化产业集聚的推进机制具有多样性、可控性与选择性，不同模式的推进路径也将导致迥然不同的经济效应。向勇认为文化产业集聚的形成和发展可以划分为四种驱动模式：社会驱动模式、市场驱动模式、行政驱动模式与多元驱动模式。[①]然而，就产业集聚的实践而言，潮州市文化产业的集聚机制并不能完全适用上述四种分析范式。究其原因，是当地文化产业的集聚形态经历了从无序发展到有序管理的嬗变，在政府改革扶持的多措并举下，不断激发市场活力，成功探索出文化产业发展的"潮州模式"，从早年间自发性的市场导向型和资源导向型产业集聚演进成为政府主导型的多元驱动机制。因此，本文借鉴向勇等人的研究，结合实际发展情况，提出潮州市文化产业集聚的主要推进机制为政府主导下的多元驱动模式。主要表现在如下三个层面：

第一，在政策层面构建产业发展支持保障体系。在发展文化产业过程中，潮州市十分注重文化产业发展支持保障体系的构建，尤其在潮州市委十四届十一次全会召开以后，提出"建设文化强市，打造文化高地"的发展目标，多项意义重大的文化政策在2017年以来纷纷制定出台（见表2），把文化产业打造成经济发展新支柱。经过多年的发展，潮州目前已构建了涵盖法制保障、产业规划、资金扶持、产业布局等较为完备的产业支持保障体系。涉及领域包括全市性的文化产业规划、文化保育、文化科技、文化金融、红色文化等，为文化产业发展提供财税金融、技术园区、产业人才等外围支持的政策，共同构建了较为完备的潮州文化产业发展政策体系。同时，在组织领导上，建立潮州文化繁荣发展领导小组，负责研究、协调、解决文化发展中的重大问题。2019年，潮州出台《关于进一步推动潮州文化繁

209

---

① 向勇：《文化产业导论》，北京大学出版社2015年版，第354-355页。

荣发展的意见》，提出30条具有创新性、可操作性的措施，兴起文化建设新高潮，进一步提出增强文化综合竞争力，擦亮"国家历史文化名城""中国瓷都""中国工艺美术之都"等金字招牌，打造文化强市、潮文化中心和对外文化交流门户。在习近平总书记视察潮州并发表重要讲话一周年之际，《潮州市推进文化强市建设工作方案》出台，从加强文化研究、传承保护、文化产业发展等方面25项具体任务出发，更为全面地推进文化强市建设，更为细腻地保护城市历史文化遗存，延续城市文脉，努力将潮州打造成世界有重大影响力的文化名城、世界潮人精神家园、世界级潮州文化旅游体验目的地、中华文化展示窗口。在一系列的政策引导下，有效地促进了产业高质量发展，推动了各生产要素合理流动，实现了资源优化配置，进一步发挥了对文化产业集聚的推进作用。

表2　2017年以来潮州市促进文化产业发展相关政策

政策类型	年份	政策名称
产业规划	2019年	《关于进一步推动潮州文化繁荣发展的意见》
产业规划	2021年	《潮州市推进文化强市建设工作方案》
文化保育	2021年	《潮州古城提升行动计划（2020—2025年）》
文化保育	2021年	《潮州市红色文化资源保护条例》
文化科技	2018年	《潮州市文化科技创意产业园管理细则》
文化科技	2018年	《关于促进文化科技与实体经济融合发展的若干意见》
文化业态	2021年	《潮州市促进工艺美术产业发展行动方案（2021—2023年）》
人才培育	2017年	《潮州市深化人才发展体制机制改革的若干意见》
人才培育	2019年	《关于进一步加强培养扶持工艺美术人才的实施意见》

资料来源：作者整理

第二，在市场层面构建文化产业发展体系。潮州在发展文化产业中依托潮州民营经济发达、实业基础雄厚等优势，引进培育了一批体量大、竞争力强的新产业集群、新产业门类、新产业模式，形成创新动力强劲、特色优势突出的新兴产业高地，并计划培育形成50家具有品牌优势、创新优势、规模优势的骨干文创企业。值得一提的是，近些年潮州还积极推动产业融合发展，结合沿海经济带上特色精品城市的发展定位，大力培育文化市场主体。据不完全统计，2018年末，潮州文化企业法人单位数超过2000个，从业人员超过3万人。具体到行业细分（见表3），从2020年第四次全国经济普查的结果来看，潮州市文化产业的从业人员集中分布在内容创作生产与文化辅助生产和中介服务两大行业，占据总从业人数的82.8%。从产业规模相比较而言，除内容创作生产、文化辅助生产和中介服务仍旧独占鳌头外，文化传播渠道与文化娱乐休闲服务发展态势同样良好，四大行业资产规模占全行业资产总额的93.2%。此外，在产业创新方面，深度挖掘、整合、联动相关产业资源，推动发展"文化+旅游""文化+制造业""文化+创意""文化+科技""文化+金融""文化+区块链""文化+体育"等七大"文化+"产业发展新模式、新业态，成为潮州文化产业新的增长点，也推动了现代产业体系的进一步完善。同时，在文化消费方面，推动"三馆一站"提档晋级，构建城市"15分钟文化圈"和农村"半小时文化圈"。2020—2025年连续5年，每年安排不低于200万元用于文化惠民，发挥其对文化消费的精准支持和激励引导作用。总的来看，潮州充分发挥市场机制作用，营造有利于包括民营文化企业在内的各类市场主体发展的营商环境，激发市场主体创新创业的积极性，为文化产业集聚提供了有力支撑和驱动内需新引擎。

表3　2020年潮州市第四次全国经济普查文化及相关产业法人单位基本情况

行业类别	法人单位数（个）	从业人员期末人数（人）	资产总额（万元）	营业收入（万元）
新闻信息服务	22	791	13273	1950

续表

行业类别	法人单位数（个）	从业人员期末人数（人）	资产总额（万元）	营业收入（万元）
内容创作生产	614	19126	741225	811419
创意设计服务	228	1230	27567	31981
文化传播渠道	81	1037	69817	17798
文化投资运营	4	37	5091	688
文化娱乐休闲服务	149	1639	61308	21614
文化辅助生产和中介服务	872	11836	466797	756839
文化装备生产	27	546	22336	15094
文化消费终端生产	98	1145	28985	34607
总　计	2095	37387	1436399	1691990

资料来源：《潮州市第四次全国经济普查主要数据（七、文化产业）》，潮州市人民政府网2020年9月30日。

第三，在平台层面全景式打造产业发展平台。近年来，潮州政府聚焦文化的传承与创新，将深厚的文化资源转换为经济新动能，探索全景式打造产业发展平台，从不同层级、影响范围助推产业平台联动。一是面向市内围绕"潮州文化传承"打造文化集聚创新平台，对潮州文化进行系统梳理展示，推进潮州古城保育活化和综合开发，加强潮州文化研究和传承保护，提炼独具匠心的潮州文化符号，促进文化旅游产业融合发展，推动潮剧、潮绣、彩瓷、手拉朱泥壶、工夫茶等非遗民俗融入文旅路线中，全方位提升城市"食住行游购娱"业态；二是面向国内融入粤港澳大湾区建设构建文化协同发展平台，把握"湾+带"联动机遇，全方位对接融入粤港澳大湾区建设，从枢纽优势、产业协同等方面加强与广深港等湾区城市的对接，从而推动基础设施"硬联通"和体制机制"软联通"，建设大平台，推进大项目，突出"文科旅"，打好"华侨牌"，不断提升潮州文化在大湾区的影响力；三是面向国际抓住"一带一路"建设等重大国家战略机遇搭建文化传播交流平台，传承海上丝绸之路的历史，打造新时代海上丝绸之路的文化支点，依托国际交流平台推动潮州文化企业与不同国家的文化交流和文化贸易，比如在第129届"云端"广交会上，潮州共有参展企业250家，展位总数971个，达成意向订单近6000万美元①，有效扩大了潮州企业在全球范围内的影响力。总之，潮州市从各个层面大力推动产业集聚发展，不断增强区域文化魅力、旅游引力和产业张力，产业集聚效应逐步显现，进一步推进建成更高水平的"文化潮州"。

三　潮州市文化产业集聚空间布局与集聚特征

2020年，潮州正式提出构建"一江两城一海湾"的空间发展格局，其中，"一江"指韩江保护治理，"两城"指潮州古城的保育活化和韩江新城的开发建设，"一海湾"指潮州海湾产城融合。一方面引导文化企业推进潮州老城区"微更新""微改造"，赋予古城新潮的文化内涵；另一方面以"新城+海湾"推动文化产业成为全市经济高质量发展的新引擎。事实上，"一江两城一海湾"空间发展格局的提出，是贯彻落实习近平总书记关于促进区域协调发展的重要论述和对潮州重要讲话精神的创新实践，是落实"双循环""一核一带一区"新发展格局重大战略部署的重要抓手，同时于潮州而言既是大势所趋，也是发展所需。通过空间发展格局的优化，围绕潮州文化遗产传承与创新，重点扶持工艺美术、文创设计、文化旅游、文化服务等特色产业，一批具有发展优势与广阔前景的文化产业集聚区逐步形成。

---

① 《250家潮州企业"云"上参展》，南方新闻网2021年4月9日。

（一）市域整体"西高东低"的空间布局

从市域整体布局来看，呈现出"东高西低"的产业空间布局。潮州市在充分尊重自然地理格局与社会经济发展规律的基础上，依据各个县区的城市定位，结合产业发展优势，实施分区差异化发展策略。由表4可知，全市文化产业集聚在空间上呈现不均衡分布，产业集聚程度较高的区域为位于西部的潮安区与枫溪区，而中部城市商业中心与东部地区并未显著集聚。结合资源要素密集度分析，产业集聚的空间布局在一定程度上体现了"空间+功能"依附性特征。以具体数值为依据，潮安区与枫溪区的文化产业集聚规模在全市水平中遥遥领先，经营性文化产业单位从业人员占全市的74.9%，相关企业的资产总计接近全市的78.0%。而具有公益性质的文化事业单位则主要集聚在作为全市行政服务中心的湘桥区，无论是单位数量抑或是从业人数都远远高于其他县区。反观饶平县虽然文化资源丰富，产业开发前景广阔，但在现有的整体产业集聚规模中稍显逊色。进而言之，当前潮州市的文化产业布局倾向于选择具有丰富历史文化资源与工业产业园区发育较为成熟的地带，且大体上每个县区皆有专属的产业定位及发展目标，陆海统筹、港产联动，呈现出态势良好、错落有致的产业布局。

表4 2020年潮州市第四次全国经济普查文化及相关产业相关指标分县区情况

相关指标	全市	湘桥区	枫溪区	潮安区	饶平县	凤泉湖高新区
经营性文化产业单位法人单位数（个）	1788	432	233	900	211	12
公益性文化事业单位法人单位数（个）	307	161	6	72	66	2
经营性文化产业单位从业人员期末数（人）	34934	4156	9501	16651	4444	182

续表

相关指标	全市	湘桥区	枫溪区	潮安区	饶平县	凤泉湖高新区
公益性文化事业单位从业人员期末数（人）	2453	1424	14	512	490	13
经营性文化产业单位资产总计（万元）	1314721	185114	548610	477363	97479	6155
公益性文化事业单位资产总计（万元）	121679	104618	229	10343	6025	463
经营性文化产业单位营业收入（万元）	1691989	116411	482678	899246	175990	17664
公益性文化事业单位全年支出（万元）	42796	29901	513	7669	4384	329

资料来源：《潮州市第四次全国经济普查主要数据（七、文化产业）》，潮州市人民政府网2020年9月30日。

（二）重点区域"一江两带"的集聚特征

从局部区域布局来看，规划了"一江两带"的产业发展布局。面对新阶段新要求，潮州市委、市政府制定出台《潮州市韩江新城产业与分区规划》，以大力推进韩江新城高质量建设为重点突破口，全面擘画"一江两城一海湾"发展蓝图，以期实现新时代构建新格局的宏伟目标。通过地理信息系统（GIS，Geographic Information System）绘制可视化地理图层并将边界内历史文化遗存、文化产业企业与文化旅游项目一一标记，可以清晰地发现"一江两带"的空间集聚特征。具体到政策实践来看，就是强化城市设计引导，注重潮州文化元素，把握产业发展优势和资源要素条件，全面提升文化产业综合能级，塑造"蓝绿织网，文化寻根，聚核连轴"的总体发展布局。质言之，即是厘清城市文脉，串联起碎片式的、不成体系的文化资源要素，以全局系统性视野诠释一个互相联系的文化产业共同体，从而全方面展示潮州的文化风貌。

首先，"蓝绿织网"就是依托韩江新城地理边界内的"山—江—溪—田"本地要素特征，重点编织绿水青山的蓝绿网状空间格局，营造韩江新城的山水意象。进一步深化文旅深度融合，开发沉浸式、互动性强、体验度高的城市休闲文娱项目，推动文化遗产展陈、数字旅游演艺、潮汕风情民宿等业态提质升级。其次，"文化寻根"即充分发挥韩江区域及周边地带历史文化资源优势，以"记忆—追溯—体验"的游憩路径，从物质和非物质文化两个视角串联起不同景点、风貌区和文化场所的空间形态与结构。其中，物质文化层面主要包括历史遗存和文旅项目，譬如古建筑的韩文公祠、宋窑遗址、明镜古寺、松林古寺以及现代文娱的潮州中心、科技博物馆、华侨城文旅项目、万达文旅综合体等；非物质文化层面则包括潮汕方言、潮剧、潮绣、木雕、工夫茶等主题。最后，"聚核连轴"则代表了基于韩江新城不同区域核心功能的优先区位倾向分析，强化资源要素、创新能力、文旅休闲、金融服务和产业平台的聚集提升，规划建设文旅城、金融城和科创城三个新市级中心的重大项目。在此基础上，延伸打造北部商贸文旅发展轴、中部科研教育发展轴、南部综合服务发展轴的布局策略，并助推构建意溪商贸文旅片区、桥东文创科教片区、江东品质康养片区、凤栖湖科创产业片区等功能片区的产业集聚空间架构，营造生态山水颐养、历史文化风韵与科技文创魅力兼具的文化产业集聚带。

四 新发展格局下潮州市文化产业集聚的优化路径

文化产业从高速增长转向平稳有序的提质增效高质量发展新阶段，体系健全、结构合理的文化产业集聚对于潮州市构建"双循环"新发展格局以及沿海经济带上特色精品城市意义重大。但是，就目前而言，潮州市文化产业发展仍面临观念陈旧、业态陈旧、人才外流等问题和挑战。[①]鉴于此，推动潮州市文化产业集聚的优化升级，就必须以健全产业链、业态创新、人才培育三个因素为重要抓手。构建新发展格局下的供给链、需求链和空间链的协同创新；顺应科技革命和产业结构革新的趋势，以数字化技术赋能文化产业跨界融合，推动产业的结构转型升级；在打造支撑文化产业高质量发展人才磁场的同时，以项目为载体培养创新型文化产业人才，将人力资源的发展性优势融入潮州市文化产业集聚的结构之中。

（一）协同发展：构建文创产业链式发展体系

健全潮州市文化产业集聚整体性、联动性的产业链既是文化产业转向高质量发展的逻辑使然，也是新发展格局下实现文化资源创造性转化与创新性发展，构筑区域发展竞争力的演进必然。面对百年变局和疫情袭扰的时代背景与国际形势，文化产业集聚协调统筹、构建链式发展体系已然成为业界的共识。

首先，从供给链的视角出发，深化文化供给侧结构性改革，坚持以高质量为导向的优质供给实现"双效统一"。随着新内需和新市场的崛起和升级，文化产业供给侧的结构性矛盾日益突出，新形势下的市场分化导致产业分工链出现失衡、解构甚至断裂，使得潮州市内诸多文化产业链的完整度和关联性有所下降。由此可见，潮州文化产业集聚发展亟待以新资源和新技术在产业链上中下游的各个环节进行高效的要素配置，构筑完整的产业链和价值链，进而促进各类文化企业联合协作、优势互补，避免各自为政、恶性循环的同质化竞争。一是向文化产业链上游延伸，凭借新型技术、高端研发和文化设计的创意

---

① 《潮起此州十问十策：文化如何焕发？李凤亮：把握住年轻人的潮流，占据年轻人的市场》，南方新闻网2019年7月29日。

驱动及创新引领，推动区域内文化产业由劳动密集型向创意密集型转型升级。二是向文化产业链中游开发，依托区域发展战略以精品文化策划及产业高端外包促进产业供给和布局的分工深化，进一步提高文化产品的创意性和附加值。三是向文化产业链下游拓展，通过IP授权和品牌运作深度挖掘呈现潮州文化资源的深厚禀赋，围绕山水文化、景观文化、民俗文化、美食文化及红色文化五大主题拓殖新型高端文化服务。同时，在契合大众消费结构变化中注重社会效益和经济效益的整体考量，让"双效统一"转变成为文化产业集聚的内生需求。

其次，从需求链的视角出发，提振文化消费在文化产业发展当中的主导作用是构建新发展格局的应有之义。必须指出的是，新发展格局是一个"以内为主"为发展基点的循环格局，在当前的形势下仍然需要把国内需求视作区域产业发展的重要出发点。具体而言，就是面向国内市场，打通消费供给层次低、消费观念落后、消费环境不完善等堵点痛点。①从消费主客体来看，重点在于突破文化企业指向消费用户的单一线性模式，实现生产者与消费者双向沟通转化，充分挖掘市场潜力。新发展格局下的产业集聚强调在以消费者为中心的产业供需生态圈能够及时根据消费者偏好实施精准供给、优质供给、高效供给，从而降低文化产品的资源错配率。就消费环境而言，应加快从市场制度和文化政策层面横向、纵向相结合搭建多元文化产业平台。充分利用规模渐增的文化消费和日新月异的产业环境引导、刺激和倒逼文化企业针对消费群体个性化、高质量的文化需求提升创意性产品的供给率。

最后，从空间链的视角出发，推动区域发展打破行政管理边界，促进文化产业要素聚类整合、功能优势互补。针对潮州市目前的"西高东低"且发展差距较大的产业空间布局，应当科学整合区域文化企

---

① 李凤亮、刘晓斐：《新发展格局中的文化消费》，《中国社会科学报》2021年4月16日。

业资源，加强文化行业跨区域合作，推进潮州市各区县之间深度链接协作，借助产业布局的演变以及产业结构的重塑优化提升区域产业竞争力。依托在地性的文化体验及文化服务推动多元主体联动，实现生产要素跨地域、跨部门、跨业务的共享、耦合、创生，进一步在整体上完善文创产业的链式发展体系。

（二）跨界创新：依托数字技术推动业态升级

伴随着文化与科技的深度融合，以科技创新为脉络的数字技术介入以文化创意为轴心的文化产业已然成为新发展格局下的经济增长点。毋庸置疑，潮州市作为潮汕文化的重要城市，其文化底蕴相当深厚，但是脱离了消费市场的产业业态无疑是羸弱不堪的病态且难以在现代经济体系中持续发展的。因此，潮州文化产业集聚仍需要大胆地跨界创新，不能沉浸在对自身文化资源过分理想化的想象和迷恋之中。总的来说，就是要依托数字技术创新扩散，进一步释放科技在文化产业领域的新动能，从内容生产、智慧营销、场景体验三个层面推动文化产业业态升级。

在内容生产层面探索数字化、智能化技术与文化产业融合创新。毫无疑问，新兴技术变革蕴含着巨大规模的文化市场需求以及产业发展机会，近年来包括数字遗产（Digital Heritage）、数字文化（Digital Cultural）、数字旅游（Digital Tourism）等在内的数字人文（Digital Humanities）在以年轻人为主体的消费群体当中拥有最具成长性的消费市场，这就促使文化企业应当从传统发展模式向数字化、在线化、体验化和智能化的新业态转型升级。潮州市的文化体系在相当程度上保留了中古时期的中原文化遗风，历史的厚重感赋予了文化资源创造性转化与创新性发展极强的可塑性。无论是古朴典雅的潮风，还是匠心独运的潮艺，抑或是余韵悠然的潮乐都能在新技术的语境下通过交互式、沉浸式与定制化的全新文化体验突破时空的界限，全面触达文化消费长尾需求，为文化产业高质量发展赋能。

在智慧营销层面运用人工智能个性推送资讯以塑造城市形象。随着人工智能技术介入文旅产业的应用以及文化消费内涵与结构的不断升级，智慧营销在文化产业集聚的作用日益显现。究其本质，智慧营销的核心在于大数据算法技术的应用推广，基于"精准化创意—数字化采集—网络化传输—智能化计算"的数字链路[1]，通过供需对接、产销交互来刺激引导消费需求[2]，并在个性化、社交化、延伸化的传送渠道中实现"千人千面"的精准推送。在新发展格局的建构中，潮州市文化集聚在传播渠道上亟待大力发展融媒体（Convergence Media）将文化产品精准推送、定向营销和智能匹配，以韩文公祠、广济桥、牌坊街等网红景点塑造人文艺术城市形象的同时实现消费者移动智能终端的长尾需求。简而言之，既为外来游客降低时间和信息成本提高个性化文化消费的满足感与获得感，也为文化企业和文旅部门发掘与培育文化产业新热点、新动能提供了更多的可能性。

在场景体验层面依托数字创意发展丰富文化产品的智能体验。在5G网络、物联网、新基建等科技要素全面普及的时代背景下，数字技术是构建新发展格局的重要助推器。[3]在文化消费的场景方面，消费群体对于文化产品的消费需求早已不再满足于简单的、线性的、平面的消费形式，强调文化企业全方位运用VR（虚拟现实）、AR（增强现实）等智能设备实现虚拟与现实的互构共生，营造多维感官体验的现场感。例如，在潮州市乡村旅游精品线路和南粤古驿道文化线路中添置大型游戏游艺设备，或者设置互动性强的参与式文化体验项

---

① 范周：《推动"十四五"文化产业发展》，《红旗文稿》2020年第21期。

② 王光文：《基于人工智能应用的文化产业发展系统问题及优化》，《深圳大学学报》（人文社会科学版）2020年第3期。

③ 《江小涓解读"新发展格局"：数字技术是重要助推器》，澎湃新闻网2020年10月14日。

目，将凤凰山的蜿蜒灵气和韩江水的曲折馥香以网络的、立体的、多维的模式融入文化消费场景体验。可以说，日益多元的数字化体验场景正在不断对文化产业集聚赋能，并引导企业朝着智能化转型。

（三）系统推进：打造支撑高质量发展的人才磁场

融入和服务新发展格局，人才是第一资源。在当前的文化市场体系中，文化创意人才的集聚不仅是文化产业集聚的重要支撑，更能为潮州市文化产业高质量发展提供智力支撑和创新动力。从词源性来说，文化意味着培养（Cultivate）。[①]在今天的时代语境下，引进和培育文化产业的创意型、高端型、复合型人才对于区域经济跨越式发展具有前所未有的重要性。应当意识到，在过去相当长的一段时间，人才外流和人才短缺是造成潮州文化创新滞后的掣肘因素。究其缘由，有学者指出是潮州文化和社会处于一个相对闭环的状态，在文化创新方面的开放性和包容性有待提升。[②]基于此，破题之举在于以"创意"为发展主轴，结合3T理论，即从技术（Technology）、人才（Talent）、宽容度（Tolerance）三要素出发，系统性推进引才、育才、用才三个环节，打造支撑高质量发展的人才磁场。

一是从引才下功夫，健全人才发展保障机制。文化产业尤其需要人才的创意化，能否让人才创新创造活力充分迸发，归根结底取决于能否孕育和激发人才的土壤与环境。这就要求从体制机制层面改革设计，坚持以人为本、以才至上的发展理念，为文化企业和文化人才营造多元包容与鼓励创新的社会氛围。一方面通过一系列制度性改革，

---

① 联合国教科文组织（UNESCO）、世界文化与发展委员会（WCCD）：《文化多样性与人类全面发展——世界文化与发展委员会报告》，张玉国译，广东人民出版社2006年版，第35页。

② 《潮起此州十问十策：文化如何焕发？李凤亮：把握住年轻人的潮流，占据年轻人的市场》，南方新闻网2019年7月29日。

勇于破除思想障碍和制度藩篱，健全人才发展保障机制，不断释放政策红利，让制度保障留得住人、安得住心；另一方面，文化产业具有巨大的外部效益，应当引导文化企业和文化人才在实现市场经济和文化发展方面双效统一，以高收益、高质量激发创新的积极性和活力。

二是从育才下功夫，建立项目导向型校企合作关系。文化产业的集聚发展需要来自高端研发的智力支撑与创意动力，其中，高等院校是培养本地文化创意人才的重要社群。文化产业是一个包容万象、不断发展的领域，在要求管理能力兼具文化鉴赏能力的同时，对更深层次的文化艺术专业技术能力提出更高标准的要求。尤其在新发展格局的背景下，脱离行业实际的教科书式培养模式，逐渐难以满足文化产业行业对文化产业管理专业高层次人才的需要。这就使得需要依托韩山师范学院的文化底蕴，以文化产业项目为载体，通过校企合作等多种模式，与知名高校、文化企业、事业单位建立长期、深度、稳定的合作关系，不仅提高学生文化产业管理的实践操作能力，而且向用人单位进行定期、定向的人才输送，形成体系开放、机制灵活、渠道互通、选择多样的人才培养体制。

三是从用才下功夫，建设多元主体联动平台。文化产业的核心层是知识创造与文化创意，应当打造多元主体联动的产业发展平台，构建创新生态体系，从多元视野介入优质文化价值转换与文化资源跨界融合。这就要求韩山师范学院、潮汕高等研究院、潮州文化研究中心等多家本土文化智库与先进文化企业展开深层次的联通互动，从学理深度拓展产业高度，探索文化科技、文化金融、文化旅游等多种业态的融合与化合，不仅实现潮州优秀传统文化的创造性转化、创新性发展，而且助推产业集聚效应，深化文化产业链新动能的培育与创新。

参考文献：

［1］李凤亮、刘晓斐：《新发展格局中的文化消费》，《中国社会科学报》2021年4月16日。

［2］魏鹏举：《中国文化产业高质量发展的战略使命与产业内涵》，《深圳大学学报》（人文社会科学版）2020年第9期。

［3］范周：《数字经济变革中的文化产业创新与发展》，《深圳大学学报》（人文社会科学版）2020年第1期。

［4］范玉刚：《健全体系是文化产业迈入新发展阶段的时代要求》，《深圳大学学报》（人文社会科学版）2021年第1期。

［5］郝挺雷、黄永林：《论双循环新发展格局下的数字文化产业链现代化》，《江汉论坛》2021年第4期。

［6］郝挺雷、李有文：《新基建赋能文化产业高质量发展研究：机制、挑战与对策》，《福建论坛》（人文社会科学版）2021年第4期。

［7］王林生：《现代文化市场体系：粤港澳大湾区文化产业高质量发展的路径与方向》，《深圳大学学报》（人文社会科学版）2019年第4期。

［8］解雪芳、雷文宣：《"智能+"时代的现代文化产业体系：挑战与重塑》，《深圳大学学报》（人文社会科学版）2021年第4期。

［9］詹绍文、王敏、王晓飞：《文化产业集群要素特征、成长路径及案例分析——以场景理论为视角》，《江汉学术》2020年第1期。

［10］袁俊：《文化创意产业集群的生成与优化》，《重庆社会科学》2015年第6期。

［11］薛东前、万斯斯、马蓓蓓、陈荣玉：《基于城市功能格局的西安市文化产业空间集聚研究》，《地理科学》2019年第5期。

［12］张亨明：《城市带文化创意产业空间集聚推进模式研究》，《湖南科技大学学报》（社会科学版）2015年第7期。

潮州剪纸的工艺特色探析

罗小甜

华南师范大学美术学院美术学专业研究生

摘　要： 潮州剪纸作为潮汕地区的民间艺术形式，承载了潮汕地区自明清时期以来的宗族信仰、社群文化以及民间工艺传承。以潮州剪纸为研究对象，从潮州剪纸的艺术特征、题材内容、技法工艺等方面做出整理归纳，勾勒出潮州剪纸的整体面貌与基本特征，分析其文化意义与艺术价值。

关键词： 潮州剪纸；潮商文化；工艺特色

潮州地处广东东部，南濒南海，东邻漳州，西接揭阳，素有"海滨邹鲁"之称，也有海洋文化繁荣的自然优势。从秦始皇三十三年（前214）潮州地域正式纳入全国统一行政区后，稳步发展，逐渐形成广东省内与广府文化、客家文化并驾齐驱的潮州文化。

潮汕地区民间艺术资源丰富，是广东省重要的传统文化重镇。潮汕地区独特的民俗文化、地域特色为诸多非遗项目提供了优渥的生长土壤与发展环境，该地区在册的非遗项目在广东省内分布格局中占据了重要的一席之地，潮州剪纸是其一。[①] 著名工艺美术家杨坚平认为：潮州民间剪纸最迟应在明代开始流行，而繁荣发展于清代。[②] 据资料记载，明清时期，剪纸艺术在属潮州府的潮州、潮安、揭阳、普宁、汕头、潮阳、澄海和饶平一带的民间逐渐发展，进而成为一门独

---

① 见文末附件表1中的潮州市非物质文化遗产保护名录项目。

② 杨坚平：《潮州民间美术全集·潮州剪纸》，汕头大学出版社2000年版，第12页。

特的民间工艺。2006年，潮州剪纸被列入第一批国家级非物质文化遗产名录；2009年，被联合国教科文组织列入"人类非物质文化遗产代表作名录"。

一 潮州剪纸的工艺特色

潮州剪纸有以祭祀为主的功用和潮商文化"精细"的特质两大特点。

潮州在唐代就是海上丝绸之路的始发港之一，发展至清代，潮州已经是外贸的繁荣地区，林峥嵘《湘桥晚眺》载："外国鲸鲵波塞海，中原雷浪气掀天"①，描绘了海外商船汇集湘子桥的盛况。经两晋、两宋和明末三次移民高潮后，人口激增，地少人多使潮州地区的生存环境日渐严峻。人口矛盾和得天独厚的地理条件使潮州人走上了"逐海洋之利"的海上经商路，形成了潮商文化。"耕三渔七，商船贩舶往来如蚁"，是明清时期潮州人的真实写照。激烈的生存竞争导致人们思想意识改变，行为方式和审美要求也逐渐发生改变，想求生存谋发展就得精益求精，如务农须精耕细作，经商要精打细算，做工要精致奇巧，做人要"儒气"精明……从而造就了潮人追求儒雅精致的文化理念。

潮州剪纸以祭祀功用为主。祭祀是潮州文化的根基，建筑民居、民俗活动和民间艺术等都要服从、服务于祭祀需要。海上贸易的成功导致祠堂民居大量兴建，潮商把大量资金投入到祠堂庙宇的建筑上，为追求建筑装饰的豪华精美，精雕细刻的民间手工业艺术风格应运而生，成为当地的一种文化特质。例如，潮州木雕最早的神龛、神亭，

225

---

① 饶宗颐等编著：《广济桥史料汇编》，香港新城文化服务有限公司1993年版，第30页。

就是作为盛放祭祀品的器具；潮绣用于祀神活动的庙堂装饰；大吴泥塑最初是喜庆节日的摆设装饰物件；潮州剪纸最初也是因祭祀、婚庆和其他民俗活动而诞生的。

潮州剪纸体现着浓郁的海洋文明和典型的潮商文化特征，具有鲜明的地域特色。例如，以祭祀与民俗活动为主要功能，具精细繁密的艺术表现手法、特殊的色彩体系，与建筑装饰、木雕、潮剧、潮绣等其他艺术形式之间联系密切，还有沿海地区生活色彩的题材与表现对象等。

（一）潮州剪纸的分类

剪纸艺术如刻石作画不容更改，剪刀落处当即成形，难以增减补修。这是剪纸艺术的普遍准则。潮州剪纸除传统的"阴剪法""阳剪法"外，还有"錾纸"①、暗刀（"压刀"）工艺。从剪法来划分，潮州剪纸可分为"潮阳风格"和"潮州风格"两种剪纸类型。

"潮州风格"一般是用"阴剪法"，它讲究整体的"面"，用特制的半厘米长尖嘴剪刀先剪去原稿的轮廓线，保留原稿轮廓线以外的东西，用线线相断的阴线来表现面面相连的形象。装饰纹样的长短、形状极少变化，讲究传统的排剪技法：整齐又纤细，要求每一条刹丝的长短宽窄如一，达到"叠"的艺术效果。②"阴剪法"常用的有锯齿纹、月牙纹，纹样整齐细致，忽视内部琐碎，力求整体平面的装饰性。如锯齿纹可表现花蕊花瓣、禽兽的鳞毛、人物的头脚等。另外，"潮州风格"还有"錾纸"作品；还有特殊剪法——暗刀，又称即在纸背用剪刀或者骨簪之类的工具凹压，在纸面造成浮雕效果，常用这种刀法来表现禽鸟的冠部。"潮州风格"的代表人物有潮州市的江根

① "錾纸"即将图案放在色纸或金箔上，用刻刀錾刻而成，多用于潮汕逢年过节祭拜所用的纸钱。
② 吴文轩：《潮州剪纸图像符号系统的研究》，《文艺理论与批评》2008年第4期。

和、张炳丰和澄海市的蔡惠娟和黄莲真等人。

　　"潮阳风格"则以"阳剪法"为主，即保留原稿的轮廓线，剪去轮廓线以外的空白部分，以细线为主来组成画面，线线相连的阳线来表现对象的基本轮廓和特征。"潮阳风格"中最突出的视觉元素是"线"，游若细丝是历代流传下来的审美风格，偶尔在"阳剪法"的基础上，添加"阴剪法"用在人物的头顶装饰、手部或是需要线面对比的地方。对比"潮州风格"的花纹，"潮阳风格"剪纸里的刹丝线条相对自由，虽也强调精细，但可以长短不一，形状大小也没有限制，更为随意，显得质朴纯粹。"潮阳风格"的代表艺人有潮阳市的马凤仙、普宁市的苏友文以及潮州市的许阿闻。

"潮州风格"作品，江根和《三娘挑经》（高18厘米，宽35厘米）①

"潮州风格"作品，江根和《刘备招亲》（高30厘米、宽36厘米）②

227

---

① 杨坚平：《潮州民间美术全集·潮州剪纸》，汕头大学出版社2000年版，第19页。
② 杨坚平：《潮州民间美术全集·潮州剪纸》，汕头大学出版社2000年版，第47页。

"潮阳风格"作品，马素芬《杨宗宝与穆桂英》（高11.5厘米、宽11.8厘米）①

"潮阳风格"作品，许阿闻《嫦娥奔月》（高23厘米、宽12.5厘米）②

228

综上所述，密实的"潮州风格"剪纸与镂空的"潮阳风格"剪纸
体现了潮州剪纸对于工艺极致美的追求，具有浓郁的地方民俗特色。

（二）潮州剪纸的用色

我国剪纸艺术历史悠久，在色彩上主要以"五色"和金银的颜色
为主③。自秦汉时中原人口的南迁和西晋永嘉之乱中原人民的迁入，

---

① 杨坚平：《潮州民间美术全集·潮州剪纸》，汕头大学出版社2000年版，第75页。
② 杨坚平：《潮州民间美术全集·潮州剪纸》，汕头大学出版社2000年版，第94页。
③ 《荆楚岁时记》："正月七日为人日，以七种菜为羹，剪彩为人或镂金箔为人，
以贴屏风，亦戴之头鬓。又造华胜以相遗。"可知，剪纸有彩色和金色，以及有装饰
和祭祀功能。而刘恕《通鉴外记》又云："晋惠帝正月赏宴，百花未开，令宫人剪五
色通草花。"可以得知剪纸的"五色"。孙思邈《千金月令》载："唐制，立春，
赐三省官彩胜各有差。"武平一《景龙文馆记》："正月八日立春，内出彩花赐近
臣。"可知，唐朝皇帝镂金作胜，剪彩为花赐群臣。

中原民间的剪纸随之带入潮汕。① 传统剪纸中的材料与用色被潮州剪纸传承并发展。与其他地区不同的是，潮州剪纸在婚俗喜庆的节日通常用单色（在"五色"范围内），而祭祀和民俗活动却用金色为主的衬色刻纸和写料刻纸，这是潮州剪纸的一大特色。这是因为潮州风俗自古重视丧祭，为了满足丧家孝亲的心理，金灿灿的剪纸和其他地域丧祭剪纸的民俗内涵具有显著不同。

按照色彩与用纸划分，潮州剪纸可划分为单色剪纸与拼色剪纸、衬色刻纸与写料刻纸等类型，在色彩上有"五色"、金色等色彩组合。

单色剪纸与拼色剪纸的纸张用色都在"五色"范围内，随着时代的发展，逐渐增加了紫、深蓝、黄等颜色，但大多未脱离"五色"的范畴。而衬色刻纸和写料刻纸除是"刻"纸外，还多用金色。衬色刻纸用铜箔（金纸）刻线条再衬彩色纸，此类剪纸主要是为祭神或丧祭所用，主要题材是"戏曲人物花"，其中以饶平的许文进为典型。写料刻纸则是在铜箔或白纸上刻出物象轮廓线，然后用胶质色粉彩绘细部。除作为"刻纸傀儡戏"和剪纸旋转灯外，大部分用于日用品、祭品的装饰。

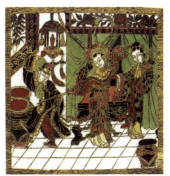

许文进《杨贵妃》（铜衬料刻纸，高31厘米，宽31厘米）②

---

① 杨坚平：《潮州民间剪纸》，《装饰》2004年第4期。
② 杨坚平：《潮州民间美术全集·潮州剪纸》，汕头大学出版社2000年版，第55页。

许文进《金凤》（铜衬料刻纸，高31.5厘米，宽31.5厘米）①

（三）潮州剪纸的题材

潮汕祭祀之风极为盛行，祠堂寺庙乡巷皆有，祭祖祀神年节不断。除"时年八节"、民俗祭祀之外，因海外贸易有天气等不稳定影响因素，每月的农历初一、十五日奉佛敬祖和拜神酬鬼也是重要活动。与北方地区剪纸的表现生活、"装饰"生活为主，丧葬、祭拜等为辅的功能比较来看，潮州剪纸则主要为祭祀、节令礼仪服务，其次才是为生活中的审美需要。潮州剪纸出于祭祀等民俗活动的需要，注重其装饰性及烘托场景氛围的精神性功能。

出于各类祭祀与民俗活动、庙堂装饰的需要，潮州剪纸的题材多集中在"时年八节供品花"等方面，而我国北方地区剪纸多以表现浓郁的生活气息为主要目的，在题材上多以民俗节日、日常生活和婚俗节庆作为题材，有男耕女织、家禽饲养、丰收硕果、集市贸易、婚嫁迎娶等各类活动。从这个角度来看，潮州剪纸与其他地区剪纸显然不同。

---

① 杨坚平：《潮州民间美术全集·潮州剪纸》，汕头大学出版社2000年版，第197页。

潮州"供品花"剪纸①，按顺序分别是鸭花、香蕉花、墨鱼花和猪手花

频繁的祭祀活动中，祭祀对象虽多，但都离不开"五牲"（鸡、鸭、鹅、鱼、猪）、水果（柚子、香蕉等）、粿品等，供品上都有剪纸彩饰，所以出现了猪头花、猪肝花、鸡花、鸭花、鱼花、粿花、团花、饼花、芭蕉花、柚花等等，这些"供品花"构成了潮州剪纸的主要内容。此外，潮州的地理位置导致产生许多特色的剪纸形式，如龙虾花、蟹花、墨鱼花等，这类花样在潮州地区十分流行，这和其他地区的剪纸题材有很大的区别。

潮汕地区举行祭祀和游神赛会等大型活动时都会请戏班唱戏，传统潮剧为潮州人所喜爱，因此潮剧传统剧目的人物形象常被剪成"戏曲人物花"出现。另外，八仙及其他神话故事的题材在这里也很流行。

因祠堂民居基本是土木结构，为"陈列摆设欣赏花"提供了极好的剪贴环境，天花板贴上顶棚花，门窗上有笺花和窗花，橱柜上有橱

231

---

① 杨坚平：《潮州民间美术全集·潮州剪纸》，汕头大学出版社2000年版，第7-13页。

花，箱子有箱头装饰花，锅、盘附上如意团花，灶台也贴上灶台花，就连装筷子的筷子瓶也有随形附物的筷子花。①针对不同的题材，潮州剪纸有与之对应的构图、剪法及特殊工艺。

以"供品花"为例，潮州剪纸遵循剪纸"连接""镂空"的特性，以中心发散的手法随样赋形，多采用对称或圆满的构图方式，把几何纹样、有吉祥含义或象征意味的花草鸟兽相结合，或是"花中有花""物中有物"的套嵌方法，按使用目的加上"福""寿"和"喜"等字形来表现，图案与书法融为一体。而对于戏曲人物剪纸，潮州剪纸则多采用方形场景，将人物置于其中，各种物体互不遮拦，根据剧情需要加以装饰，并辅以戏曲人物之间的故事情节，如《凤仪亭》《梁山伯与祝英台》《西厢记》等等。除上述题材之外，潮州剪纸多遵循"剪纸三分勾画，七分凭剪"的准则，不一而足，随心所欲，稚拙可爱，在题材与手法上具有灵活多变的特色。

二 保护潮州剪纸的必要性

潮州剪纸是当地民俗文化的载体，举凡"时年八节"、婚葬、寿筵、诞生、成年都能在剪纸中得到反映。它不是单纯意义上的审美活动，而是潮州人民长期以来的生活记录和艺术精神的物化。从这个意义来说，对于潮州剪纸的保护实际上是出自人类文明延续的自身需要。

（一）简述潮州剪纸的发展

潮州剪纸具有悠久深厚的历史。在潮州市已发现有清代雍正年间的剪纸实物②，可以一窥清代潮州剪纸在民间的情况。新中国成立初

---

① 吴文轩等：《论潮州剪纸的纹饰符号》，《美术观察》2012年第11期。
② 剪纸实物《蝙蝠》，发现于潮州市司马浦镇，实物以棕色丝线剪成，现藏于潮州市文化馆。

《潮州古城图》（詹广川作品）

期，潮州成立了剪纸工艺社①、剪纸香包研究组和剪纸香包社，负责广州交易会订单的同时，对潮州剪纸在海外的传播也起到好的作用。剪纸艺人杨雪友、江根和、叶天津、许文进、许占元等创作的作品在国内外展出并获奖。②除展览外，潮州剪纸艺人的作品还被结集出版，如江根和的戏曲人物剪纸就得到重视，这时期是新中国成立以来潮州剪纸极为繁荣的阶段。

现代潮州剪纸的创新也令人惊喜。张湘明将剪纸从二维平面向三维立体创新，创造出国内第一个立体纸刻艺术品——《九龙宝鼎》和立体剪纸花灯——《潮州鲤鱼舞》，两者都是在纸板剪裁、雕刻的基础上，融合了潮州民间艺术其他种类，如潮州通花雕、浮雕、嵌瓷和錾刻等元素。另外，工艺美术师叶天津的"巧色剪纸"也是一大创新。张湘明和叶天津都有效地推动了潮州剪纸的发展。

潮州剪纸在新中国成立初期乃至改革开放后走过一段辉煌的历程。但由于传统民俗日益淡化和现代装饰用品的挤兑，西方文明对中国传统文明的强力影响，传统潮州剪纸在当今现代生活中已逐渐被边缘化。

---

① 饶敏主编：《潮州非物质文化遗产研究》，海天出版社2011年版，第3-4页。

② 蔡文卿：《潮州剪纸艺术的传承与探索》，《艺术品鉴》2018年第14期。

邱奕添《红楼梦—金陵十二钗》

（二）潮州剪纸保护的难度与限制

潮州剪纸在艺术水准、历史文化、制作工艺方面均有极高的价值，也具有较大的研究意义。但新时期以来，潮州剪纸在社会认可、活态传承、工艺创新、现代化转型等方面具有一定的滞后性。尤其相对于木雕等潮州地区其他工艺来看，受到的关注与研究远远不足。例如，在宣传展示方面，相对于陕北米脂、浙江金华等地专门设立了剪纸艺术博物馆来进行当地剪纸艺术的收藏、展示与研究的情况来看，潮州剪纸在当地受到的重视略有不足。如汕头市非物质文化遗产展示馆是潮汕地区最为全面的非遗项目展示场馆，其中未有剪纸藏品展示；潮州市博物馆、潮州华夏历史博物馆等场所馆藏丰富，各种民间艺术形式的历史文化翔实，但也未见潮州剪纸的展品或是文字资料记载。另外，由于潮州剪纸产业在民间有萎缩的趋势，民间艺人工作室、剪纸文化馆数量也极少，现潮州剪纸多出现在中小学的美术课堂教学上。

从以上现状看，潮州剪纸作为传统特色文化急需得到保护和发扬。笔者分析潮州剪纸保护传承困难的原因主要有三：一是潮州剪纸不易保存，二是潮州剪纸非"主流"艺术形式，三是潮州剪纸的视觉冲击力不强导致公共认可不足。

第一，潮州剪纸保存困难，有"纸张特性""气候环境"和"祭祀功用"三点原因。首先，剪纸作为一种纸质镂空的艺术，纸张的特性使其存放比其他固态物件（如潮州木雕）的难度大许多，因此留存数量也少许多。其次，相比于北方地区，潮州地处中国东南海滨，雨量充沛，降水集中，潮州剪纸保存不当易发潮发霉，损坏剪纸。最后，潮州剪纸是潮州人民丧葬祭祀、礼制观念的重要载体，最重要的功能就是祭祀，剪纸作品以"祭祀供品花""潮州戏曲人物花"和"陈列摆设欣赏花"为主，祭祀过后，剪纸通常会作为供品附属物一同烧掉，所以很难保留有历史的遗物。

第二，潮州剪纸非"主流"艺术形式。潮州剪纸属于民间艺术，最早是随着宗教在寺庙的盛行而兴起的，尼姑、庙祝和彩扎工艺作坊的凿刻师，是最早的专业剪纸艺人。①剪纸被认为是"俗"艺，工匠的雕虫小技、妇女的艺术。过去的文人士大夫们多重视名士书画，拒绝把剪纸艺术纳于美术之范畴。美术史家们对于剪纸资料贫乏的情况也未重视。关于剪纸的记载，只散见于记述市井生活或民间风俗的古人笔记杂谈、诗人咏句中。潮州剪纸也是如此，散见于各"剪纸集"中，未有专集出版。直到2000年，著名学者杨坚平的《潮州民间美术全集·潮州剪纸》由汕头大学出版社出版，填补了潮汕地区从未完整地、系统地介绍民间工艺精品剪纸图集的空白，也补全了我国剪纸品种之不足，确为善举。

第三，平面化、含蓄的视觉呈现方式，使剪纸的视觉冲击力不强。潮州木雕与潮州剪纸都是潮州地区的国家级非物质文化遗产。但相对于如潮州木雕的大型、耐久而庄严的视觉体验，潮州剪纸在艺术表现力、体量、强度等视觉冲击力方面稍显平淡。潮州木雕在公众视野中有着更为深刻的认识，似乎是更"重要"的艺术形式，这是潮州木雕在物质性和视觉性上的优势，是由木雕的外在尺寸、质地和形状所决定的。潮州剪纸作为潮州文化的承载物，其自带的易操作性、

235

---

① 蔡文卿：《潮州剪纸艺术的传承与探索》，《艺术品鉴》2018年第14期。

便携性和亲和力也是特有的长处。作为保护潮州剪纸的一员，我们要知悉保护潮州剪纸的必要性与紧迫性，不能仅仅从传统意义上的物质性，如尺寸、质地、形状以及这些物质因素所象征的永恒、宏伟和静止等观念来判断潮州剪纸是否重要。

剪纸《潮州大锣鼓》（许占元作品）

三　小结

综上所述，潮州剪纸作为民俗活动、宗教信仰和表现人类自身的行为的艺术载体，其所承载的民俗和社会历史作用远远超出了剪纸图案本身。它高度体现了潮汕地区"精""密""细"的文化特征，承载了技艺传承、祭祀民俗文化等历史基因，具有极高的审美价值和文化意义。然而，新时期以来，社会生活环境发生了较大变化，潮州剪纸的外部环境的转变使潮州剪纸这一古老的艺术形式面临着保护难、推广难、现代化转型难的困境。从绵延文脉和传承传统工艺的角度，潮州剪纸理应获得更多的关注与研究。作为新时期的传承人，应秉承着对潮州剪纸的文化自信与文化自觉，树立起保护潮州剪纸的责任意识，使它健康应变地发展。

附件：

表1 潮州市非物质文化遗产保护名录项目

保护级别	项目名称	项目类别
国家级保护项目	潮州剪纸	民间美术
	潮绣	民间美术
	潮州木雕	民间美术
	潮州花灯	民间美术
	大吴泥塑	民间美术
	潮州嵌瓷艺术	民间美术
	潮州抽纱技艺	民间美术
	潮州工夫茶艺	民俗
	潮州歌册	曲艺
	潮州音乐	传统音乐
	潮剧	传统戏剧
	潮州铁枝木偶戏	传统戏剧
	粤绣（珠绣）	传统手工技艺
	潮州枫溪瓷烧制技艺	传统手工技艺
	潮州彩瓷烧制技艺	传统手工技艺
	枫溪手拉朱泥壶制作技艺	传统手工技艺
	潮州菜烹饪技艺	传统手工技艺

资料来源：广东省文化馆官网的"非遗首页"、潮州市文化广电旅游体育局

潮州木雕与东阳木雕差异探析及发展现状思考*

杜　延

韩山师范学院美术学院副教授、博士

　　摘　要：潮州木雕与东阳木雕是我国两大传统木雕体系的代表，均为首批国家级非物质文化遗产保护项目。本文从表现题材、雕刻技法、装饰风格和材料选择四个方面对二者进行了系统的观照对比，总结出二者不同的表现特征和产生的人文环境等，并结合这些特点探讨新时期背景下传统技艺传承发展的有效途径和方法。

　　关键词：潮州木雕；东阳木雕；差异比较；地域文化；传承发展

238

　　潮州木雕、东阳木雕、乐清黄杨木雕和福建龙眼木雕是我国传统的四大木雕。潮州木雕以金碧辉煌和玲珑剔透著称于世，与东阳木雕的简朴自然和素淡秀雅相得益彰，各领风骚，从而成为我国两大木雕体系的代表符号。2006年5月同时进入首批国家级非物质文化遗产保护名录。由于潮州和东阳在地理环境、气候条件以及木雕文化的发展史方面都有着惊人的相似之处，因此，在表现题材、雕刻技法、装饰风格、材料选择等方面也都有着一定程度的雷同。作为一种地方手

* 本文系2021年度广东省教育科学规划课题（高等教育专项）"'一核一带一区'建设背景下的粤港澳大湾区非遗文化传承与创新发展研究——以潮州古城非遗文化为例"（2021GXJK090）、2021年度潮州市哲学社会科学规划"十四五"项目"文脉传承与文化自信——潮州非遗文化的传承流变与当代创新"（2021-C-10）、2021年度韩山师范培育项目"粤东传统建筑艺术教化空间与伦理精神的当代运用"（XPN202102）、2021年度韩山师范学院培育项目"文脉传承与时代展望——潮汕地区非遗文化的传承流变与当代创新"（XPY202103）岭东人文创新应用研究中心项目"潮汕非遗文化的保护传承与当代创新研究"阶段性成果。

工技艺的代表，它们独自存在的价值和空间重在二者之间的"同中有异"。正是这种"同中有异"使它们在很长的一段时间里各展风姿、并驾齐驱。如今，东阳木雕已成为东阳城市一张响亮的名片，并形成了较为完善的产业链，潮州可以从中学习和借鉴，以推进潮州木雕产业的进一步发展。

一 潮州木雕与东阳木雕的差异比较

（一）表现题材不同

不论是潮州木雕还是东阳木雕，它们的表现题材都是丰富多彩的，多以神话传说、历史故事、英雄贤达、劳动场景、生活习俗、心理诉求和未来憧憬等为表现题材。可以说，凡是入诗入画的题材，在木雕艺术中均有表现，这是二者的共性。但相比较而言，它们又有着明显不同的地域特色，闪耀着独特的个性光芒。

潮州木雕在表现题材上有两个突出的特点：

一是江海水族题材较多。这是因为潮州地理位置濒临南海，水域浩瀚，碧波万里，境内江河交织，横贯南北，水族资源极其丰富，人多地少的生态环境使潮州人祖辈就过着"耕三渔七"的生活，对鱼、虾、蟹等海鲜产品钟爱有加，江海水族自然成为潮州木雕艺人烂熟于心的表现题材。凡是潮州木雕艺人，几乎都经历过雕刻江海水族木雕的严格训练。当今潮州三位国家级木雕大师的代表作品，都与造型不一、形态各异、栩栩如生的"虾蟹篓"有关。

陈培臣《虾蟹篓》

二是中外题材交融。潮州对外海上交通

潮宣《满载喜悦归》

便利，自隋唐始，就出现了移民海外的"过番"现象。明清至民国时期，潮州曾多次出现大规模的移民潮。据《汕头海关志》记载，1911年时，潮汕地区约有294万人远涉重洋谋生，之后逐年增多。现今潮州华侨遍布东南亚和欧美等诸多国家和地区。这些人一方面带去了潮州本土文化和民间多种手工技艺，在其侨居地传播扎根、发扬光大；另一方面也将海外受到的异质文化影响和学习到的异域工艺技能带回潮州地区，中外文化交融、碰撞和整合，促使了本土文化的民间手工艺术的丰富和发展。在潮州本地的木雕图案中，也可以看到大象的形象，取万象更新之意，这些显然与印传佛教及东南亚的象文化有关。尤其是在装饰图案中，有中国的吉祥如意文字，宗教的法轮、如意图形，罗马柱装饰纹样的植物变形，甚至还有欧洲文艺复兴时期建筑装饰的唐草纹样组合，现代感十足的帷幔、乳丁、几何图形等，中外艺术交相生辉。

东阳木雕则不同，多以宣扬忠孝节义的儒家思想和福禄寿喜人生夙愿的历史故事、戏曲人物、花鸟瑞兽等为表现题材。因为东阳自古就有"勤耕苦读"之风，人杰地灵，历史上人文荟萃、英才辈出。据统计，从唐代实行科举取士制度至清末废止，东阳历代金榜题名的进士就有305名。[①]这些人多在朝中为官。唐乾符年间（874—879），东阳冯高楼村冯宿和冯定兄弟二人，前者任吏部尚书，后者任工部尚

① 倪灵玲：《东阳明清建筑木雕比较研究》，浙江大学硕士学位论文，2012年，第40页。

书，他们在家乡建造的府第规模宏大，木雕装饰精美，有"高楼画栏耀人目，其下步廊几里半"（《康熙新志》）的形象描写。之后的历代当官者在卸任后，大多在家乡都建有豪华的住宅，成为当地的名门望族。木雕是地方文化的载体，由此就不难理解东阳木雕的儒家神韵了。换句话说，东阳木雕常常隐含着文人的情怀，即使反映田园生活，也氤氲着一缕书香的气息。

刻字刻书是东阳木雕题材的另一特点。由于汉字的造型美，汉字书法很早就成为我国独有的一种传统艺术，有人誉之为"无言的诗，无行的舞，无图的画，无声的乐"①。东阳木雕艺人把这种传统的书法艺术与木雕技艺有机地融合在一起，巧妙地镌刻在祠堂、佛殿、客厅、书阁上。如东阳托塘"张府厅"堂匾"九如堂"是文震孟隶书的真迹；郭宅宗祠门楣上的横匾"理学名宗"乃朱熹亲笔所书。唐代东阳木雕就开始应用于雕版印书，到南宋时婺州（今金华）已成为全国四大雕版印书中心之一。其操刀者多为东阳木雕之翘楚。东阳人唐仲友出任台州太守时，曾广集工匠，征招蒋辉、王定等木雕艺人，使用公使库银雕印《荀子》等书600余部。此书为柳体字，版面疏朗，"字大如钱，楮墨如新"，是我国古代出版史上的精品，为时人所瞩目，人称"宋椠上驷"。②东阳胡沧桂林堂王氏也刻印过《三苏文粹》。直到元曲新兴，许多优秀作品刊印出版，其中不少插图仍出自东阳木雕艺人之手。用木雕书法做装饰，在现代东阳木雕中仍流传着。木雕大师黄小明装饰的杭州雷峰塔，巧用诗配画的手法，把历代名人盛赞雷峰塔的诗词名句镌刻其上，画面字体有阳刻、阴刻，还有镶嵌，错落有致，诗情画意盎然，不仅美化了雷峰塔，而且还提升了雷峰塔的文化品位和史学价值。在建筑装饰和家具装饰上刻字，潮州

---

① 王琴：《东阳木雕的起源及其装饰特征》，《美术大观》2012年第2期，第47页。

② 王琴：《东阳木雕的起源及其装饰特征》，《美术大观》2012年第2期，第47页。

地区时有所见，但古时刻字印书，在潮州木雕史上至今尚未看到有任何文字记载。

（二）雕刻技法不同

潮州木雕大师张鉴轩根据自己半个多世纪的创作实践，把潮州木雕技艺简明扼要地概括为"匀匀、杂杂、通通"六个字。[①] "匀匀"指虚实中要主次分明，章法匀称，注重画面的平衡性原则；"杂杂"指各种物象聚集在一起，既要有层次，又要有穿插，杂而不乱，繁而有序；"通通"指物体可作多层次布局，层层镂通，玲珑剔透。潮州木雕技法多变，在雕琢的过程中圆雕、浮雕、沉雕和通雕根据雕刻的种类、样式和功能的不同交互使用，如建筑梁栋一般采用圆雕手法，家具摆设多使用浮雕加沉雕，而神龛神器则多以通雕为主，在实用性和审美性上高度统一、完美结合。多层通雕是潮州木雕最有特色、最具代表性的传统木雕技法，也是潮州木雕最高艺术水平的标志。它容量大，适合表现对象复杂、场面宏大、情景丰富的题材。它可以把作品中的人物、动物和背景置入三维空间，赋予多层次的深度感和多视角的立体感，摆脱一般平雕作品给人的那种单一正面视角的局限

辜柳希《三层龙虾蟹篓》（巴西花梨木，通高3.28米，荣获2008年中国第四届国际文化博览会"中国工艺美术文化创意奖"特别金奖）

[①] 辜柳希、张森镇主编：《潮州木雕工艺与创作》，暨南大学出版社2010年版，第64页。

性。多层通雕在潮州木雕中越来越流行，层次愈来愈多。在造型上不仅有立体式、倾斜式，而且还有横卧式等。

东阳木雕冠中国四大木雕之首，主要雕刻技法就有10余种，尤以平面浮雕著称。平面浮雕包括薄浮雕、浅浮雕、深浮雕、镂空雕（潮州人称"通雕"或"镂雕"）、高浮雕和多层叠雕。①东阳木雕以屏雕（屏风、挂屏、立体台屏）成就最高，以建筑、家具装饰个性见长。即使是同样的镂空（通）技法，东阳木雕与潮州木雕也不尽相同。其主要区别在于：其一，东阳镂空雕大都保留大小不等的"地"，构图疏密有致；潮州镂空雕一般都不留"地"，四面皆透，构图稠密饱满。其二，东阳镂空雕多为一两层，潮州镂空雕多层交错，通常以三四层居多，最多者可达六层。其三，东阳木雕大多为二维平面雕，竖立状；潮州木雕多为三维立体构图，体型多样，体积也比较大。

另外，东阳木雕中还有彩木镶嵌雕（利用不同木材的不同色泽拼凑成原木彩色图案，然后镶嵌到髹漆深地花板中再进行雕刻，类似于剪贴工艺的一种技法）和火烧板拼雕（通过对特选雕材表面喷火烧灼，利用木材纹理结构之间对温度耐受性的差异，恰到好处地体现木料的纹理质感，然后再采用拼雕手法）②，这两种技法在潮州木雕中不曾看到过。

（三）装饰风格不同

木雕装饰艺术主要表现在图案装饰和色彩装饰方面。图案装饰与创作者的形象思维和雕刻技艺密切相关，是木雕艺术内在美的一种表现。而色彩是受众眼睛所能感知到的存在于外在空间的最直接的木

---

① 金柏松：《东阳木雕作品命名规范化问题的探讨》，《浙江工艺美术》2009年第3期，第76页。

② 金柏松：《东阳木雕雕刻技法之探讨》，《浙江工艺美术》2009年第1期，第23页。

雕装饰元素之一，色彩感觉是一般美感中最突出、最大众化的一种视觉感受。一般来讲，红色象征着热烈，白色象征着圣洁，绿色象征着生命，黄色象征着权贵。金色是一种"感情色彩"，在绘画中一般属于"中性"符号，"与白或黑对比，是一种高级灰色；与红、赤色相配，金是冷色；而跟绿、蓝色相搭配，金是一种暖色。黑、白、金是传统工艺美术的三大'色母'，这三种色可以调和其他各种原色，产生不同的色调"①。随着色调的变化，人的情感取向和好恶程度也会随之变化。金色与黄色相近，它的明亮度比其他颜色都要高。在油漆，尤其是黑漆或红漆的烘托下，更显示其富贵、亮丽、高雅和气派，这与潮商、富豪的"炫富"功利性追求相一致。所以潮州木雕常常髹漆贴金，以富丽堂皇诉诸人的视觉，具有独特的审美冲击力和迷人的色彩感，从而形成绚丽夺目的"贵族式"风格，俗称"潮州金漆木雕"。当然，髹漆贴金除了有流光溢彩的美学效果，还有着隔潮、避蛀和防腐的实用功能，可以起到保护和延长木雕作品寿命的作用。

　　东阳木雕根植于平民百姓的日常生活之中，它通常选用樟木、椴木、银杏木和白桃木等色泽清淡、纹理清晰的木料为雕材进行巧镂细琢，打磨修饰，制作完成后再采用"清水活"的表现处理手法，即不上色或上浅色漆，充分呈现原木材的自然质感和木雕艺人的刀功技巧，以原汁原味的自然美取胜，是"道法自然"的传统文化思想的反映。故而人们称东阳木雕为"白木雕"或"清水白木雕"。它不像潮州金漆木雕和宁波朱金木雕那样金碧辉煌、雍容华贵，而以素雅、清秀、古朴、恬淡享誉海内外。此种风格的形成源于东阳的古民居建筑。东阳自古民风淳朴，黎民百姓喜欢简约朴素、物美价廉的质朴美，这种装饰与东阳白墙黛瓦的色调相协调。清淡自然是儒、道两

---

① 李小澄：《水色流金——谈潮汕民间艺术与水彩画的结合》，《汕头大学学报》2009年第2期，第93页。

家的本色，适宜于人民大众的审美观，又恰与浙江文人士大夫的清高隐逸的审美情趣相契合，理所当然地得到了仕儒阶层的肯定和极力推崇。在知识精英和民间大众的合力推动下，迅速发展到极致，并逐渐形成了一种朴实无华的审美取向。东阳白木雕和潮州金漆木雕以各自独特的地域风采熠熠生辉，增添了中国木雕艺术的丰富性和多样性。

（四）材料选择不同

木雕是一种利用木材作为材料的雕刻艺术，材料与技艺的统一是木雕最基本的要素之一。木雕艺术中材料本身就是艺术形象的一个重要组成部分，具有相对独立的审美功能。木材的大小、形状、色彩、纹理、韧性和软硬度直接制约着作品的审美效果，不同的材质蕴含着不同的审美意韵，加工制作后的木雕作品也会产生不同的审美感受。木雕的材料采用大自然中原生态的树木，它不仅种类繁多、形状各异，而且木质差异性很大，有着各自不同的特点和用途，适合不同的加工方法和技艺手法的实施。因此，木材的选择和分类是木雕创作中非常重要的一环，需要丰富的材质辨识能力和一定的木雕技能。一般情况下，木雕艺人在选择材料时大致遵循四条原则：一是质地致密，切面光滑，纹理规整，木色纯净；二是有韧性，易"吃刀"（易于下刀雕刻）；三是防腐防蛀；四是不易变形、开裂。同时具备上述四条者方为好料，至于因材赋型施艺者另当别论。

潮州木雕常见用材多为纹理细致、韧性十足的软木。相比较而言，建筑装饰多采用杉木，因为杉木不随气候的冷暖干湿变化而涨缩变形，木纹笔直规范。器具装饰多用樟木，樟木质轻坚韧，不易变形，且有香气，防蛀耐腐。此外，银杏木、核桃木、紫柚木、香檀木、楠木、榕木、榆木、黎木、苦楝木等也多使用。

东阳木雕用硬木的比例比潮州高。由于东阳木雕的市场销售量大，经济效益可观，所选用的珍贵木材要比潮州多。如具有250万年

245

历史的红豆杉、价格昂贵的紫檀木、"黄金不换"的海南油梨、众香之首的沉香、"木中之皇"的金丝楠木等。总之，东阳木雕用材的种类要比潮州木雕更广泛一些。

■ 差异中体现出的地域文化不同

木雕艺术研究属于器物文化研究。器物文化是特定族群文化性格及其生活环境特征的物化形态。潮州木雕与东阳木雕的差异性体现出地域文化的不同。

潮州木雕从题材到用途，从兴起到鼎盛无不体现着深刻的潮汕文化烙印。

潮州木雕中的一大类别为祭祀器物，这与潮汕地区崇神敬佛的宗教信仰密切相关。大量寺庙宗祠建筑装饰和时令年节酬神供神的祭祀器物等激发了潮州木雕艺术创作的灵感。潮州木雕题材中有相当一部分来自潮剧。潮剧已有近600年的历史，与潮人的信仰与祭祀活动联系在一起，丰富的潮剧资料和剧目为潮州木雕艺人提供了大量可供创作的题材。①可以说，潮州木雕和潮剧一样体现出了"供神观看"的功能。古时潮州地区人口来源较为复杂，本地土著和外来移民交织，在激烈的社会现实和艰苦的环境斗争中逐渐形成坚固的同宗同族的观念。南宋时期随着儒学南移，阳明心学风行于潮，光宗耀祖的想法更盛，为了维护宗族的利益、加强内部的联系，祭祖活动和宗祠营造便应运而生。建筑装饰上大量使用木雕工艺进行装饰，以达到金碧辉煌、雕梁画栋的美学效果，体现出宗族的显赫地位。

潮州也是我国历史上著名的华侨之乡。精明能干、思维活跃、崇尚贸易、善于经营是潮州民系鲜明的地域特色。潮州人有"东方犹太

---

① 广东省博物馆编：《潮州木雕》，文物出版社2004年版，第16页。

人"之称。潮商是一个历史悠久、分布广泛,尤其在东南亚地区极富经济实力的宏大商业网络,"是世界上最早的跨国公司之一"①。在华人富豪榜中,潮州人独占鳌头。从文化学的视角来看,潮州地域文化是由土著的百越文化、移民的中原文化和侨胞的海洋文化相互交融整合而成的,既是中华文化的重要动脉,又受到南亚或西欧等外来文化的影响,更多地表现出潮汕地区独有的开放、多元、精细、求新的地域文化特色。由于移民的艰辛历史和漂洋过海的"过番"人生经历,海外的潮人侨胞有着浓厚的家乡情结和家族意识。他们在异国他乡发财致富后往往回到桑梓故里建豪宅、修宗祠、盖寺庙,潮州享有盛名的民居祠堂梅祖家祠、从熙公祠、南盛里、陈慈黉故居等都是由潮商投巨资所建,富甲一方的雄厚财力使他们追求新颖别致、精益求精和金碧辉煌。这些潮商又经过异质文化的洗礼,具有中外合璧的审美观,在固有传统文化的底色上,总要点缀上几笔"洋文化"的色彩。这对于潮州木雕文化和木雕语言来讲,不可能不产生影响。潮州木雕是多种文化相互融合的产物,也是潮州人多元文化性格的物化表现,彰显出细腻、精巧、华丽的地域文化特色。

247

"教育之乡"是东阳"三乡"(即民间艺术之乡、建筑之乡和教育之乡)之一,素有唯儒为尊、教育至上的优良传统。读书和学手艺是历史上东阳人的两种人生选择。东阳又是一个歌山画水、钟灵毓秀的地方。吸取山川形胜之灵,沐浴人文雨露之润,古代的东阳人一直诗礼传家,科第绵延,宦官贤达一代又一代不断涌现,典雅庄重、精美绝伦的古建筑群位列国内民居之最。以东阳卢氏家族为例。相传该家族为商周时期姜太公的后裔,南宋时由山东青州(一说河北逐鹿)迁至东阳雅溪定居。该族文脉兴盛,官运亨通,南北朝时就是名门望

---

① 〔美〕斯特林·西格雷夫:《龙行天下:海外华人的巨大影响力》,林文集、夏如译,海南出版社1999年版,第15页。

族，"初唐四杰"之一的卢照邻即出自此门。据记载，明永乐以来曾出过8位进士、29位举人，涉足仕林者120余人。卢宅占地500余亩，集儒家礼乐之大成，汇传统工艺精华于一体。卢宅的主体建筑"肃雍堂"，"肃，肃敬也，礼之所以立也；雍，雍和也，乐之所由生也"①。以礼乐治天下是儒家思想的灵魂。在卢宅的家神殿里供奉着真武元帝。殿之左右的墙壁上贴着白纸黑字的家训：哀生于苦涩，乐生于至诚，喜生于助善，怒生于狭隘，福生于勤俭，命生于和畅，寿生于宽容，禄生于珍惜，道生于静性，德生于谦让，患生于多愁，过生于傲性，罪生于不仁，祸生于多贪。②这是卢氏先辈对人生和世界的看法，也是对家族与后人的告诫。其内容无不与儒家的伦理道德一脉相承。卢宅的木雕装饰多为祥花瑞草、吉祥动物、神话传说、历史人物等，以宣扬福禄寿喜、忠孝节义的儒家文明，表达对后世平安吉祥、家族昌盛的美好祈盼。从木雕技艺来看，古朴而不呆板，自然而不平庸，简洁而不单调，空灵而不纤弱，华美而不奢侈，高雅而不张扬，真正体现了装饰艺术以认识功能为基础、教育功能为主导、美感功能为具体表现形式的创作原则，起到了寓教化、助人伦、美生活、娱人心的作用，既洋溢着深厚的中国传统文化诗韵，又彰显着民间工艺美术美的无限魅力。

三　潮州木雕的当代传承与发展思考

　　国家级非物质文化遗产潮州木雕与东阳木雕在千年的传承过程中形成了各自鲜明的艺术特色，蕴含了优秀的地域文化。在对传统文化

---

① 郑睿奕：《雕花逸事——一项有关东阳木雕的艺术人类学研究》，中央民族大学硕士学位论文，2007年，第50页。

② 〔美〕斯特林·西格雷夫：《龙行天下：海外华人的巨大影响力》，林文集、夏如译，海南出版社1999年版，第51页。

日益重视的今天，如何结合新的时代特征，更好地继承和发展、传承和创新木雕艺术是需要面对的共同课题。潮州木雕可以借鉴东阳木雕发展中的相关经验，结合自身特点进行产业发展定位。

（一）传承经典，勇于创新

潮州木雕和东阳木雕在长期发展的过程中都创作出了许多工艺珍品，题材图案、雕刻工艺、构图技法等无不闪耀着前人智慧的光芒，具有重要的历史价值和艺术价值。我们应该对其中所承载的优秀文化内涵和经典设计思想进行深入研究，对代表技艺和经典题材等进行主动性的活态传承。

在传承的同时要想保持持久旺盛的生命力，还必须在传统的基础上结合新的时代特点进行创新，包括表现形式和工艺技术的升级改造，如东阳木雕在与红木家具的不断融合中找到了一条发展之路，形成了独具特色的木雕红木产业。东阳市设立了专门的东阳家具研究院，招揽高层次专业人才，开展技术攻关和产品创新；与中国林业产业联合会一起主办了国家级赛事——"中国的椅子"创新奖，倡导传统文化的转化与创新研发，为东阳木雕的发展提供了源源不断的新能量。潮州木雕的发展也不能仅仅停留在对传统工艺的继承层面上，应结合社会发展和人民生活质量的提高，在题材、工艺、工具、产品等方面不断突破创新，与时俱进，开发出适应市场需求导向的新产品。

（二）宣传教育，人才培养

对木雕工艺的宣传普及可以从社会层面和学校教育入手。通过设立展馆、举办展览、开展讲座、开设课程等措施进行，一方面提高大众对木雕工艺的认知，另一方面培养更多的相关从业人员。2014年建成开放的东阳中国木雕博物馆包括中国木雕历史展厅、中国木雕与社会生活展厅、当代中国木雕大师展厅和世界木雕展厅四大主题展区，是一座集收藏、展览、研究、文化交流于一体的多功能博物馆，对于宣传东阳木雕及促进中国木雕产业的发展都具有重要的作用。东阳木雕还积极走进校园，深入一些艺术学院和职业技校进行讲学和开展合作，并邀请相关教师和学生去工厂参观学习，促进了校企间的合作。东阳市很早就开展了专门的木雕职业培训，在大专和中专学校开设木雕专业，开启传统学徒教育与现代学校教育相结合的人才培养模式，培养了一大批复合型木雕高技能人才。并与中国美术学院、南京林业大学等开展校企合作，举办工艺美术高层次人才研究班；与中南林业科技大学、浙江广厦职业技术大学联合建设科研创新平台，打造全国工艺美术产业融合发展示范基地，这些举措为东阳木雕产业培育和储备了大量生力军。

潮州现有一批木雕展览馆和艺术馆，如辜柳希潮州木雕艺术馆、李得浓木雕艺术博物馆、卢进文潮州文园木雕艺术馆和郭少俊木雕艺术馆等，但这些大多是由各级非物质文化遗产传承人出资修建，较为分散，缺乏统一管理和规划，潮州木雕可以借助潮州打造"博物馆之城"的契机创建更为综合、全面的大型木雕博物馆。潮州木雕的传承发展同样需要相关人才的培养，需要建设合理的人才梯队。除传统的工作室"师带徒"的方式外，还应进一步加大与韩山师范学院、潮州技校等相关院校的深度合作，可以通过开设课程、举办比赛、成立研究机构、组织短期培训等方式培养专业人才、促进产品研发与创新。

（三）开发市场，拓展营销

东阳木雕现有东阳中国木雕城、东阳红木家具市场两大交易市场和南马、横店、城北三大生产基地。①中国木雕城是国家4A级旅游

---

① 邢娟：《"一带一路"背景下东阳木雕文化旅游发展战略研究》，《价值工程》2016年第7期，第30页。

景区，除有近百位工艺美术大师和多家专业机构入驻外，还通过举办大型文化节活动实施经营业态多元化，联合横店影视城、义乌国际商贸城、卢宅等周边资源，推出了独具东阳特色的"木文化之旅"，打造了特色文化旅游胜地。此外还有入选浙江省"省级特色小镇"的东阳木雕小镇，借助特色鲜明的"游影视名城、赏明清古居、品木雕文化"旅游线路提升了东阳木雕的知名度和美誉度。除了传统的营销模式，东阳中国木雕城还设有电子商城，运用大数据和互联网技术实现了研发、生产、营销和物流的协同合作，通过电商平台上的数据分析对市场和客户进行细分，从而提升了企业的研发能力和生产能力。

潮州是知名旅游城市，潮州木雕应借助旅游业大力发展的契机，建设潮州木雕专门的展示区域或设计一条木雕艺术体验旅游路线。可以根据市场需求开设木雕展览馆（包括现有民居等）、木雕体验店、木雕主题酒店（民宿）、木雕工艺品店等，涉及历史文化宣传、精品展示介绍、创意体验感受、交易购买运输等各个环节，构建集文化、娱乐、旅游、购物于一体，宣传、观光、体验、销售一站式的综合性展示区，从而推动潮州木雕产业的可持续发展。还可以与新媒体、电商相结合，改进宣传方式和营销模式。利用新媒体技术，通过数字化展示实现潮州木雕非遗文化与大众的互动，增强观众的体验感，扩大宣传力度。加强网络电商营销，潮州市正在推进"互联网+"行动，潮州木雕也可以充分利用互联网平台将产品推向更广阔的国内外市场。

（四）打造品牌，完善产业链

东阳红木木雕共有商标1500多个，其中明堂红木、卓木王红木、新明红木、御乾堂宫廷红木等都是行业内的知名品牌。G20杭州峰会召开时，各国元首和部长坐的红木圈椅就来自明堂红木。还有一些个人品牌，如中国工艺美术大师、东阳木雕非物质文化遗产代表性传承人黄小明注册的"黄小明"，开创了以传统东阳木雕为根基，融合现代时尚元素的"新东阳木雕"风格。经过多年的发展，东阳已经初步建构了较为完善的产业链，从材料的进口、贸易、仓储、加工，到产品的开发、制作、物流，从线上、线下销售到金融服务、文化旅游等，形成完整的产业体系链。

潮州木雕发展同样需要走品牌之路，需要各方扶持优秀企业创建品牌，利用品牌效应带动潮州整个木雕产业的可持续发展。潮州现有的木雕产业多为"个人工作坊+店铺"的形式，大多规模不大。近几年随着市政的相关规划，大部分的木雕工作坊都已在牌坊街或工艺品街设点，这为潮州木雕的进一步集约化、产业化发展奠定了基础。随着潮州市工艺美术产业发展进程的加快，需要进一步整合潮州木雕行业上下游相关产业，如木料加工、产品制造、商品销售等，组建成一条完善的供、产、销体系链，做好木雕产业、旅游休闲和文化体验的结合，为潮州木雕产业集群化创造良好的环境。

木雕艺术作为一种文化的物质载体，它是人们心理诉求的直接外化，是时代审美取向的鲜明标志，是现代民间生活的生动剪影，是历史演进过程中片段的真实记忆。潮州木雕以富丽堂皇的色彩、精益求精的多层镂通诉说着人们对真善美的追求，寄托人们纯真的情感和对未来的憧憬。东阳木雕以白木素颜的本真、巧夺天工的精湛技艺诠释着儒文化的教义，从中汲取道德的力量和精神的鼓舞。它们各自呈现出浓郁的地方特色，成就了两种不同类型的木雕文化。作为两大传统木雕体系，潮州木雕和东阳木雕应在新时代背景下，结合自身特点深入发掘木雕艺术的历史价值、文化价值和审美价值，开拓新的发展思路，推动这一传统产业焕发出日益蓬勃的生机与活力。

潮州竹枝词的民俗文化传承与当代价值

张介凡

广州城市职业学院副教授

摘　要: 潮州竹枝词承载和传播着潮州民众创造和积淀形成的物质和精神文化,记述潮州历代名贤名迹、物产商贸饮食、节庆信仰礼俗、府城风貌世俗等文化事象,彰显潮州民众群体心理特质,弘扬文化精神。文章从民俗学的视角阐发潮州竹枝词的文化内涵,再现潮州特别是清代潮州作为府城的民俗文化,揭示潮州竹枝词的当代价值,以期人们能重新重视潮州竹枝词这种传统"微诗",探寻和利用其延续当今生活的根脉,焕发文化生命力,以传统的力量推动潮州文化在新时代的创造和创新,助力中华文化软实力的提升。

关键词: 潮州竹枝词;潮州民俗文化;文化传承与当代价值

253

竹枝词是中国古典诗歌的特殊形式。作为来自民间歌谣的诗体,竹枝词"含思宛转""直而不野",除了有可供欣赏、借鉴、继承的文学艺术和美学价值,更重要的是具有地方文化特色和史志民俗文化价值。"不同的文化,是不同生命存在的表现形式。"[①]竹枝词"志风土而详习尚",反映不同时代不同地方的风土物产人情世态,是特定时期某一地区的社会生活缩影和生命存在的表现形式,承载着地方历史文化,"可补志乘之缺,可备采风之选。同时,各地竹枝词中记

---

① 林骧华:《说文化·中国传统文化精华序》,载裘任、林骧华主编:《中国传统文化精华》,复旦大学出版社1995年版,第8页。

录了很多第一手民俗学的资料，可供研究者参考"①，竹枝词也被称为"民俗诗"②。民俗是民间文化中带有集体性、传承性、模式性的现象，它主要以口耳相传、行为示范和心理影响的方式扩布和传承。民俗是一种民间传承文化，它的主体部分形成于过去，属于民族的传统文化。但它的根脉一直延续到当今社会生活的各个领域，伴随着一个国家或民族民众的生活继续向前发展和变化③，具有鲜明的地域性和传承性。本文试图从民俗学的角度，通过对潮州竹枝词的观照，复原古代潮州特别是清代府城潮州的日常社会生活，探析古俗和今俗的关联，以理解和辨析潮州文化的内在特性、文化逻辑、传承与变化，以及与中国传统文化的关系，以期"沟通古今，以明了今天的日常生活"④。进而探求如何挖掘和利用潮州竹枝词这一独特诗体的文化价值，更好地传播、开发和发展潮州文化。

竹枝词源自中唐，从宋代以来，多加地名为题，突出其地域性和地方文化特色。至清代，竹枝词创作达到全盛，功能和题材领域也得到充分拓展，除记述风土、抒发情感外，其记事功能得到突出和强化，与地方志、笔记的结合进一步紧密，很多竹枝词甚至承担起地方志的功能，详细记述一地历史、地理等情况。清代以前竹枝词未涉足的领域，如对婚俗、科举、戏曲等题材的描写，这时也出现了很多作品。⑤潮州竹枝词的创作也在清代达到高峰，清代潮州本地或到潮之文士自觉地创作潮州竹枝词，并引以为时尚。郑昌时在《韩江竹枝词序》中就有这样的记载："壬戌孟夏，予道韩江游曹溪明府傅公署。

---

① 丘良任：《略论竹枝词的特点及其研究价值》，《广东社会科学》1985年第3期，第92页。

② 郑艳：《民俗学视角下的竹枝词研究》，中国社会科学出版社2017年版，第243页。

③ 钟敬文主编：《民俗学概论》，高等教育出版社2010年版，第5-7页。

④ 萧放：《历史民俗学的研究范畴与研究方法 民俗学视角下的竹枝词研究》，中国社会科学出版社2017年版，第2页。

⑤ 孙杰：《竹枝词发展史》，上海人民出版社2014年版，第174页。

公时方以竹枝词试士。"①乐钧在《韩江棹歌序》也言棹歌"既博、既丽，斯为盛矣。辄仿其体，著《韩江棹歌》百首，耳目所及，参以记载天时、地理、民风、物产……庶以风时平人，乐海滨丰庶之象，风之正变旨之劝惩，抑或有取焉"②。可见潮州竹枝词创作在清代非常盛行，诗人创作的目的也非常明确。

文中"潮州竹枝词"是指自宋代到清代记述和描摹潮汕地区名贤名迹、风土物产、生活习尚、礼俗人情、历史沿革等的竹枝词，包括别称"韩江竹枝词"、"凤城竹枝词"、"韩江棹歌"、"潮州杂兴"（竹枝体）和"岭南竹枝词"中写及潮州者，以及潮州现在各地竹枝词，如"西湖竹枝词""黄冈竹枝词"等。潮州、潮州府自隋朝至清朝的行政区域是指现在广东的潮汕地区，清雍正十一年（1733）潮州府共辖八县，即海阳、揭阳、潮阳、莲阳（澄海）、洪阳（普宁）、葵阳（惠来）、饶阳（饶平）、茶阳（大埔），直至乾隆三年（1738）后，潮州府仍辖潮汕九县，咸丰八年（1858）辟潮州府澄海县鮀浦司沙汕头为通商口岸。因而，清代潮州竹枝词实际上包括上述清代潮州府辖区的各地竹枝词，即潮汕地区竹枝词。清代一些写及潮州风土习尚的诗作也归入"潮州竹枝词"中，但不包括现当代新竹枝词。

潮州竹枝词多散落于各种方志如吴颖《潮州府志》、饶锷《潮州西湖山志》、饶宗颐《潮州志》，清代笔记如郑昌时《韩江闻见录》、俞蛟《梦厂杂著》、林大川《韩江记》，诗家别集总集如乐钧《青芝山馆诗集》、徐乾学《憺园集》、龚澄轩《花笺录》中。现存整理过较为集中的作品文献有：芳信编《潮汕竹枝词百首》，岭海诗社选编《潮汕竹枝词》，王利器等编《历代竹枝词》，丘良任等编

---

① 钟山、潘超、孙忠铨编：《广东竹枝词》，广东高等教育出版社2010年版，第420页。

② 钟山、潘超、孙忠铨编：《广东竹枝词》，广东高等教育出版社2010年版，第423页。

《中华竹枝词》等也有所收录，限于笔者所见，现存选编整理较完整较有影响的还是钟山、潘超、孙忠铨编的《广东竹枝词》，它基本上把宋代至民国绝大部分的潮汕竹枝词囊括其中，为潮州竹枝词研究提供了重要的文本资料。遗憾的是，完整的历代潮州竹枝词的整理和收录专集尚付阙如，有待后人来完成。

一　潮州竹枝词的民俗文化传承

（一）记述民众心中先贤，彰显潮州文化、群体心理和文化精神特质的积淀与形成

潮州文化，在中原文化的影响下形成自己的文化特质，并逐渐积淀传承，成为今天深厚丰富的潮州文化，这与历代贬潮莅潮文化先贤带来中原文化与潮州本地先贤对文化的融合发扬分不开。竹枝词中记述凭吊的人物，是当地民众心口传扬的人物，反映着该地域的群体心理特质和深层的潮州文化精神。

韩愈到潮才8个月，但山水都姓韩，对潮州的影响可谓大矣，以民为本的儒家思想，为民办事的精神，特别是带来中原的耕种方法、兴办教育，影响深入民心，潮汕地区民间自古有"读书人都是韩文公学生"的说法。历代潮州竹枝词都传达着对韩愈的感念之情。

> 惆怅昌黎去不还，小亭牢落古松间。
> 月明夜静神游处，三十二峰江上山。①
>
> 侍郎亭下草离离，春色相逢万事非。

① 〔宋〕刘允：《韩山》，钟山、潘超、孙忠铨编：《广东竹枝词》，广东高等教育出版社2010年版，第419页。

今日江山当日景，多情直拟问斜晖。①

韩愈与陈尧佐驱鳄为民除害，清末海阳令陈坤有诗盛赞：

鳄溪溪恶鳄鱼肥，驱戮谁明恩与威？
前有昌黎后尧佐，至今江上烂霞辉。

注：意溪旧名恶溪，又名鳄溪，在海阳县东五里，即韩驱鳄处也。梅州有恶水，东流至潮州出海，其水险恶，多损舟船。每当江水涨溢，有鳄鱼随水而至。宋咸平间，通判陈尧佐斩鳄鱼亦在此。②

清代陈昌时《韩江闻见录》有专篇《驱鳄、歼鳄》记其事，可知潮人历代不忘。清代民众心口也都传诵着韩文公：

骄鳄潜形户户安，留衣旧事漫讥弹。
若非刺史真贤吏，那许江山并姓韩。③

韩山橡木植祠旁，乞珮名亭记侍郎。
路上行人谈往事，文公当日贬潮阳。④

著名学者赵松元认为韩愈贬潮对当地民俗生活与群体心理的影响主要有三大原因：棠阴效应（造福一方）、名人效应（文化名人）、

---

① 〔宋〕陈尧佐：《韩山》，载钟山、潘超、孙忠铨编：《广东竹枝词》，广东高等教育出版社2010年版，第419页。

② 〔清〕陈坤：《岭南杂事诗钞》，载钟山、潘超、孙忠铨编：《广东竹枝词》，广东高等教育出版社2010年版，第39页。

③ 〔清〕陶元藻：《潮州竹枝词》，载钟山、潘超、孙忠铨编：《广东竹枝词》，广东高等教育出版社2010年版，第431页。

④ 〔清〕洪肇基：《凤城竹枝词》，载钟山、潘超、孙忠铨编：《广东竹枝词》，广东高等教育出版社2010年版，第445页。

宣传效应（身后的宣传）。其实这三种效应对当地的影响是双向的，甚至是民众主动地认同和接受。潮州地居海滨一隅，长期以来形成独特的文化传统和本地人傲岸自信的性格，不轻易接受外来事物和观念。但潮州民众尊韩祀韩，民间韩愈的各种传说甚或将其神化，这种民俗现象和民俗心理，只能反映潮州本地的精神追求与韩愈这位文化名人的到来高度契合，因而民众能主动接受并实现文化认同，达到潮州本地的传统文化个性与韩愈带来的中原传统文化的共性达成共识，在认同的同时不断地创新，实现创造性转化，形成潮州重文兴教、进取开创的文化精神。"一定地域的民俗事象及其群体性格，一般都负载着千百年历史的深厚文化资源。潮州的这种人文传统，这种民情风俗，正因为遥接着绵延着韩愈当年以儒学兴化的古风，总使人感到其中氤氲着一种深厚的历史文化蕴涵。"①

潮州对中原儒家思想的继承还体现在对唐代张巡、许远的崇拜上，形成爱国报国传统。

> 双忠祠庙郁崚嶒，箫鼓开年便沸腾。
>
> 一种精灵光不灭，花朝直接上元灯。
>
>
> 注：潮人多祀张、许二公。②

爱国诗人丘逢甲也是一位到潮的先贤，清光绪二十二年（1896）到潮州，在此居住讲学5年，后又在汕头创办岭东同文学堂，对潮州近代文化、教育发展有重要影响。其诗喜记当地风土人物，后人多作竹枝词以引诗证史。丘逢甲对潮州名贤推崇备至，诗中多记其事并弘

---

① 赵松元：《论韩愈贬潮对当地民俗生活与群体心理的影响》，载陈三鹏主编：《第三届潮学国际研讨会论文集》，花城出版社2000年版，第29-141页。
② 〔清〕劳孝舆：《潮州竹枝词》，载钟山、潘超、孙忠铨编：《广东竹枝词》，广东高等教育出版社2010年版，第432页。

扬其精神：

> 战裙化蝶野云香，百丈埔前废庙凉。
> 碧绣苔花残瓦尽，更无人拜许娘娘。
> 海云南护六龙奔，凄绝辞郎酒满尊。
> 一曲平元万行泪，红螺洲上望崖门。

注：百丈埔，在潘段，为张公世杰夫人大战元兵殉节处。旧
有庙，土人称曰娘娘庙，今废久矣。

红螺洲，即辞郎洲，为邑人宋张都统达妻陈璧娘送夫率义师
勤王处。平元曲，璧娘作。①

诗中丘逢甲高度评价抗元英雄许夫人"异代双忠更张许，男儿千
古逊英雄"，将其夫妇比作张巡、许远；陈璧娘送夫勤王，丘逢甲也
感其事而记之，赞许他们的爱国行动。彰明潮汕自古以来，无论伟男
儿还是奇女子都有爱国报国精神，这种精神正与丘逢甲的爱国热情遥
相感应。

丘逢甲《饶平杂诗》另一首是记宋代以清廉闻名的潮州八贤之
一——张夔：

> 循名曾记御屏留，龙眼城中故宅秋。
> 残局庙堂多水火，苦将遗句忆廉州。

注：宋张夔训子诗云："慎勿与人交水火。"夔守廉州有惠
政，高宗书其名于御屏。龙眼城张姓，皆夔裔孙。②

---

① 丘逢甲：《岭云海日楼诗钞》，上海古籍出版社2009年版，第130页。
② 丘逢甲：《岭云海日楼诗钞》，上海古籍出版社2009年版，第131页。

宋张夔训子张昌裔诗云："慎勿与人交水火，好留名节重丘山。"丘逢甲此诗虽记张夔事，实则颂扬潮人知廉耻重名节的精神特质，并教化后代的行事为人方式。

这些记述潮州先贤名人的竹枝词，承载着潮州重文兴教、开拓进取、爱国报国、知廉耻重名节的精神文化特质，反映民众群体心理的形成，是历代名贤对中国传统文化特别是儒家文化的传承，并推动潮州文化精神不断创新和创造性转化的过程。

（二）对潮州府城的城市书写，再现清代潮州府城人的生活方式

1. 记述潮州的气候物产、商贸繁荣和饮食特色

> 瀛洲无雪复无冰，十月时添燠暑蒸。
> 却试春衫小春日，拗得梅花上古滕。①

潮州地处海滨，是韩江三角洲平原向山地过渡地带，属亚热带海洋性季风气候。夏长冬短，日照充足，雨量充沛，冬季暖和，终年无雪，难怪可在梅花仍开的时节试着春衫寻梅了。潮州的地理环境和气候特点，决定了自然物产丰富，果蔬水产次第登场，潮州府城所在地，商贸非常繁荣。

> 三月杨梅论斗量，九月黄柑满竹筐。
> 荠果有钱无处买，吴淞商舶正开洋。②

> 牡蛎墙高树阴浓，黄皮果熟荔枝红。

---

① 〔清〕郑昌时：《韩江竹枝词》，钟山、潘超、孙忠铨编：《广东竹枝词》，广东高等教育出版社2010年版，第422页。

② 〔清〕乐钧：《韩江棹歌》，钟山、潘超、孙忠铨编：《广东竹枝词》，广东高等教育出版社2010年版，第430页。

湿蒸五月连朝雨，香满回廊茉莉风。①

　　潮州水果特产除杨梅外最有名的应该就是黄柑，俗称潮州柑，为岭南名产，潮州柑熟之时，"万树金黄联玉翠，长林一望战霜醅"②。但在潮州竹枝词中写得最多的却是荔枝。清代以来"蜀荔不甚显，闽粤荔枝争胜最烈"③。殊不知潮州也盛产荔枝，数量多品质也佳，然知名度却不及福建、广州、云浮，"增城挂绿、新兴小红，妇孺能道。独吾潮荔枝，不少概见"。清代谢锡勋认为主要是地理位置的原因：潮州"僻处海滨，而不见知于时，独荔枝乎哉！"因而作《潮州荔枝词百首》以传播介绍潮州荔枝。

　　　　凤城随处凤丸繁，不独蕉柑橘柚村。
　　　　千树荔枝千亩地，风情仿佛石龙园。④

　　　　乌叶荔枝买夏林，去来大小暑相侵。
　　　　闽图粤谱新论遍，三百枝头颗颗金。

　　　　注：潮果以乌叶为最，谚云："小暑来，大暑去。"⑤

261

　　"凤丸"即荔枝，潮荔以乌叶品种为最优。荔枝保质期极短，一

---

① 〔清〕冯时桂：《潮州竹枝词》，钟山、潘超、孙忠铨编：《广东竹枝词》，广东高等教育出版社2010年版，第433页。
② 〔清〕翁辉东：《村居杂咏》，载钟山、潘超、孙忠铨编：《广东竹枝词》，广东高等教育出版社2010年版，第448页。
③ 钟山、潘超、孙忠铨编：《广东竹枝词》，广东高等教育出版社2010年版，第470页。
④ 〔清〕谢锡勋：《潮州荔枝词百首》，载钟山、潘超、孙忠铨编：《广东竹枝词》，广东高等教育出版社2010年版，第471页。
⑤ 〔清〕郑昌时：《韩江竹枝词》，载钟山、潘超、孙忠铨编：《广东竹枝词》，广东高等教育出版社2010年版，第422页。

日而色变，二日而香变，三日而味变。智慧的潮州人在清代已懂得因地制宜，延长产业链，多种经营方式发展"荔枝产业"，一是酿荔枝酒，"潮人以荔枝酿酒，谓之荔枝春"①。

> 古镇当年驻宋军，千秋重与宴红云。
>
> 瓮头酿熟春如海，杯酒夜浇太监坟。
>
> 惠来荔枝，以千秋镇为上。千秋镇荔枝，尤以太监坟为最。②

一是利用潮州产盐和盐业发达的优势腌荔枝，叫盐浸荔枝。

> 卤地人家造卤宜，较将耕敛易农时。
>
> 河东河西好晴日，晒得冰盐浸荔枝。③
>
> 卤地人家卤法咸，沿河随处晒冰盐。
>
> 秀才饶有黄斋味，摘得荔枝当菜腌。
>
> 侨客重洋海岛南，酸咸嗜好胜饴甘。
>
> 轮围番舶如梭织，载得荔枝千万坛。④

盐浸荔枝以其独特的乡味为华侨所嗜好，远销海外。"每当荔枝盛出，南商之业杂咸者，以鲜荔枝浸淡盐水，装置磁瓮，由轮船载赴南洋诸岛，七八日可登彼岸。虽略带酸咸，然乡味所在，人争购之。销场颇畅，出口不计其数。自近来罐头荔枝出，人虽兼办，但价值较

---

① 钟山、潘超、孙忠铨编：《广东竹枝词》，广东高等教育出版社2010年版，第471页。

② 〔清〕谢锡勋：《潮州荔枝词百首》，载钟山、潘超、孙忠铨编：《广东竹枝词》，广东高等教育出版社2010年版，第471页。

③ 〔清〕陈作舟：《潮阳竹枝词》，载钟山、潘超、孙忠铨编：《广东竹枝词》，广东高等教育出版社2010年版，第439页。

④ 〔清〕谢锡勋：《潮州荔枝词百首》，载钟山、潘超、孙忠铨编：《广东竹枝词》，广东高等教育出版社2010年版，第471-472页。

昂。故瓮头荔枝之利，终不为所夺也。"①不但畅销，在海外市场中还有竞争力。潮州荔枝的宣传与产业的发展，充分展现了潮州人敢于尝试、开拓创新和能因地缘优势和侨乡之利发展海外经济的善贾精神。

竹枝词中还特别写到潮州的竹笋，可证自清代至今，潮州盛产的竹笋在潮汕乃至全国都有特殊优势。

> 沙园老屋住潮州，果菜园葵几倍收。
> 鹅鸭长成春笋嫩，东坡到此不回头。②

潮州因有江海之利，水产也是极其丰富，有"北河鱼美腹膏腴，鳊鲤鲢鳙鲩鳜鲈"③的河鲜，也有"黄鱼紫蟹错登筵"④的海鲜，销路也极好。

> 鲤鱼最好是桥东，为钓鲤鱼风打篷。
> 钓着鲤鱼人便买，鱼篮终日鲤鱼空。⑤

物产之盛有特色，发展起来的饮食也是独具特色，那就是"江蛦土笋味鲜新，鲎酱鱼生杂沓陈"⑥的潮州菜。清代潮州菜有名气的要数上水门一带：

---

① 钟山、潘超、孙忠铨编：《广东竹枝词》，广东高等教育出版社2010年版，第472页。

② 〔清〕孔继宣：《后龙溪竹枝词》，载钟山、潘超、孙忠铨编：《广东竹枝词》，广东高等教育出版社2010年版，第444页。

③ 〔清〕洪肇基：《凤城竹枝词》，载钟山、潘超、孙忠铨编：《广东竹枝词》，广东高等教育出版社2010年版，第446页。

④ 〔明〕黄锦：《黄冈竹枝词》，载钟山、潘超、孙忠铨编：《广东竹枝词》，广东高等教育出版社2010年版，第442页。

⑤ 〔清〕洪肇基：《凤城竹枝词》，载钟山、潘超、孙忠铨编：《广东竹枝词》，广东高等教育出版社2010年版，第445页。

⑥ 〔清〕乐钧：《韩江棹歌》，载钟山、潘超、孙忠铨编：《广东竹枝词》，广东高等教育出版社2010年版，第423页。

竹木门连上水门，酒楼风暖酒旗翻。

弟兄尔我今须醉，富贵贫穷何足论。①

潮州菜在清代，也因侨乡优势走出国门，风靡海外。清光绪二十一年（1895）年潘乃光参加外交使团出访，写下《海外竹枝词》，其中一首：

买醉相邀上酒楼，唐人不与老番侔。

开厅点菜须庖宰，半是潮州半广州。②

记录潮菜在海外为国人所喜爱。"开厅点菜须庖宰"写出潮菜与粤菜都讲究现宰现食，重视食材的生猛，而不是冷冻食材，这是潮菜与外国菜的根本区别。

潮州工夫茶是另一饮食特色。在外地人眼中很是特别：

何人曾向潮州来，品到茶经有别裁。

不咏卢仝诗七碗，金茎沆露只论杯。

注：潮郡尚功（工）夫茶，有大焙、小焙、小种、名种、奇种、乌龙等名色，大抵色、香、味三者兼全。以鼎臣制胡桃大之宜兴壶，若样制坟许之杯，用榄炭煎汤乍沸，泡如蟹眼时沧散，味尤香美。甚至因酷嗜而在破产者。③

一提潮州茶俗，人们最喜欢引用的是丘逢甲的《潮州春思》：

---

① 〔清〕洪肇基：《凤城竹枝词》，载钟山、潘超、孙忠铨编：《广东竹枝词》，广东高等教育出版社2010年版，第445页。

② 芳信编：《潮汕竹枝词百首》，艺苑出版社2001年版，第69页。

③ 〔清〕陈坤：《岭南杂诗诗抄》，载钟山、潘超、孙忠铨编：《广东竹枝词》，广东高等教育出版社2010年版，第52页。

> 曲院春风啜茗天，竹炉榄炭手亲煎。
> 小砂壶瀹新鹪嘴，来试湖山处女泉。①

潮州工夫茶在择器、取火上极为讲究，择茶、择水更是毫不马虎：

> 茗碗纤纤竹火炉，烹茶编用细工夫。
> 近来何特尤昂贵？璞玉斋中蜡石壶。②

> 大龙冈北迸山泉，山水茶香各自煎。
> 村里老娘好供奉，武夷名莽有闲钱。③

虽说"水土相宜茶自佳"，曾楚楠在《潮州工夫茶》中引张又新《煎茶水记》："夫茶烹于所产处，无不佳也，盖水土之宜。离其处，水功其半。"④在清代，潮州城中有好水西湖处女泉、饶平有漱玉泉、大龙冈北迸山泉，然而潮州人追捧的却不是本地茶，"潮人所嗜，在产区则为武夷、安溪……在品种则为奇种、铁观音"⑤。武夷茶在当时极贵，"有闲钱"才能买得起，而"村里老娘"也饮茶，可见潮州工夫茶已经非常普及，并且普通老百姓喝茶也极讲究。潮州人饮茶不仅仅是消渴消闲，而是深入到婚俗等人生礼仪之中，"新妇新郎比翼鹣，客来茶素要频添"⑥，结婚之日，新人奉茶之礼是必不可

265

---

① 丘逢甲：《岭云海日楼诗钞》，上海古籍出版社2009年版，第70页。
② 〔清〕武廷选：《潮州竹枝词》，载钟山、潘超、孙忠铨编：《广东竹枝词》，广东高等教育出版社2010年版，第434页。
③ 〔清〕孔继宣：《后龙溪竹枝词》，载钟山、潘超、孙忠铨编：《广东竹枝词》，广东高等教育出版社2010年版，第444页。
④ 曾楚楠：《潮州工夫茶》，花城出版社1999年版，第58页。
⑤ 曾楚楠：《潮州工夫茶》，花城出版社1999年版，第48页。
⑥ 〔清〕乐钧：《韩江棹歌》，载钟山、潘超、孙忠铨编：《广东竹枝词》，广东高等教育出版社2010年版，第428页。

少的。

2.描写清代潮州府城传统节日娱乐、民间信仰

中国传统年节集中、强烈地反映出民族文化的内容和特色。作为中华文化重要支脉的潮州文化，其传统年节既包含着中华文化古老的文化因子，也具有独特的地方特色，展现着潮州人民独特的生活方式和民间信仰，是潮州民俗文化的重要内容。清代龚澄轩有《潮州四时竹枝词》历数一年十六个节日的民俗事象，充分展现了清代潮州的淳风美俗，历来竹枝词也多记之。

潮州从除夕开始就准备过春节，这时府城一派繁华的景象：

> 黄柑万颗龙湖市，青蔗千枝湘子桥。
> 薯酒一升钱十六，潮人欢乐度今宵。
>
> 太平节事忒匆匆，新换桃符捉对红。
> 要问春从何处到？开元寺里一声钟。①

清代潮州人守岁，专候开元寺钟声敲响，迎接新年的到来，开元寺这一唐代古寺，在清代潮州民众心中，有神圣的意义。春节到元宵主要的民俗活动是祭祀、赛神"走老爷"、游春踏青。潮州民间信仰没有专门的宗教或神祇，除上文提到的先贤崇拜外，就是祖先、天神地祇、其他的神总称为"老爷"。乐钧的《韩江棹歌》写到"村村甲第祖祠崇"，指出"潮人营宫室必先祖庙，有尊祖敬宗之义，盖风俗之厚也"②。潮州人逢年过节必有祭祀，是民众内心对安康美好幸福祈愿的表达。潮州府城专祀青龙，这一自然崇拜源自中华民族龙图腾

---

① 〔清〕张学举：《癸酉除夕竹枝词》，载钟山、潘超、孙忠铨编：《广东竹枝词》，广东高等教育出版社2010年版，第446页。
② 钟山、潘超、孙忠铨编：《广东竹枝词》，广东高等教育出版社2010年版，第425页。

的崇拜。

青龙古庙蠡江湄，祭赛年年正月期。
笑语声中灯已到，几家儿女出门时。①
青龙庙下火龙翔，天后宫前焚紫香。
元夜长街同白昼，灯笼悬遍石牌坊。②

一水南堤荫古榕，篝灯香火祀青龙。
数行罗绮阶前拜，灵筊争持候煞侬。③

正月是祭祀的高峰，青龙古庙在韩江南堤边。祀青龙也多在正月，祈求风调雨顺，同时表达对春天的各种期盼。元宵佳节，潮州府城"歌管满城灯似海，珠帘齐卷拜青龙"，平日不能出门的女子，这时也可以不受约束，外出观灯拜青龙，因而衣香鬓影，热闹非凡，也演绎了多少《陈三五娘》这样的爱情故事。

267

乩童舞蹈向鳌山，彻夜游人去复还。
正月花灯二月戏，乡风喜唱外江班。④

"正月花灯二月戏"，清代潮州府城人喜欢看外江戏。潮州唱戏多与游神赛会的民俗活动结合在一起。郑昌时记"潮城元宵后方赛会，或至四月末已"。其《韩江竹枝词》有句"四月初旬犹赛神，五

---

① 〔清〕陈方平：《潮州竹枝词》，载钟山、潘超、孙忠铨编：《广东竹枝词》，广东高等教育出版社2010年版，第432页。
② 〔清〕乐钧：《韩江棹歌》，载钟山、潘超、孙忠铨编：《广东竹枝词》，广东高等教育出版社2010年版，第424页。
③ 〔清〕张对墀：《潮州竹枝词》，载钟山、潘超、孙忠铨编：《广东竹枝词》，广东高等教育出版社2010年版，第431页。
④ 〔清〕龚澄轩：《潮州四时竹枝词·元宵》，载钟山、潘超、孙忠铨编：《广东竹枝词》，广东高等教育出版社2010年版，第431页。

更三点有游人"①。游神，潮州各地风俗不同，其中"走老爷"是一项狂野的民俗活动。

> 十二夜中竞走尨，奋抬神座下旷场。
> 万人空巷猜谁胜，养得健儿姓字扬。②

该诗传神地写出了"走老爷"时的盛况，这不仅是娱神娱人，更是健儿展示雄健的体育竞赛，胜出者姓字全村传扬。这种风俗至今仍在潮汕地区流传。

潮州得韩山韩水的天然之美，处处风景宜人，也传承着踏青游春的古俗。

> 从入新年便踏春，青郊十里扑香尘。
> 怪他风俗由来异，裙屐翩翩似晋人。③

"湖山山上草离离，娘仔踏青三月时"④，上巳踏青游春也是女子的节日项目，竹枝词多了许多清新温婉的气息。

> 最好湖山上巳时，游人逐队尝花枝。
> 美他少小娇儿女，伴母来吟石上诗。⑤

---

① 钟山、潘超、孙忠铨编：《广东竹枝词》，广东高等教育出版社2010年版，第421页。

② 〔清〕翁辉东：《村居杂咏》，载钟山、潘超、孙忠铨编：《广东竹枝词》，广东高等教育出版社2010年版，第437页。

③ 〔清〕孟亮揆：《潮州上元竹枝词》，载钟山、潘超、孙忠铨编：《广东竹枝词》，广东高等教育出版社2010年版，第437页。

④ 〔清〕洪肇基：《凤城竹枝词》，载钟山、潘超、孙忠铨编：《广东竹枝词》，广东高等教育出版社2010年版，第445页。

⑤ 〔清〕林大川：《西湖竹枝词》，载钟山、潘超、孙忠铨编：《广东竹枝词》，广东高等教育出版社2010年版，第436页。

三月三日天气新，正是兰亭被禊辰。

澄海由来春色早，郊游唤作踏青人。①

端午赛龙夺锦与中原古俗无异，家家挂艾草与菖蒲，潮州端午男女皆插石榴花以辟邪祈吉。

艾剑薄樽夺锦标，榴花簪发色弥娇。

岭南南比江南早，浴赵端阳狗与猫。②

笔架峰头宿雾消，凤凰台下午风摇。

真龙出水须来看，看是谁家夺锦标。③

龙船花开红照衣，龙船队队蹴波飞。

只缘夺得红旗乐，赢取江心节水归。

注：龙髯花开于端午，潮人称为龙船花，五日竞渡插彩旗于江中夺之，又取江心水贮于家，经久不败，谓之节水。④

端午赛龙舟强身健体的节庆内容，至今犹存，而插石榴花、取节水的习俗已经消失。

3. 再现清代潮州府城的市容市貌

潮州有得天独厚的旅游资源，是山明水秀的旅游胜地，"得到潮

269

① 〔清〕龚澄轩：《潮州四时竹枝词·上巳》，载钟山、潘超、孙忠铨编：《广东竹枝词》，广东高等教育出版社2010年版，第436页。
② 〔清〕龚澄轩：《潮州四时竹枝词·上巳》，载钟山、潘超、孙忠铨编：《广东竹枝词》，广东高等教育出版社2010年版，第437页。
③ 〔清〕洪肇基：《凤城竹枝词》，载钟山、潘超、孙忠铨编：《广东竹枝词》，广东高等教育出版社2010年版，第445页。
④ 〔清〕乐钧：《韩江棹歌》，载钟山、潘超、孙忠铨编：《广东竹枝词》，广东高等教育出版社2010年版，第426页。

州一日游，回家三载说潮州"①。清代潮州城是府城所在地，更是一座有深厚文化底蕴的人文城市。竹枝词再现清代潮州府城城市风貌。

> 韩江孕碧韩山青，明镜东边列翠屏。②

> 廿四城东驾石桥，浮梁十八水迢迢。③

> 临水洞开广济门，门头杰阁俯江村。④

> 鳄渚风波偏忌夏，湘桥烟月最宜秋。⑤

> 绕郭青山翠几重，西湖石上印仙踪。
> 桃花载得春前酒，醉倒城头玉笋峰。⑥

潮州城长期以来都是政治、经济和文化中心，街市富庶繁荣：

> 店面高悬金字牌，绮罗锦绣艳衢街。⑦

---

① 〔清〕洪肇基：《凤城竹枝词》，载钟山、潘超、孙忠铨编：《广东竹枝词》，广东高等教育出版社2010年版，第445页。

② 〔清〕乐钧：《韩江棹歌》，载钟山、潘超、孙忠铨编：《广东竹枝词》，广东高等教育出版社2010年版，第423页。

③ 〔清〕郑昌时：《韩江竹枝词》，载钟山、潘超、孙忠铨编：《广东竹枝词》，广东高等教育出版社2010年版，第421页。

④ 〔清〕郑昌时：《韩江竹枝词》，载钟山、潘超、孙忠铨编：《广东竹枝词》，广东高等教育出版社2010年版，第422页。

⑤ 〔清〕温训：《韩江词》，载钟山、潘超、孙忠铨编：《广东竹枝词》，广东高等教育出版社2010年版，第423页。

⑥ 〔清〕郑昌时：《韩江竹枝词》，载钟山、潘超、孙忠铨编：《广东竹枝词》，广东高等教育出版社2010年版，第420页。

⑦ 〔清〕洪肇基：《凤城竹枝词》，载钟山、潘超、孙忠铨编：《广东竹枝词》，广东高等教育出版社2010年版，第446页。

城中有海阳县学宫，是潮州府最高教育机构。每逢考期，各县各乡童生集中到府城赴试，应考的人、陪考的人充斥城内各处，一时间潮州城内热闹起来。

> 店户今应陡发财，人逢考校入城来。
> 沿街招卖沿街卖，一路声声唤秀才。①

会做生意的潮州人趁机招徕生意，投合顾客心意声声唤秀才，生动传神地写出了应景的市声。

而城中有一处名胜，因与韩文公有关，在人们心中，自是与功名相关，那就是潮州八景之一"韩祠橡木"。

> 笔架峰高接彩霞，韩公庙口枕山丫。
> 年年忙杀槐黄客，都向山前祷橡花。
> 潮人以韩公手植橡木卜科名。②

271

> 三年科举一离家，郎有文笺夺彩霞。
> 好载书囊郎赴省，今年多放橡林花。
> 城东韩山有橡木，为韩文公手植。花开可卜科名。③

民俗是一种文化现象，又是社会生活的一部分；是人类创造的文化，也是他们实践着的生活方式。④"研究过去的生活是为了日后更好地生活。竹枝词凝固了前人的生活，为后人还原了一段已经逝去

---

① 〔清〕洪肇基：《凤城竹枝词》，载钟山、潘超、孙忠铨编：《广东竹枝词》，广东高等教育出版社2010年版，第446页。
② 〔清〕劳孝舆：《潮州竹枝词》，载钟山、潘超、孙忠铨编：《广东竹枝词》，广东高等教育出版社2010年版，第432页。
③ 〔清〕郑昌时：《韩江竹枝词》，载钟山、潘超、孙忠铨编：《广东竹枝词》，广东高等教育出版社2010年版，第420页。
④ 刘守华主编：《文化学通论》，广东高等教育出版社1992年版，第194-195页。

的时代，这就是竹枝词的意义所在。"①潮州民俗很多被保存传承下来，至今依然在发挥作用，承载民俗文化的潮州竹枝词，上承中国传统文化，下连当今生活，在当代潮州的发展中具有重要的价值。

二 潮州竹枝词的当代价值

（一）潮州竹枝词在流传与传播中具有引导行为规范、优塑文化人格和整合凝聚文化心理的民俗作用

"民俗是一个民族或一个较大的社会群体的行为规范"，"民俗是维系民族文化心理的一支重要力量，它有力地增强了民族（或群体）的凝聚力与向心力。每一个社会成员，都从他所属群体的文化环境中得到教化，形成相同的思维方式与价值观念，使得他们与自己的文化保持着割不断的心理联系"。②潮州竹枝词记述潮州文化、文化精神和民众心理的积淀形成的历史过程。潮州历代先贤的贡献、著述和思想，以及历代潮州民众对先贤与中原文化的认同、接受和影响同化，已经成为文化积淀深入到精神和民众心理当中。承载着这种文化精神和心理特质的潮州竹枝词，不仅具有民俗研究的资料价值，在流传与传播中，自然也发挥着规范文化行为、优塑文化人格和整合文化心理的作用，影响和导引新一代（本地与在外）潮州人传承潮州特质的行为规范、生活方式、人格力量和自尊团结拼搏创新的精神，焕发着潮州文化的生命力，引导潮州人在新时代中创新、发展。

---

① 杨秋：《从竹枝词看清末民初广州的社会风尚》，《民族文学研究》2004年第3期，第46页。

② 刘守华主编：《文化学通论》，广东高等教育出版社1992年版，第212-213页。

（二）潮州竹枝词启示当代潮州文化产业发展方向、非遗活态文化传承路径

潮州竹枝词记述潮州特有的物产、消费与商贸等民俗，有的已随着时代的发展渐渐淡出人们的视野，如潮州柑、青铜锁，但有的却在时代浪潮的淘洗中脱颖而出，如潮州竹笋、潮菜、工夫茶、陶瓷、木雕等。潮州自古有鱼盐之利，清代乐钧《韩江棹歌》其七注"潮州产盐有东界、海山、河东、河西、惠来、小江、隆井等七场"，丘逢甲《广济桥四首》其一"五州鱼菜行官帖"诗中注："潮、嘉、汀、赣、宁食盐，皆由桥分运，故曰'广济桥盐'。又凡腌鱼曰鱼盐，腌菜曰菜盐。每鱼菜出为行盐旺月。"另潮州竹枝词中的盐浸荔枝虽是土产，不及荔枝罐头时尚，却远销海外，为华侨所喜爱。这些民俗事象启示：

一是潮州文化产业的发展方向一定要因地制宜，有地域特色，不能过度追逐时尚，而必须立足本土，充分挖掘潮州特有的物产、优势和文化，发展有地域特色的农产品生产和贸易、文旅产业、特色工艺品产业才有竞争力。

二是发挥潮汕侨乡优势，将优秀的民族传统文化与潮州文化融入文化产业并形成品牌，海外消费者通过文化认同与情感眷恋，自然忠诚于产业和品牌。这样既能使产品畅销于海外，又能使产业品牌蕴含的文化与精神在海外得到更好的传播。特别是非遗活态文化，如潮州工夫茶、潮菜、潮州陶瓷、潮州木雕等，新时期传承与发展最好的路径就是融入"21世纪海上丝绸之路"文化建设。潮汕侨乡融入"21世纪海上丝绸之路"文化建设，有利于潮汕侨乡充分利用自身的文化优势，以文化带动经贸，增进潮汕地区与东盟国家，以及丝路沿线国家与地区的文化经贸交流，提高潮汕地区的对外开放水平，进而增强潮汕侨乡的文化与经济实力；通过文化上的交流交往与共生共融，更好地处理多边关系，进一步为地方乃至国家打造和谐稳定的周边环境；

推动中华传统文化在世界上的传播，进而提高中国文化软实力。①

（三）潮州竹枝词具有海内外传播功能与"广告"宣传价值

潮州竹枝词的流传与传播，除《潮州府志》《潮州志》等各种方志史料和《韩江闻见录》《梦厂杂著》《韩江记》等笔记杂谈以及诗家别集总集作品集外，还有大众传播媒体。清同治十一年（1872）上海《申报》创刊，标志着现代意义的大众传播媒体——报纸已经出现。《申报馆条例》中第二条指出："如有骚人韵士有愿以短什长篇惠教者，如天下各名区竹枝词，及长歌纪事之类，概不取值。"一时向《申报》投递竹枝词要求发表者络绎不绝。《申报》早期刊载的文学作品，竹枝词占了近三分之一。清末海阳令陈坤《岭南杂事诗钞》写到岭南报纸传播媒介："一纸新闻海上传，旁搜博采广敷宣。所闻所见未闻见，拉杂书成日日编。"②清末到民初的多家报刊也多发表竹枝词。潮州竹枝词因其承载的潮州文化，特别是物质和消费民俗文化，登上报刊就在海内外产生巨大的传播效应，这种有音韵之美的"微诗"，就是现成的"广告"，在商贸、文旅等各种文化产业中具有广告宣传的价值。

三　结语

潮州竹枝词传承着潮州民众重文兴教、爱国报国、开拓创新、知廉耻重名节的群体心理和文化精神，保存着潮州历代名贤名迹、物产商贸饮食、节庆信仰礼俗、府城风貌世俗等民俗事象，再现近代民众

---

① 蔡梦虹：《21世纪海上丝绸之路与潮汕侨乡非遗文化的海外传播研究——以潮州工夫茶文化海外传播为例》，《文化学刊》2017年第3期，第163-168页。
② 张介凡：《广州竹枝词对广府文化的承载与传播》，《广东技术师范学院学报》2016年第7期，第37页。

的现实生活，洋溢着鲜活的文化特质和浓厚的乡土气息，承载潮州特别是清代潮州府城的民俗文化。潮州传统民俗文化其历史渊源是中原优秀传统文化，其根脉延续着当今生活的方方面面。"文化及其传统的生命力主要在于它能在人类向未来发展的行程中为人类导航。"①传承着潮州民俗文化的竹枝词，在当代具有重要的文献史料研究价值、影响教化整合凝聚的民俗价值、传习文化成果影响启示文化发展的创造价值。潮州竹枝词或许不为诗界所重，但若能发挥这种传统的"微诗"传播功能，挖掘并发挥其深层价值，探寻和利用其延续当今生活的根脉，结合潮州侨乡优势，融入"21世纪海上丝绸之路"文化建设，将能更好焕发潮州文化生命力，以传统的力量推动潮州文化在新时代的创造和创新，助力中华文化软实力的提升。

参考文献:

[1] 林骧华:《说文化——〈中国传统文化精华〉·序》，裘仁、林骧华主编:《中国传统文化精华》，复旦大学出版社1995年版。

[2] 丘良任:《略论竹枝词的特点及其研究价值》，《广东社会科学》1985年第3期。

[3] 郑艳:《民俗学视角下的竹枝词研究》，中国社会科学出版社2017年版。

[4] 钟敬文主编:《民俗学概论》，高等教育出版社2010年版。

[5] 萧放:《历史民俗学的研究范畴与研究方法 民俗学视角下的竹枝词研究》，中国社会科学出版社2017年版。

[6] 孙杰:《竹枝词发展史》，上海人民出版社2014年版。

---

① 林骧华:《说文化·中国传统文化精华序》，载裘仁、林骧华主编:《中国传统文化精华》，复旦大学出版社1995年版，第11页。

［7］钟山、潘超、孙忠铨编：《广东竹枝词》，广东高等教育出版社2010年版。

［8］赵松元：《论韩愈贬潮对当地民俗生活与群体心理的影响》，载陈三鹏主编：《第三届潮学国际研讨会论文集》，花城出版社2000年版。

［9］丘逢甲：《岭云海日楼诗钞》，上海古籍出版社2009年版。

［10］芳信编：《潮汕竹枝词百首》，艺苑出版社2001年版。

［11］曾楚楠：《潮州工夫茶》，花城出版社1999年版。

［12］刘守华主编：《文化学通论》，广东高等教育出版社1992年版。

［13］杨秋：《从竹枝词看清末民初广州的社会风尚》，《民族文学研究》2004年第3期。

［14］蔡梦虹：《21世纪海上丝绸之路与潮汕侨乡非遗文化的海外传播研究——以潮州工夫茶文化海外传播为例》，《文化学刊》2017年第3期。

［15］张介凡：《广州竹枝词对广府文化的承载与传播》，《广东技术师范学院学报》2016年第7期。

林大钦山水田园诗的生态解读

许晓云

韩山师范学院文学与新闻传播学院副教授

摘　要： 林大钦的山水田园诗为读者展现了一幅幅自然界万物生机勃勃、人与自然和谐相处的生动画卷，体现了"物我为一"的生态观，具有很高的生态美学价值。同时，作者所咏叹的自然物象，也体现了自身的精神品格。

关键词： 林大钦；山水田园诗；生态美；物我为一；自然物象

生态问题是今天人类社会关注的重要问题之一，因为它反映了人类的活动意义和生存质量。"生态"一词源于古希腊，意思是指家或者我们的生活环境。简单地说，生态就是指一切生物的生存状态，以及它们和自然环境间形成的一种相辅相成、相互依赖的关系，这种关系表现出大自然的和谐，从而焕发出美的光辉。其实在远古时代，人们就已经注意到生态问题了，《易经》《庄子》对人与自然的关系都有着精辟的论述。此后，历代文人也都凭借着自己敏感的直觉，感悟到了自然生态的这种和谐关系，通过文学作品，尤其是山水田园诗，传达出一种朴素而深邃的生态智慧，明代潮州状元林大钦的山水田园诗也是如此。

林大钦（1511—1545），字敬夫，号东莆，潮州府海阳县东莆都（今广东省潮州市潮安区金石镇）人。明嘉靖十一年（1532）举进士，状元及第，依例听选为翰林院修撰，两年后，因母老病，乞归终养，此后一直隐居东莆山中，讲学著述优游。为了摆脱仕途的失意之感，林大钦走进了大自然，与万物为友，创作了大量的山水田园诗，为读者展示了一幅幅生机勃勃的、人与自然和谐相处的生态画卷，具有很高的生态美学价值。另外，他所咏叹的自然物象，也体现了自身的精神品格。

一 "物我为一"的生态观

曾繁仁说："我国传统生态智慧内涵之丰富及其所达到的高度是十分惊人的。它恰是我们建设当代包括生态美学在内的生态文化的基本点和最重要的根源。"[①]中国古代儒家的"仁民爱物"和道家的"自然无为""天人合一"思想，都包含着朴素而深刻的生态观，在老庄哲学看来，人本身就是自然的一分子，庄子说："天地与我并生，而万物与我为一。"北宋理学家张载进一步说："乾称父，坤称母，予兹藐焉。乃混然中处。天地之塞，吾其体；天地之帅，吾其性，天吾同胞，物吾语也。"[②]把天地视为父母，把万物当作朋友，体现的正是"仁民爱物""物我为一"的思想。

古代大多数的文人墨客对自然山水和花草树木鱼鸟都有着天然的喜欢和爱好。回到家乡以后，林大钦以青山为伴，与绿水为邻，"卜宅青山近，临门水色新"[③]，近距离地感受"林花春滋碧，巢燕语随人"[④]的自然界的生态美。林大钦这样描述自己的田园生活："青门聊种柳，白日结云谣"[⑤]，"春泉采芝去，苔堰听莺行"[⑥]，"种菊黄

---

① 曾繁仁：《转型期的中国美学——曾繁仁美学文集》，商务印书馆2007年版，第367页。

② 张载：《张载集》，中华书局1978年版，第77页。

③ 林大钦著，黄挺校注：《林大钦集》，广东人民出版社1995年版，第259页。

④ 林大钦著，黄挺校注：《林大钦集》，广东人民出版社1995年版，第259页。

⑤ 林大钦著，黄挺校注：《林大钦集》，广东人民出版社1995年版，第223页。

⑥ 林大钦著，黄挺校注：《林大钦集》，广东人民出版社1995年版，第229页。

花满，纵横野趣多"①，可见诗人已经把心志完全地融入山水田园之中，并积极地营造着富有生态美的居住环境。生态环境生机盎然，栖居其中的人就会感到旺盛的生命力，产生无限美好的希望，建设生态系统之所以追求美，就是为了把人们的生命感提升到审美感，把人的生命快感提升到美感愉悦的境界。林大钦很早就有了这种场所意识，他"辟草移花任所为"②，在草堂周围亲手栽种竹子、菊花，还有潮汕地区常见的九里香、一丈红、金银花、萱草等十来种花，春天一到，满园春色。《草堂看花十二首》云：

> 初觉花开三二枝，便看烂漫更相宜。
> 从今难却春风意，日日花前醉酒卮。

美的生态环境，能不断地提高人的审美能力，陶冶人的性情，使人不仅有旺盛的生命活力，还能获得无限的审美自由和快乐。

山水吟咏自古就是文人的雅好，"知者乐水，仁者乐山"。林大钦亲近自然、抒写自然，笔下的自然风物、花鸟禽鱼品种繁多、千姿百态，充分体现出潮州地区生态环境的优美和诗人对自然生态的强烈关注。林大钦归隐后，卜居桑莆（浦）山中，桑莆山是潮州的文化名山，在潮州城西南20公里处，高600余米，相传因古时盛产桑树而得名。南宋嘉定二年（1209）曾建玉简塔。明代进士薛侃曾在这里建王阳明祠，也曾在这里筑室讲学。林大钦写下了《予楼诸山环立，时寄栖迟，愿言攸居，谩成四韵四首》，介绍了潮州的名山桑莆山、石壁山、凤凰山，以及自己隐居桑莆山的感受，其一：

> 桑莆名自昔，苍翠复若兹。

279

---

① 林大钦著，黄挺校注：《林大钦集》，广东人民出版社1995年版，第283页。
② 林大钦著，黄挺校注：《林大钦集》，广东人民出版社1995年版，第289页。

> 高峰拂天汉,秀色并吾居。
>
> 窗开清嶂入,帘卷白云滋。
>
> 更有烟霞想,冥然定尔期。

其四:

> 青嶂环碧空,吾庐山色中。
>
> 三峰横秀气,五岭郁穹窿。
>
> 野色摇春日,秋云度晚风。
>
> 平生饶幽意,于此慰穷通。

徐恒醇在《生态美学》中提到,生态美体现的是一种"人与自然的生命关联和生命共感"[1],人处身于生态自然系统之中,认识与万物生命共存的真理,进而体验到混融的生存之美。林大钦在与大自然亲密接触的过程中,理解了万物平等、生命和谐共存的道理,在自然之中获得了归属感和亲密感。

自然界的生命之美是生态美的核心所在,也是人最直接的生态认知。在诗歌中,林大钦描写了许多充满生命活力的形象:有"通枝扶水蕚,翠盖驻流霞"[2]的荷花,有"枝英秀发亦擅场,银白金黄细细香"[3]的忍冬,有"微根初出地,高势欲凌云"[4]的竹子;有黄鹂、紫燕"渐止黄鹂将数侣,重来紫燕语青阳"[5],有蝴蝶、蜻蜓"穿花蝴蝶元相并,点水蜻蜓故傍人"[6],生命是大自然生态交响曲中跳动的音符,没有它就没有大自然生态华彩的乐章。席勒说:"美是形

① 徐恒醇:《生态美学》,陕西人民教育出版社2000年版,第136页。
② 林大钦著,黄挺校注:《林大钦集》,广东人民出版社1995年版,第271页。
③ 林大钦著,黄挺校注:《林大钦集》,广东人民出版社1995年版,第300页。
④ 林大钦著,黄挺校注:《林大钦集》,广东人民出版社1995年版,第263页。
⑤ 林大钦著,黄挺校注:《林大钦集》,广东人民出版社1995年版,第287页。
⑥ 林大钦著,黄挺校注:《林大钦集》,广东人民出版社1995年版,第286页。

式，我们可以观照它。同时美又是生命，因为我们可以感知它。总之，美既是我们的状态，也是我们的作为。"①人的生命包括肉体和灵魂两个部分，生命感也相应地分为生命感觉和生命感悟两个部分，前者是本能的，而后者是情感的，对自然界生命的审美当然是属于情感的。苏轼在《与范子丰》中说："江山风月，本无常主，闲者便是主人。"能领略自然山水之美的人，多为隐逸之士，他们居于田野山林，又多闲情逸致，故能得山水之真趣。林大钦"青山容我放，水竹静幽居"②的生活方式，一方面是对古代文人传统的闲居生活方式的继承，另一方面是他的生态意识、物我观念的体现。林大钦常常以人的感情来想象和揣度万物，把自然界的一切生物都当成可以交谈、可以分享快乐和忧愁的朋友。花鸟鱼虫可以对话，"好鸟人共语"③、"从容问鱼鹤"④、"杖履春风禽对话"⑤、"花鸟会吾私"⑥，山水可以谈笑，"静倚青门笑碧山"⑦，此外，还有"云鹤来相从"⑧、"云霞成侣伴"⑨，这种人与自然万物的关系，正是庄子"物我为一"的哲学观在诗歌中的表露，是一种诗化的生态观的体现。

281

二　人与自然和谐共处的生态美

黑格尔曾经说过："山岳、树木、原谷、河流、草地、日光、

---

① 席勒：《美育书简》，中国文联出版社1984年版，第31页。

② 林大钦著，黄挺校注：《林大钦集》，广东人民出版社1995年版，第255页。

③ 林大钦著，黄挺校注：《林大钦集》，广东人民出版社1995年版，第252页。

④ 林大钦著，黄挺校注：《林大钦集》，广东人民出版社1995年版，第220页。

⑤ 林大钦著，黄挺校注：《林大钦集》，广东人民出版社1995年版，第291页。

⑥ 林大钦著，黄挺校注：《林大钦集》，广东人民出版社1995年版，第311页。

⑦ 林大钦著，黄挺校注：《林大钦集》，广东人民出版社1995年版，第294页。

⑧ 林大钦著，黄挺校注：《林大钦集》，广东人民出版社1995年版，第391页。

⑨ 林大钦著，黄挺校注：《林大钦集》，广东人民出版社1995年版，第319页。

月光以及群星灿烂的星空，如果单就它们直接呈现的样子来看，都不过作为山岳、溪流、月光等等而为人所认识——但是第一，这些对象本身已有一种独立的旨趣，因为在它们上面呈现出的是自然的自由生命，这就在也具有生命的主体心里产生契合感。其次，客观事物的某些特殊情境可以在心灵中唤起一种情调，而这种情调与自然是对应的。人可以体会自然的生命以及自然对灵魂和心情所发出的声音，所以人也可以在自然里感到很亲切。"①生态美的构建就是人与自然在心物契合中相互交流、彼此交融，人以忘我的状态融入自然界的怀抱中，自然界也以勃勃生机融入人的襟怀。"生态美首先体现了主体的参与性和主体与自然环境的依存关系，它是由人与自然的生命关联而引发的一种生命的共感与欢歌。它是人与自然的生命和弦，而并非自然的独奏曲。"②生态之美，就是人类与地球上的各种生物及周围的环境所合奏出的和谐之曲。

道家认为，本真的、原生的自然是美的，庄子说："天地有大美而不言。"在诗人笔下，无论是山川风物，还是花草鸟兽，都是生机勃勃、与人亲密相处的，而人也在这种和谐中找到生活的乐趣。他的《春日言怀》：

> 疏篱野蔓藏鸟居，绕屋闲芳舞蝶蜂。
> 主人卧起开云籍，春风并坐笑从容。

稀疏的篱笆，缠绕其上的野蔓，藏在其间的小小的蜗居，为花香所吸引而绕着屋子飞舞的蝴蝶和蜜蜂，沐浴在春风中悠闲读书的主人，构成了一幅生机无限、景色优美、人与自然和谐相处的绝妙画卷。鲁枢元认为："人与自然是在同一个浑然和谐的整体系统之中的，自然不在人之外，人也不是自然的主宰，真正的美就存在于人与

---

① 黑格尔：《美学》，朱光潜译，商务印书馆1981年版，第3页。

② 徐恒醇：《生态美学》，陕西人民教育出版社2000年版，第119页。

自然的和谐中，最大的美就是人与天地、万物之间的那种化出化入、生生不息、浑然不觉、圆通如一的和谐。这不但是一种超越了功利的和谐，甚至也是超越了概念与逻辑、超越了人类语言的和谐。"①大自然是无限和谐和无限自由的，人的生活也应不受任何功利的支配，只有人与无限和谐自由的大自然完美结合，才是最高的境界，也是最美的自由境界。林大钦喜欢在山水田园之间自在流连，发现自然界处处充满美，既有"野蝶穿花过，巢燕语随人"②的动态美，也有"花齐千谷秀，春送万峰青"③的静态美，生活中的美也无处不在，既可以放浪山水田园，"垂纶消白日，倚杖看风景"④，又可以流连典籍，兴来时"引玩书连屋"⑤，倦了则"抛书共竹眠"⑥，还可以纵情诗酒"点咏随歌鸟，陶尊赖浊沽"⑦，逃避纷纷扰扰的世俗世界，栖息于田园，徜徉于山水，是获得心灵自适的最好途径。

林大钦笔下的田园生活，呈现出一派带有人间烟火气息的生态美景，他的《田家即事二首》其一：

> 方塘跃潜鱼，春鸠鸣桑枝。
>
> 远烟纷漠漠，绿畴生华滋。
>
> 农人荷锄归，稚子候荆扉。
>
> 春醪与园蔬，惓然慰式微。
>
> 世事难与期，寸心宁自知。
>
> 明晨有幽兴，持竿看浴鸥。

---

① 鲁枢元：《生态批评的空间》，华东师范大学出版社2006年版，第68页。

② 林大钦著，黄挺校注：《林大钦集》，广东人民出版社1995年版，第258页。

③ 林大钦著，黄挺校注：《林大钦集》，广东人民出版社1995年版，第256页。

④ 林大钦著，黄挺校注：《林大钦集》，广东人民出版社1995年版，第274页。

⑤ 林大钦著，黄挺校注：《林大钦集》，广东人民出版社1995年版，第273页。

⑥ 林大钦著，黄挺校注：《林大钦集》，广东人民出版社1995年版，第273页。

⑦ 林大钦著，黄挺校注：《林大钦集》，广东人民出版社1995年版，第268页。

水里自由跃动的鱼儿，枝头欢快鸣叫的鸟儿，黄昏中袅袅升起的炊烟，田野里碧绿的庄稼，给人以平静、安详、充实的美感。扛着锄头而归的农夫，站在柴门外等候父亲的儿子，黄昏的农村笼罩在一片浓浓的亲情之中，这是一种朴素的散发着泥土芬芳的深情。虽然喝的是浊酒，吃的是田园里自己种的普通蔬菜，但作者并不以此为苦，依然觉得很满足，因为他已经完全融入农村生活里面，和这里的一切情投意合、难分难舍了。"明晨有幽兴，持竿看浴鹭"，明天早晨，又可以拿着竹竿，撑着小船到河里看鸬鹚捕鱼了，这是一种多么自由悠闲的生活啊！林大钦所追求的，不是隐居避世，不是耕种劳作，而是精神的快乐和自适。从这个意义上说，林大钦所追求的，是最为接近中国文人所向往的诗酒耕读之趣的本来意义。《秋田篇》：

> 新苗今复绿，白水明田畴。
> 相对松筠长，时忘岁运周。
> 金风吹巾衣，白云南山幽。
> 邻翁载酒来，檐下就予谋。
> 一尊齐生死，万事随行休。
> 人生会有适，吾志亦何求。
> 鸟爱碧山远，鱼游沧海悠。
> 纵谑凭迁化，抚己得所由。
> 胜日携童弱，欢然聊远游。

面对自然界的美景，乡村野老的热情相邀，诗人忘却了时间的流逝，忘却了所有的烦恼，依顺自然的变化，无拘无束自由地生活，人生自有顺情适志的乐趣，又何必有其他的追求呢？在风和日丽的日子里，扶老携幼，高高兴兴地去远游。人与自然共生、共在的和谐关系就是海德格尔所说的"诗意地栖居"，"充满劳绩，然而人诗意地，栖居在这片大地上"是德国古典诗人荷尔德林的名句，哲学家海德格尔借此来解读存在主义，并阐释道："一切劳作和活动，建造和照料，都是文化。而文化始终只是并且永远就是一种栖居的结果。这种栖居就是诗意的"，自此美学命题一出，生存的概念已经从对他在的依赖转向对此在的挖掘和表达。人需要通过劳动和建造来获得生存，也需要通过照料来保护环境，这样人与自然才能和谐相处。林大钦的诗歌，在无意当中也印证了这种具有生态审美价值的人文观念。

林大钦山水田园诗的色调鲜艳明朗，各种各样的动植物、湖光山色的出现让诗歌显得色彩斑斓、绚丽多姿，如《春兴三首》其三：

> 起行散沉寂，村村花柳飞。
> 鸠鸣枝上日，鱼荡新荷衣。
> 良木来远风，新苗复菲菲。
> 怡然春闲逸，浩歌乘月归。

随风飞舞的花柳，枝上鸣叫的斑鸠，水中游动的鱼儿，嫩绿的荷叶，高大的树木，茂盛的禾苗，和煦的春风，自然景色优美而又充满灵气。人在这样的生态环境中生活，是多么地和谐，多么地惬意，所有的或浓或淡的失意，在这一刻都烟消云散，更多的是对眼前闲情逸致生活的眷恋。自然界正是以它花红柳绿、山青水碧的天然色彩娱人目，以流水飞瀑、鸟鸣禽声的天籁之音悦人耳，以千姿百态的自然风物契人意。在诗人眼里，大自然不仅是人生存的家园，它还是有生命、有智慧的，人们能够从自然景物中得到美的陶冶，得到心灵的净化和人格的提升。

285

三 自然物象与精神品格的契合

自然万物不仅有物质实体的存在，亦有内在的品情。人与自然万物朝夕相处，在长期的文化积累中，有一些自然物象因为自身的某些特质，被人们赋予了特定的文化象征意义，成为某种人格精神或文化观念的代表。"将自然物符号化，使之作为一种具有文化意义的象征，这是人类一种比较重要的文化行为。这些象征可能是人类的，更多的是民族的，或者是某一阶级、某一行业的，它们反映出人类的某种集体意识，是一种具有审美意味的文化心理。"[①]如梅、兰、竹、菊就成了具有象征意义的"花中四君子"。林大钦诗歌中出现的自然风物，也大多蕴含着诗人的某种情怀，成为其人格和精神的象征。

自从陶渊明的"采菊东篱下，悠然见南山"一出，菊花便成为隐逸、高洁人格的象征，为历代文人所喜爱。林大钦是踏着陶渊明的足迹走向田园的，在他的诗文中，虽然对陶渊明其人其诗并没有明确的评论，留下的只有关于陶渊明的只言片语，如"陶潜不为五斗折腰而甘躬自给"[②]，"陶潜曾作归来人，卧稳柴桑太古春。却遣秀句存青史，未绝风流洒酒巾"[③]，但从这些诗句可以看出，林大钦对陶渊明的人品和诗品是极为推崇的。在诗文中，他大量地化用或引用陶渊明的诗句，在生活中，他跟陶渊明一样，也种菊，"秋菊有佳色，盘根手自栽"[④]，"种菊黄花酒，纵横野趣多"[⑤]；赏菊，"摇落秋将晚，寒园菊尚花"[⑥]，"思深云没地，醉舞菊花天"[⑦]；咏菊也总是跟陶渊明联系在一起，"开尊延夕景，搴菊泛流英。地与陶潜迥，思同谢朓清"[⑧]，无论是爱菊还是以菊喻陶渊明之人格，林大钦是借他人的酒杯浇自己之块垒，他们的心是相通的，追求是相同的，在人生的道

---

① 陈望衡：《环境美学》，武汉大学出版社2007年版，第67页。
② 林大钦著，黄挺校注：《林大钦集》，广东人民出版社1995年版，第197页。
③ 林大钦著，黄挺校注：《林大钦集》，广东人民出版社1995年版，第291页。
④ 林大钦著，黄挺校注：《林大钦集》，广东人民出版社1995年版，第307页。
⑤ 林大钦著，黄挺校注：《林大钦集》，广东人民出版社1995年版，第307页。
⑥ 林大钦著，黄挺校注：《林大钦集》，广东人民出版社1995年版，第312页。
⑦ 林大钦著，黄挺校注：《林大钦集》，广东人民出版社1995年版，第315页。
⑧ 林大钦著，黄挺校注：《林大钦集》，广东人民出版社1995年版，第297页。

路上，他们都追求生活之"真"。陶渊明是"此中有真意，欲辨已忘言"，林大钦是"尊酒琴书并，弦歌卜筑真"①、"谁能更拘束，啸豁是真涯"②，这种"真"正是庄子所说的"圣人法天贵真，不拘于俗"，是一种对本真自然人性的追求。青榕、芝兰、竹子也是他笔下常见的意象。

《青榕》：

> 青榕在东园，超然出云姿。
> 严霜殄异类，高阴正不衰。
> 吾爱此幽质，端真道所宜。
> 时来弄清阴，千载结幽期。
> 春风桃李花，芳菲亦何为。

榕树是南方常见的常绿乔木，具有跟松树同样的品质，在潮汕地区到处都能见到榕树的身影，榕树意象既反映了居住环境的生态状况，又负载着一定的文化象征意义。孔子说："岁寒，然后知松柏之后凋也。"松柏成为中国文化的集体意识，象征着一种高尚的人格。作者借在寒冬依然挺拔、依然茂盛的青榕象征自己坚贞不渝的人格。

287

《芝兰》：

> 芝兰值幽谷，而无媚世姿。
> 介然清风至，时见芳菲为。
> 桃李非无颜，阳艳迷人间。
> 春光扫地尽，零落委秋山。
> 吾愿植芝兰，慎勿树桃李。

---

① 林大钦著，黄挺校注：《林大钦集》，广东人民出版社1995年版，第285页。
② 林大钦著，黄挺校注：《林大钦集》，广东人民出版社1995年版，第274页。

岁寒不改操，然后见君子。

芝兰生长在人迹罕至的幽深山谷里，没有取悦世人的妩媚姿态。当清风吹来的时候，不时能闻到它散发出来的淡淡清香。在严寒的冬天里，也不改它的操行，这才是真正的君子。孔子说："且芝兰生于深林，不以无人而不芳。君子修道立德，不谓穷困而改节。"①林大钦是借芝兰"不谓穷困而改节"自喻，他家居农村，父亲是穷苦的读书人，18岁时，父亲去世，家境变得更加贫困，他靠代人抄书来养活母亲。21岁中了状元，依例听选为翰林院修撰，这是一个没有实权的小官，两年后归隐，初回家乡时，自家没有房子，只能借居他人的房子。在《复王汝中》中，他说："初抵家时，迁借无常"②，后来为了母亲晚年有个安稳的住所，他才开始打算建房子，"后念老母垂暮之年，真欲勉强成此事，以为桑榆之欢"③。但因为"力之不逮"，迟迟没有建成，母亲一直到去世，都没有住进自家的房子。在隐居期间，林大钦也有几次可以重新出仕的机会，但他都拒绝了。生活虽然贫困，但林大钦并没有改变自己的操行，依然隐居偏僻的潮州，这就是真正的君子。

竹子因为正直顽强，挺拔向上，是坚贞气节的象征，也为诗人所喜爱，他每每提到"种竹"："种竹绕回蹊"④、"种竹幽堪玩"⑤等等，《雨中新竹》：

细雨稍欲过，新竹自欣欣。
微根初出地，高势欲凌云。

---

① 王萧：《孔子家语》，兰州大学出版社2004年版，第210页。

② 林大钦著，黄挺校注：《林大钦集》，广东人民出版社1995年版，第188页。

③ 林大钦著，黄挺校注：《林大钦集》，广东人民出版社1995年版，第188页。

④ 林大钦著，黄挺校注：《林大钦集》，广东人民出版社1995年版，第273页。

⑤ 林大钦著，黄挺校注：《林大钦集》，广东人民出版社1995年版，第198页。

孤直自天性，清苍映夕曛。

春深花更落，赖此扫尘氛。

竹子的孤傲、正直、脱俗跟林大钦的秉性相吻合，他"不爱芳草根，而从幽竹卜"①，选择幽竹成林的地方来定居，也是出于对高洁人格的向往。

此外，频频出现在林大钦笔下的还有鸟。生活在山林中的鸟是自由的、欢快的，"春田飞鸟过"②、"飞鸟度前塘"③、"好鸟鸣高岑"④、"好鸟鸣深枝"⑤、"好鸟恋幽枝"⑥；鸟的叫声是愉悦的、欢快的，"鸟雀花留语"⑦、"日出林鸟鸣"⑧、"树啭檐间鸟"⑨；人与鸟的心灵又是相通的，"好鸟人共语"⑩、"思随飞鸟逸，兴与浮云开"⑪、"听鸟人共得，扪萝心弗违"⑫、"听鸟思轻举，看山忆采薇"⑬。

林大钦为何对鸟情有独钟，不厌其烦地屡屡以鸟自喻呢？著名学者逯钦立有一段精彩的话或许可以解答这个问题，他说："窃谓鱼鸟之生，为最富自然情趣者，而鸟尤显。夫日出而作，日入而息，推极言之，鸟与我同。鸟归以前，东啄西饮，役于物之时也，遂其性故称

---

① 林大钦著，黄挺校注：《林大钦集》，广东人民出版社1995年版，第213页。

② 林大钦著，黄挺校注：《林大钦集》，广东人民出版社1995年版，第238页。

③ 林大钦著，黄挺校注：《林大钦集》，广东人民出版社1995年版，第213页。

④ 林大钦著，黄挺校注：《林大钦集》，广东人民出版社1995年版，第208页。

⑤ 林大钦著，黄挺校注：《林大钦集》，广东人民出版社1995年版，第291页。

⑥ 林大钦著，黄挺校注：《林大钦集》，广东人民出版社1995年版，第215页。

⑦ 林大钦著，黄挺校注：《林大钦集》，广东人民出版社1995年版，第311页。

⑧ 林大钦著，黄挺校注：《林大钦集》，广东人民出版社1995年版，第239页。

⑨ 林大钦著，黄挺校注：《林大钦集》，广东人民出版社1995年版，第277页。

⑩ 林大钦著，黄挺校注：《林大钦集》，广东人民出版社1995年版，第274页。

⑪ 林大钦著，黄挺校注：《林大钦集》，广东人民出版社1995年版，第293页。

⑫ 林大钦著，黄挺校注：《林大钦集》，广东人民出版社1995年版，第276页。

⑬ 林大钦著，黄挺校注：《林大钦集》，广东人民出版社1995年版，第310页。

情。微劳无惜生之苦，称情则自然而得其生。故鸟之自然无为而最足表明其天趣者，殆俱在日夕之时。既物我相同，人之能挹取自然之奇趣者，亦惟此时。则山气之所以日夕始佳，晚来相鸣之归鸟始乐，因为人类直觉之作用使然，要亦知此直觉之所以有些作用，即合乎自然之哲理也。"①鸟日出而作，四处觅食，自食其力，果腹便可，绝不纵欲逐利；鸟日落而息，回归山林，借一树枝而栖身，虽然简单，但无怨无悔，自得其乐。鸟的天性跟林大钦的名利观、生死观有着太多的相似之处，所以鸟成了他笔下的"宁馨儿"。

林大钦在进行创作的当时，或许没有生态美的具体概念，只是"本乎性情"，"逸兴时生，率尔成咏"②，但以当代生态美学的视野进行观照，他的山水田园诗中的确存在强烈的生态意识，物我为一、与自然和谐相处，正是当代生态美学的研究重点，从这个意义上讲，林大钦山水田园诗中的生态观具有一定的前瞻性。

290

参考文献：

［1］曾繁仁：《转型期的中国美学——曾繁仁美学文集》，商务印书馆2007年版。

［2］张载：《张载集》，中华书局1978年版。

［3］林大钦著，黄挺校注：《林大钦集》，广东人民出版社1995年版。

［4］徐恒醇：《生态美学》，陕西人民教育出版社2000年版。

［5］席勒：《美育书简》，中国文联出版社1984年版。

［6］黑格尔：《美学》，朱光潜译，商务印书馆1981年版。

---

① 逯钦立：《汉魏六朝文学论集》，陕西人民出版社1984年版，第236页。
② 林大钦著，黄挺校注：《林大钦集》，广东人民出版社1995年版，第217页。

［7］陈望衡：《环境美学》，武汉大学出版社2007年版。

［8］王萧：《孔子家语》，兰州大学出版社2004年版。

［9］陶渊明著，逯钦立校注：《陶渊明集》，中华书局1979年版。

潮流与潮彩的碰撞：潮州彩瓷文创市场研究

朱叶婷

华南师范大学美术学院

摘　要： 本文简要追溯了潮彩的发展和艺术特色，论述了当代潮彩的现状和困境，提出其文化认同感式微的根本问题。同时分析了潮流艺术的市场运作模式、品牌化运营和其市场背后千禧一代的审美导向，从理论上探讨了潮流艺术对打造潮彩文创设计的借鉴意义，为潮彩非物质文化遗产的传承与发展提供新路径。

关键词： 潮彩；文化认同感；潮流艺术；文创市场

一　潮彩艺术的发展与特色

在潮州这座"中国工艺美术之都"，其工艺美术产业规模大、门类广，吸引了众多专业工艺人才在此百花齐放，各种工艺都有很高的研究和发展价值。作为"潮文化"的发祥地，独特而浓郁的文化土壤中孕育了独特的地方传统工艺，主要包括陶瓷、木雕、刺绣等几大工艺门类。其中，潮州陶瓷最早可以追溯至唐朝，南宋时期达到鼎盛。如今依托传统陶瓷工艺创新发展的陶瓷产业是潮州市第一大支柱产业，产业配套完整，集聚效应明显，是国内产业链最完整的陶瓷产区，正迈向千亿陶瓷产业集群。①

最具特色的潮彩工艺有着上百年的悠久历史，萌发于晚清时期。以枫溪瓷区产量最多，有大小窑彩之分，从最初传入的景德镇粉彩技

---

① 纪金娜：《匠心筑梦——中国工艺美术之都·潮州》，南方+客户端2021年3月23日。

潮彩《清晨》（吴淑云作品）

术开始，潮州陶瓷在生产和技艺方面不断发展和创新。清光绪十年（1884）前后，潮州瓷匠学习引进广州织金彩瓷技艺，并通过向高坡购进优质的瓷胎，再以广州进货的彩料加彩。其间各大国画名家纷纷跻身潮彩艺术，装饰技法由平涂摺彩发展至洗染，为潮彩增添了一股文人气息。后又拓展了其他复杂的装饰技艺，如刷花、贴彩等技术①，这种艺术上的包容万千使潮彩自身迅速成长。

　　20世纪初，潮州彩瓷业继续发展。1915年，许多潮彩艺人的作品被选送至美国旧金山举行的"太平洋万国巴拿马博览会"展出，自此颇负盛名的潮州彩瓷誉飘海外。由于国外市场需求的增加，其艺术风格受到西方文化的影响，神话故事等各种国外绘画题材被巧妙地安排入画，融入原来受传统国画技法影响的浓淡有致、典雅明丽的画面中。让潮州彩瓷在原来本彩的基础上转变为后来的潮彩，逐渐发展成独具地方风格的陶瓷艺术。现根据彩绘工艺，潮彩图案大体可分为四种样式：诗画式、开光式、满彩式、金地万花式。中国画技与陶瓷工艺相结合，并融入各种其他当地的工艺文化，具有潮州文化的造型美、装饰美、釉色美和意蕴美②，这种独具特色的潮彩文化奠定了它在岭南工艺美术中的重要地位。

　　在现代潮彩传承创新路上，潮彩又有两次重要的创新和突破，使其工艺更加别具一格且更具艺术发展价值。第一次突破是在20世纪80年代，潮州彩瓷厂借鉴潮州刺绣艺术，创新了一种"釉上堆金"

---

① 广东省地方史志编纂委员会编：《广东省志二轻（手）工业志》，广东人民出版社1995年版，第235-236页。

② 杜延：《潮彩的制作与审美特征》，《美术》2018年第1期，第148-149页。

百花齐放（谢金英作品）

新工艺。这种新工艺在技术上除了要求线条均匀，浮凸立体，最关键的是要求整体金线的膨胀系数和收缩系数要与整个瓷板、瓷器、釉彩一样，以防止立体的金丝龟裂剥脱。"釉上堆金"新工艺的创新，为其原有的典雅画面增添了富丽的色彩和立体的质感。第二次突破是在2005年，潮彩非遗传承人谢金英领导的潮彩研究团队，在原来传统釉上潮彩的基础上，又研发出了"釉下潮彩"工艺，把潮彩丰富的颜色全部绘于釉膜之下，纹样溶于釉层之中。其中由于釉下潮彩煅烧难度的大大提高，工艺创新的探索面临着更多的挑战。原来的"釉上彩"是将已经烧好的瓷器进行二次加工，在烧好的瓷体上用彩料绘制好图案后二次入窑，用低温（700～800摄氏度）将彩料固化，烧印于瓷器的透明表层上。而"釉下彩"是跟随瓷胎一次烧制成型，釉彩要在1360摄氏度的高温下烧制，其破损率非常高，也很容易烧成走色、弱色的废品。[1]由于"釉上彩"和"釉下彩"所用的色料、操作方法、

---

① 陈应钦、陈湛：《陶瓷彩绘艺术》，华中理工大学出版社1999年版，第13-14页。

最终效果均不相同，所以釉上彩料不能直接用于烧制釉下彩瓷，烧窑设备需要更新。所以从白胎的配方、窑炉和烧釉器械的改革，到各种颜色釉料的配比都需要重新系统地研发和配置。"釉下潮彩"工艺的成功改革在中国潮彩界评价颇高，丰富了釉下彩陶瓷的工艺表现和色彩，也让更多人看到潮彩艺术的生命力和其发展的无限潜力。

■ 当代潮彩的现状与困境

在当代生活背景下，陶瓷已经大大脱离传统陶瓷的实用功能性，许多传统工艺受到了时代的冲击，潮彩当前正面临着不少问题和困难。其一，收徒难，潮彩后备人才力量缺乏。年轻一代对传统陶瓷兴趣不高，有的学徒因为没有耐心或一定的绘画基础而中途放弃；或有兴趣者因为费时又费力的手工艺不能短时间出师，而因为学成后收入较低，难以快速获得较高的收益，可能面临一定的经济压力。另外院校培养与传承等有待完善。其二，销售难，现代品牌意识薄弱。在互联网时代的大背景下，潮州彩瓷这种传统经济行业的经营模式未能及时借助互联网实现转型升级，打造独特的文化性和艺术性媒体品牌。其三，收益差，相关产品创新滞后。在如今短、平、快的时代，部分创作者的浮躁与随流心态，让很多作品都丧失了灵魂，产品难以兼顾市场收益、社会效益、文化传承等方面的需求。同时，大众欣赏的东西随着时代的发展与文化的交流慢慢改变，但潮彩市场还未能及时根据人们的审美观与适应性去提升和改造原来传统内容的创作。

归根结底，还是文化认同感式微的问题。传统潮彩工艺的文化宣传，除了需要专业的中国工艺大师团队们尽心竭力地科普，还需要将潮彩艺术打造成艺术市场中的"超级明星"。艺术的魅力在于表达与传播，艺术消费者的消费行为通常不是孤立的，而是要与人分享的社会行为。①艺术消费的乐趣很多时候在于与他人，尤其是熟人朋友间进行讨论与交流的可能性，也就是满足消费者"知识共享"的心理需求。只有为消费者提供关于潮彩艺术更多的"全方位体验"，让潮彩艺术中的工艺价值、审美价值、文化价值在人们的消费、生活和娱乐中渗透和传播，才能更大程度地满足这种消费心理需求。

潮彩瓷板画《山水图》（李作忠作品）

要提高大众对潮彩的认知度，特别是年轻一代对潮彩的认同感，才能摆脱潮彩受"冷落"的处境。只有热爱潮彩的人越多，其艺术土壤才能越深厚，舞台才能越宽广，才能带动社会文化的发展。而在新时代的呼唤下，人民精神文化市场需求的增加，国家政策的支持和鼓励，文化创意产业势不可挡，同时开辟了一条传统文化与现代生活、流行文化对接的新途径。可见，潮彩文创设计是将潮彩打造成艺术市场"超级明星"的重要方式，也是让潮彩实用性与艺术性有机地融入当代人们日常生活的"打开方式"，从而让大众认识、关注并欣赏潮彩，从而再作用于潮彩艺术的经济价值与自身发展。

---

① 〔瑞士〕布鲁诺·S.弗雷：《艺术与经济学》，易晔、郝青青译，商务印书馆2017年版，第199页。

三 潮彩艺术与潮流艺术的碰撞

（一）潮流艺术的界定

近些年，潮流艺术越来越火，不仅可以看到潮流艺术家与时尚品牌合作的联名款产品受到大众的追捧，也可以发现越来越多的人开始关注潮流艺术家的作品与他们衍生品的收藏价值。潮流艺术其实是一个"中国制造"的概念，在西方它并没有一个独立完整的定义。它可以理解为街头艺术和涂鸦艺术的变体。例如，拍卖出有价值上亿作品的美国街头艺术家考斯（Kaws），产品也是以街头涂鸦的形式出现的，在亚洲它可以理解为是艺术和设计受到二次元的文化和卡通形象的影响而演变出的一种新型的艺术形式。

（二）潮流艺术的运作模式

通常潮流艺术家有两个市场，一个是传统的艺术市场，一个是其衍生品市场。在传统的艺术市场中，它通常是由艺术家进行前期的创作，然后由画廊和经纪人去挖掘有潜力的艺术家，通过展览的形式去进行宣传、推广、销售和流通，所以在传统的艺术市场中，艺术家的作品靠的就是藏家与美术馆的"带货"。但是许多艺术家除原作之外，也会推出一些限量的版画、玩具，或是和品牌合作推出一些联名的商品，他们在自己已有的艺术市场之上，又为自己开辟出了一个衍生品的市场。通常这些衍生品的价格要比他们的原作便宜很多，也是大众能够消费得起的。像村上隆、杰夫·昆斯（Jeff Koons）或是草间弥生都是上述的所谓"潮流艺术家"的代表。

（三）潮流艺术的品牌化运营

当下潮流艺术作品市场的成功离不开其背后的品牌化运营。潮流艺术家首先是通过具有很高辨识度的作品风格为自己打造出很强的个人品牌和IP，然后通过与潮牌跨界合作为自己打开知名度。如像考斯的品牌化运营，他与服装潮牌Supreme有过大大小小的合作，也曾为歌手坎耶·维斯特（Kanye West）设计过专辑封面，使自己收获了很多"粉丝"。又比如潮流艺术家丹尼尔·阿尔沙姆（Daniel Arsham）和品牌Dior、Pokemon都有过合作，他们通过社交媒体的发布都产生了很强的"粉丝"效应。这些潮流艺术红遍全球，可以理解为是在品牌运营下打造出的文化现象。但是同时潮流艺术家们也没有丢掉自己的传统艺术市场，仍然不断地向艺术市场输出自己的作品，并且被大画廊代理、在全球的美术馆做展览，其在二级市场（拍卖市场，Auction House）也有流通，巩固了自己的艺术市场。可以说，他们前沿的创作理念和个人IP都为自己的艺术作品增加了很大的附加值。

（四）千禧一代的品位对艺术市场的影响

与此同时，我们可以在潮流艺术的火爆中，从一个层面印证了千禧一代的品位正在渐渐影响着艺术市场。随着全球财富的转移，中东和亚洲富豪崛起，以及婴儿潮一代的父母正在渐渐地将财富传递给下一代，千禧一代成为当下与未来最具消费力的人群。这一代人对于具有很高辨识度的品牌和"网红效应"的展览都十分热衷，当下人气颇高的潮流艺术家的作品也从各方面满足了千禧一代追求"态度""新奇""潮趣"的审美胃口和精神寄托。更有趣的是，千禧一代也同样开始影响着艺术界很多具有话语权的老一辈艺术从业者的品位。

2021年5月10日是第五个中国品牌日，人民网研究院联合百度发布了"2021国潮骄傲搜索大数据"，搜索数据显示，从2011年到2021年"国潮"经历了三个时代，搜索热度10年上涨了528%。[1]"国

---

① 腾讯ISUX：《百度2021国潮骄傲搜索大数据报告》，搜狐网2021年5月10日。

潮"的概念在食品、日用品、服装等生活消费领域百花齐放，为国产品牌的发展和民族自信奠定了基础。随着"国潮"势力的崛起，相比起传统的国际大牌奢侈品，拥有独特性、设计感、本国文化磁场的国产潮牌，已经成为千禧一代的消费宠儿。近年来，文化消费趋势持续回暖，千禧一代进军"国潮"，为匠心工艺埋单。

（五）潮流艺术对开拓潮彩文创市场的借鉴意义

现代潮彩艺术市场不能只会闷头学艺做瓷，还需要强而有力的品牌意识和艺术经济管理思维。如果潮彩的销售得不到全面的推广，会使行业发展十分受限。品牌意识的薄弱，会导致产品市场定位混乱、销路低迷不振，同时模仿跟风盛行，容易打击原创设计的积极性。潮流艺术的运作模式和其打造个人IP、品牌化运营的方法对发展当代潮彩文创产业有积极的借鉴意义。

首先，潮彩文创市场可以在潮彩原有的传统工艺市场中开拓另一个内容和价格相对更加大众也更加亲民的衍生品市场，这个市场能包容更多层次的消费群体，让潮彩文创产品背后的设计、工艺、文化等层面的附加属性更具影响力，并与保留下来的传统潮彩市场形成相互促进、共同推动的关系。同时可以借鉴潮流艺术为其衍生品市场的产品增加一定的艺术性、稀有性和收藏性，抓住千禧一代的消费心理与需求，吸引年轻消费者的目光。

其次，拥有独立IP始终是潮流艺术最核心的属性，受欢迎的作品通常具有潮流艺术家完整的设计理念和文化意识输出。而我们的传统文化中本身就有很多具有极强文化属性和IP属性的内容。潮彩文创设计理念可以从中可以提取、利用传统潮彩的特色来打造具有潮流艺术文化的潮彩文创品牌。例如，可以抓住传统手工艺品的重要审美价值——能完美地回归消费者追寻雅趣的需求，这些工艺品更多的是情感的融入和匠心精神的体现。雅趣这种中国设计的灵性密码，不但通

299

过工匠在手艺中继承，更应该通过中国人的日常生活延续在种种细节里。解构和利用潮彩背后的历史故事、文化内涵、工艺特色等来建立完整的品牌识别系统，可以更好地打开对外宣传的媒介与窗口，加深消费者对潮彩文创品牌的印象，提高对潮彩文创品牌的认同感。在当下，大娱乐化的社会背景、电商的兴起、潮流市场的供需共同推动潮玩销售链条的发展完善。比如说，当前大量资本开始入局潮玩市场，出现了线上盲盒、扭蛋机等创新玩法，极大限度地刺激了消费者的购买欲望，引爆市场。①各种成熟的市场条件能大大地降低潮彩文创产品的销售成本，为其打开销售渠道。

最后，在潮彩文创产品设计的探索上，"国潮"如果只是单纯的复古、怀旧，那么老字号的回归和千禧一代的热情都只是一阵噱头。潮彩应该抓住这股"国潮"大趋势的时代机遇。潮彩产业可以借助与其他的国产品牌合作的力量，一同推陈出新，设计改革。例如，将潮彩的装饰美融入国产服装、鞋包的设计，将潮彩的装饰工艺与家居、装潢设计相结合，让潮彩工艺与"国潮"持续拥有生命力。传统与创新是一个必须持续探讨和关注的老话题，也是一个重要的大命题。而在这个大命题下，怎样才叫新中式？什么才是新"国潮"？传统与潮流怎样结合才更舒适且不突兀，又能符合当代人的审美需求？这些是我国目前很多设计师、艺术家和非遗传承人等创作者都在思考的其中几个问题。

因此在潮彩文创设计的表现形式方面，或许我们可以转变创意思维，如鱼、鹿、仙鹤、鸟等动物都是我国绘画、陶瓷和许多传统工艺的常见和经典的表现题材。对应这个庞大的、追求前卫的新时代消费群体的需求，创作者们可以让潮彩艺术与潮流艺术相互碰撞，把"常见"和"经典"这两个标签打破，在保留传统文化内涵的同时，在画

---

① 腾讯ISUX：《2020—2021设计趋势·潮玩篇》，腾讯网2020年8月4日。

面布局和画风上有自己的独特风格，思考如何让传统文化、让潮彩文化既"活"又"火"。值得注意的是，传统文化的传承并非一招一式的模仿，而是探本寻源，用当代的视角，重新认识和理解传统潮彩工艺文化。设计使大众文化多元又新奇，可新奇的生活又让我们缺失了内在的趣味——那种属于国人的风雅而意趣的心境。如何理解中国人的美学概念，然后将其应用到我们的工艺设计中，让传统潮彩艺术重生？对于如何把传统潮彩元素融入现代设计创作中的问题，我们可以思考以平面设计的传统元素来打破重建、叠加、重组，如运用三维空间平面化、抽象与具象相结合、虚与实相结合等方式，达到增加设计感的视觉效果。例如，在潮彩工艺中融入现代"国潮"插画的表现形式，再结合潮彩原本的传统艺术语言陌生化的表现形式来营造形式美和意趣美。让不一样的鱼还是年年有余，让不一样的鹿仍然福禄长久，让不一样的鹤依旧延年益寿。通过当下的新设计，作品贵气而不俗气，雅致且充满趣味。为新一代消费者们提供能够给生活倍添幸福感的物件儿，满足当代消费者对生活品质的新追求与审美情趣的新需求。

301

四　结语

文化的传承不是一种规范，而是一种思考和向往。古人以物传情是为了让生活更加美好，产生情感的共鸣，因此艺术表达成为人们内心的创造力，这一点也正与当代消费者追求的审美生活不谋而合。潮流艺术作为一种独特的话语体系与中间文化形态，满足了现代人的精神诉求，为文化传播与艺术创新提供了新的思路。我们传统的潮彩艺术也可以和百年历史中的几次重要创新一样，把握新时代的潮流，利用独特的潮彩艺术创造当代更多元化和更能反映新时代消费者内在情感需求的艺术文创作品。这需要各界艺术从业者们发挥创造力与想象力去做更多的尝试，用潮州的文化、用潮流的语言，在新时代追寻那个缺少的"新面貌"，实现当代潮彩的传承和发展。

参考文献：

［1］广东省地方史志编纂委员会编：《广东省志二轻（手）工业志》，广东人民出版社1995年版。

［2］陈应钦、陈湛：《陶瓷彩绘艺术》，华中理工大学出版社1999年版。

［3］〔瑞士〕布鲁诺·S.弗雷：《艺术与经济学》，易晔、郝青青译，商务印书馆2017年版。

［4］杜延：《潮彩的制作与审美特征》，《美术》2018年第1期。

［5］庄思杰：《论潮州彩瓷的传承和发展》，《陶瓷科学与艺术》2018年第52卷第7期。

［6］易英：《走向纯艺术之路的当代陶艺》，《中国文化报》2013年8月17日。

［7］纪金娜：《匠心筑梦——中国工艺美术之都·潮州》，南方+客户端2021年3月23日。

［8］《百度2021国潮骄傲搜索大数据报告》，搜狐网2021年5月10日。

［9］腾讯ISUX：《2020—2021设计趋势·潮玩篇》，腾讯网2020年8月4日。

后 记

2020年10月，习近平总书记视察潮州时指出，"潮州文化具有鲜明的地域特色，是岭南文化的重要组成部分，是中华文化的重要支脉"，并对传承和弘扬潮州文化提出了明确要求，为我们深入研究潮州文化指明了努力方向、提供了战略指引，对于推动潮州文化发展具有重大而深远的意义。在这一时代背景下，广东省社会科学界联合会和中共潮州市委、潮州市人民政府紧紧围绕习近平总书记视察广东视察潮州重要讲话重要指示精神，迅速行动，主动作为，整合省、市社科智慧力量和资源，联合华南师范大学、韩山师范学院举办首届"潮州文化论坛"。

首届"潮州文化论坛"于2021年10月在韩山师范学院伟南国际会议中心圆满成功举办。论坛共收到学术论文135篇，推出了《首届"潮州文化论坛"论文集》（上、下册），来自北京大学、清华大学等20多家高校、科研机构，省内外30多个行政、企事业单位的近150位专家学者济济一堂，围绕"学习习近平总书记视察潮州重要讲话重要指示精神，推动潮州文化的传承与创新"的主题，交流探讨潮州文化之"传承"与"创新"，汇聚众智共襄促进潮州文化的创造性转化、创新性发展。陈平原、林伦伦、蒋述卓、张国雄等国内知名专家学者作学术主旨演讲，通过发挥专家学者"智囊团"作用，从不同侧面对潮州文化开展研究和讨论，为潮州文化的发展提供了多维度、多角度、多尺度的启示，在社会各界取得了积极反响，得到了南方+、羊城晚报等省级、市级多家媒体全程报道，影响广泛，切实推动习近平总书记视察潮州重要讲话重要指示精神落地生根，结出丰硕成果。

首届"潮州文化论坛"为潮州文化研究搭建了高端、广阔的学术交流平台，掀起潮州文化研究的新热潮。为进一步扩大潮州文化研究的学术影响力，我们联合韩山师范学院梳理精选首届"潮州文化论坛"的研究和讨论文章，结集成册，以期推动潮州文化在基础研究、应用研究等方面形成新的研究范式，推动"潮州文化论坛"成为高质量、高水平、有影响力的学术文化品牌，开创潮州文化研究新局面。

学海独泛舟，不如广结同道人。本论丛旨在为潮州文化研究、传播提供多维度解读和交流学术的平台，文章仅代表作者本人立场、观点，欢迎广大热忱潮州文化研究、传播的专家学者和社会各界予从关注和讨论，共同推动潮州文化研究发展。

在此，特别感谢陈平原、林伦伦、蒋述卓、张培忠、张国雄、林有能、黄挺、左鹏军、陈耿之、黄景忠等的鼎力支持！

潮州市社会科学界联合会

2022年7月